宗教迷惑、銷售騙局、老鼠會
輕易剝奪他人的判斷力，其實 SOP……

U0091909

邰啟揚 編著

操縱

生活中的類催眠現象

（第二版）

◎ 讓人們為之瘋狂的邪教，教主如何透過催眠樹立權威形象？

◎ 那些信手拈來的廣告臺詞，正是你被深度催眠的最佳證明？

◎ 把「追星」行為當作精神寄託，卻在不知不覺間迷失自我？

催眠術助我們走出心理困境，也被應用於生活諸多層面；
了解那些耳熟能詳的類催眠現象，不輕易被「暗示」牽著鼻子走！

目錄

十二、如何應對這無形的操縱

後記

一個時時刻刻都會發生，並影響著我們的生活形態與品質的心理現象。

令人費解的非理性行為
（楔子）

　　作為萬類之靈的人類總認為自己的行為都是有意識的、富於理性的，其實大謬不然。

　　都說商品的價格是價值的反映，可是那些動輒幾千、上萬元一件的「名牌」服裝，所有的人，包括購買者本身都知道它的價格與價值嚴重背離，但照樣有人趨之若鶩。他們肯定不笨，也不見得就一定是個有錢沒地方花的人，但在特定的狀態下，他們就是樂意去購買。

　　說起「足球流氓」，當數英格蘭的那一幫最為凶悍。我們是怎麼理解「足球流氓」的呢？大多數人都認為，那是一夥流氓，在足球場上鬧事，故為「足球流氓」。一位英藉人士對我說「你們都搞錯啦！這些人平時都紳士得很，只是到了足球場上才變得喪失理智，表現得瘋狂且不可理喻」。人還是這個人，在不同的情境下，做人的差距怎麼會這麼大呢？

　　曾聽過一位邪教信徒的家人說過：他那位痴迷邪教的妻子，水果買回家，家裡人先不能吃，先放在師父的照片前供三天，讓師父吃，然後自家人才能吃。三天過後，水果早已不新鮮了。沒辦法，不這樣妻子會把家裡弄得雞犬不寧。

　　看過這麼一則報導：某人嗜賭成性，又輸光了所有的家當。一日，他又向正在懷孕的老婆要錢。老婆告訴他沒有錢了。於是，他翻箱倒櫃，終於在一隻鞋子裡找到老婆準備坐月子用的最後兩萬塊。老婆慌

了，拚命想搶回，他竟把老婆殺了。更荒唐的事情還在後面。他殺了人還不跑，而是召來幾個賭友，就在他家裡又賭起來。後來是一個賭友發現從廚房裡有血流到客廳，驚呼並報了案……讀完這一案例，真是讓人無言以對。

17歲的少年小楓出生在單親家庭，由於與父親的關係一直不好，使得他在家中得不到親情的溫暖，便藉由打球宣洩情緒，卻在一次碰撞中傷到膝蓋韌帶，從此球也無法打了，在網路上聽歌成了他人生唯一的樂趣。小楓離家出走「追星」，半年內走訪多個國家，希望能得到偶像的幫助，找回個人生命的價值。結果小楓喜歡的歌星宣布引退，他覺得這輩子沒希望再見到對方了，於是吃下安眠藥自殺。見不見得到偶像就這麼重要嗎？只有一次的生命竟然也捨得賠上？一般的人，大約八輩子也想不通。

媒體上不知已經報導過多少次非法直銷（老鼠會）是騙人的，但上當受騙者還是前仆後繼，雖然檢調機關的查處還是相當積極，但並沒有讓老鼠會銷聲匿跡。有不少受騙者被執法部門解救出來以後，非但不感激，甚至還在抗議呢。

有些夫妻，不管是身材外貌、內在氣質、教育程度或是家庭背景都很登對，人們稱之為天生的一對，地設的一雙。還是一些夫妻，可能在上述這些方面差距都很大。可能是老夫少妻，可能是老妻少夫，可能是女的比男的高，可能是教育程度相距甚遠，也可能是家庭背景落差很大……讓人感到這兩個人怎麼樣也不會在一起。別以為你認為相配的就一定幸福，也別以為你認為不配的就一定過得不好。愛情的品質與之無關。生活中不是常有人這麼說嗎，我就是愛他（她），或者我就是討厭他（她）。沒有理由，也不需要理由。在這裡，理性的力量遜於非理性的力量。

生活中，這種令人費解的非理性行為可是太多太多了，可能也正是由於太多太多，人們好像反而對它漠然視之了。

該如何解讀這些令人費解的非理性行為呢？我們以為，上述所有的非理性行為，雖然形態不同，表現各異，但本質卻是一致的，那就是被一種無形的力量操縱了。這種力量可能是來自於人，也可能來自於環境；可能是直接的，也可能是間接的；可能是物質的，也可能是精神的；可能是正向的，也可能是反向的；可能性是有意識的，也可能是無意識的；可能是你操縱別人，也可能是別人操縱你。這種操縱的影響力因個體差異或大或小；因具體情境而變化多端……這種操縱可以誘導你的心理，也可以誘導你的生理，還可能使你的生理、心理都受到誘導。

如果有人問，你願意被人操縱嗎？估計 99% 以上的人的回答都是否定的。人類的天性是嚮往自由、獨立。

如果有人問，你曾經被人操縱嗎？這個問題你可能感到難以回答。好像沒有，又好像有過。

其實，操縱現象時時刻刻存在於我們的生活之中。諸如：

鋪天蓋地的廣告；情人的撒嬌；權威的態度；孩子的啼哭；老師的教育、教學行為……林林總總、光怪陸離，無不以影響他人、操縱他人，以使之出現自己所期望的觀念與行為為目的。

◆ 操縱是全方位的

別以為都是成人在操縱孩子，孩子也在操縱成人。

成人們總是洋洋自得地認為：孩子一定是在自己的掌控之中，他們的思想，他們的行為無不為自己所左右。非也！的確，成人是在操縱著孩子，但孩子也在操縱成人，你信嗎？

這裡來說一說孩子操縱成人世界的典型方式。

令人費解的非理性行為（楔子）

孩子的哭是一種常見的現象，恐怕大多數人沒有研究過其中的奧祕。心理學家經分析得知，兒童的哭是由於以下幾種原因：

⊙ 其一，飢餓，肚子餓了，他們會哭。

⊙ 其二，生理上受到傷害，如哪裡痛了，他們會哭。

⊙ 其三，欲望得不到滿足，當他們的某種需求得不到滿足的時候，他們也會哭。

⊙ 其四，把哭作為控制成人世界的手段。

我們要討論的就是這第四種原因。

通常的情況是，孩子的某種欲求得不到滿足，於是他們傷心地哭了。他們偶然間發現，當他們哭了以後，家長就滿足他們的需求了。哇！原來哭是一種行之有效的手段！於是，在有意無意之間，他們把哭當著一種操縱成人世界的工具。比如說，在商店裡看到一種玩具，他們想買。父母可能是因為囊中羞澀，或是由於家中同類玩具已有不少而拒絕購買。孩子便哭了，哭了以後，竟達到了目的。既然這手段這麼好用，何樂而不為呢？有時，他們哭了以後，家長還是不答應他們的要求，於是繼續哭，這裡，存在著一場雙方意志的較量。如果家長最終又敗陣下來。孩子就明白了，不僅要哭，哭的時間還不能短，短了還不足以達到操縱的目的。這就是有些孩子沒有多大的事哭起來沒完沒了的最根本的原因。孩子也很精明，他們並不是十分奢侈地使用自己的眼淚。如果他們認為所面臨的不是他們的操縱對象時，才不會花力氣這麼哭呢！生活中時時會看到一種現象，一個孩子與老師在一起或者與叔叔、舅舅在一起時，通情達理。但媽媽（或其他可操縱對象）一到，立即蠻不講理，大哭大鬧 —— 操縱對象來矣！

◆別以為都是長官在操縱下屬，下屬也在操縱上級

讓我們假設一個情境：有位長官指示他的下屬去考察兩個人，然後向他報告。這位下屬對這兩個人有所好惡，假定他希望 A 被提拔，不希望 B 被提拔。但這種好惡不能在他的長官面前有所流露，這麼做會對自己不利，也就是說他要表現得公正客觀。又假設這兩個考察對象各方面表現都差不多，難分伯仲。這時他會怎麼辦呢？有人是這麼做的：

他將 A、B 兩人各列出三條優缺點，分量也差不多，也都是事實（很公正客觀）。但在報告 B 的情況時，先說他的優點，再說他的缺點；在報告 A 時，先說他的缺點，再說他的優點。這前後不同的順序對聽者有著很大的影響，先揚後抑，給人否定的印象；先抑後揚，給人肯定的感覺。這時，主管的思路與判斷就於無形之中被左右了。

◆別以為總是人在改造環境，環境也在影響、操縱著人

俗話說：「一方水土養一方人。」東北人的剽悍，江南人的細膩，不正是與環境的生動寫照嗎？春和景明讓你心曠神怡；陰風怒號讓你愁眉不展。你的情緒在受環境的左右。自然環境在影響著人，人造環境就更能影響人。婚慶場合的裝飾，讓你一置身於其中就感到喜氣撲面而來；悼念場合的布置，則讓你身臨其境就會神色凝重。宗教建築的高大而奇特，會使你頓生神祕、敬畏之感……

科學方法論告訴我們，世界上的任何現象都存在著因果關係。非理性行為不是無原因，總有一種力量、一種動因、一種由頭導致非理性行為的出現。過去人們總認為是冥冥中的神在顯示他的威力，現在我們明白了，那是人們在生活中受到某種因素：可能是他人，可能是自己，可能是自然環境，可能是社會環境的操縱所致。

令人費解的非理性行為（楔子）

操縱不同於服從，更不是強迫。無論是服從還是強迫，其共同的特點都是從自己的本意來說不同程度地不想這麼做，但迫於外界的壓力不得不這麼做。比如說學生上課不講話；路上遇到紅燈就得停下來等候。操縱，尤其是無形的操縱可不是這樣。在絕大多數情況下，自己根本不知道自己被他人、被環境等等操縱，還以為是在按自己的意願行事，其實是在被別人牽著鼻子走。應當說，無形的操縱更富於技術含量，效果當然也更好。

這種操縱的原理是什麼？無論我們是要利用它還是防禦它，都有必要弄清它的原理，因為這是前提條件。

我們以為，這種無形的操縱的原理與實現條件是暗示。當暗示的強度到達較高水準之後，就進入到了催眠狀態。由於生活中的無形的操縱通常是在非正規條件下進行，並且表現形態沒有催眠狀態下那麼典型、那麼極端，因此我們把它定義為「類催眠現象」。

絕大多數人總是認為，催眠現象只是發生在催眠師的施術過程之中。其實，這是一個很大的誤解。毫不誇張地說，催眠現象時時刻刻都發生在我們生活當中。當然，那是一種類催眠現象，形式上與正式的催眠現象有所不同，但其原理、其作用、其本質，與正式的催眠現象別無二致。其效能作用，也不遜於正式的催眠施術。

也許你沒有聽說過，催眠學界有人認為人類歷史上兩個最高明的催眠師是拿破崙和希特勒。很顯然，他們兩位的職業肯定不是催眠師，但他們在煽動大眾情感、利用大眾心理，進而操縱大眾方面的所作所為及其效果，絕非一般意義上的催眠師所能相提並論。

本書以令人費解的非理性行為作為楔子導入話題，首先對催眠術、催眠現象、催眠狀態進行解讀，以使讀者對催眠、對暗示有一個大致的

了解。接下來介紹幾位非專業催眠大師，他們可能並沒有系統學習過催眠術，但對催眠及暗示原理的運用，對他人的操縱可謂達到登峰造極的水準。然後，我們將按情境類別，一一講述生活中常見的類催眠現象，其中，有現象描述：那些現象都是你十分熟悉的，你在生活中或見過、或聽過，甚至就是你的親身經歷；有原因分析：那些分析你可能感到陌生，但一定會認為言之有理。正如催眠術中有自我催眠方式一樣，類催眠現象中亦有自己被自己催眠的情況，我們將對此作出解讀。最後，我們還將就應對無形的操縱的有關策略一一道來。

一、解讀催眠

1、催眠與催眠術

催眠（hypnosis），以催眠術誘起的使人的意識處於恍惚狀態的意識範圍變窄。hypnosis 一詞的詞根是希臘文 hypnos，意即睡眠。其實催眠並非睡眠，而是注意高度集中。在睡眠和催眠時，雖意識範圍縮小，但它們的狀態不同。前者是處於散漫狀態，後者處於最佳狀態。此外催眠時的腦波電圖為 α 型腦波電圖，與睡眠時的腦波電圖迥然不同，處於催眠狀態時，暗示性增高，判斷能力減弱，對催眠者的語言和態度十分敏感而對周圍的刺激毫無感受。在催眠者的暗示下可出現各種現象，如感覺缺失，錯覺、幻覺、肌肉僵直、肌肉麻痺、植物神經功能政變、年齡退化（行為表現如幼年時）和其他某些行為。透過催眠者的暗示在催眠解除後可完全忘記催眠中的體驗。催眠可作為研究人類心理和行為的方法，亦可作為種心理治療。

催眠術（hypnotism），催人恍惚入睡的治療技術。18 世紀梅斯梅爾（Franz Anton Mesmer）最早用催眠來治療疾病，相信催眠是「動物磁氣」的作用。19 世紀英國醫生布雷德（James Braid）研究出令患者凝視發光物體而誘導出催眠狀態，並認為梅斯梅爾術所引起的昏睡是神經性睡眠，故另創了「催眠術」一詞。催眠技術的共同點人多是要求被試徹底放鬆，把注意固定地集中於某個較小的物體或事件上，減少通常感覺的輸入和運動的輸出。催眠的方法很多，通常先測定患者的暗示性以確定是否可被催眠。向患者說明催眠的目的和意義，增強對催眠的信心。然

後讓患者平躺，全身放鬆，注視一小物體引起眼睛疲勞。施術者以單調的聲音和簡短的言語反覆暗示患者，使之感到愈來愈睏倦和嗜睡。從患者的面部表情，肢體鬆弛的程度和呼吸脈搏的變化來估計催眠的深度。按病情的性質給予治療性暗示或喚起遺忘的體驗進行分析。結束催眠時可暗示患者覺醒或轉入通常的睡眠。但催眠效果取決於催眠者的技能和愛好，也有賴於被催眠者的需求及其易感性。約有 10%～20% 的人易被催眠，能進入深度的恍惚狀態，他們受暗示性強，相信催眠術及信任催眠者，傾向於依賴別人，願被催眠；約有 5%～10% 的人不能被催眠，這些人受暗示性弱，對催眠術及催眠者反感，獨立性強，不願因被催眠而披露內心，處於這兩端之間的人能存在不同程度上被催眠。催眠的本質至今尚未明瞭。催眠可收到一定療效，但也可能產生不良後果，故須由有經驗的催眠治療師施行。

2、催眠術的由來

催眠術，說得更準確一些是「類催眠術」，在久遠的古代就已經有了，但它總是與宗教活動、甚至迷信活動連繫在一起的。像中國古代的江湖術士所慣用的讓人們神遊陰間地府、扶乩等等，事實上都是借助於催眠術的力量，使人們產生種種幻覺或進入自幼書寫狀態。印度婆羅門教中的一派所進行的「打坐」，就是一種自我催眠的方法。後來這種方法被引入佛教，成為盡人皆知的「坐禪」。與此相似的便是道教中的「胎息法」。

　　古羅馬的僧侶每當從事祭祀活動的時候，就先在神的面前進行自我催眠，呈現出有別於常態的催眠狀態下的種種表現，然後為教徒們袪病消災。由於僧侶們的狀態異乎尋常，教徒們疑為神靈附體，故而產生極大的暗示力量。在古羅馬的一些寺廟裡，還為虔誠的教徒們實施祈禱性的集體催眠，讓他們凝視自己的肚臍，不久就會雙眼閉合，呈恍惚狀態，從而可以看到「神靈」，還可聽到神的旨意等等。

　　總之，無論是在西方還是在東方，其宗教活動中或多或少地存在著「類催眠」現象。那時的催眠現象帶有濃厚的神祕與迷信色彩，有時成為宗教活動不可缺少的一部分。

　　至於正式以治療為目的的催眠術的開端，也是與偽科學有所瓜葛。那就是梅斯梅爾術。

　　德國人梅斯梅爾（西元 1734 ～ 1815 年），畢業於維也納大學，是一位富有的開業醫生。他對占星術頗有研究，深得其中三昧。曾寫過一篇〈關於行星給予人體影響〉的論文。在文中，他將早先廣為流傳的「動物磁氣說」發揚光大。「動物磁氣說」認為：在天地宇宙之間充滿著一種磁氣，一切生物都依靠這種磁氣的養育，人類經常從星星中接受這種磁氣。梅斯梅爾推論，既然人們要依靠這種磁氣的哺育，那麼這種磁氣的力量也會使一切疑難雜症煙消雲散，使人們康復如初。他的觀點在維也納未得到承認，1778 年他來到歐洲的文化中心巴黎。在那裡他把自己的理論變為實踐，運用被後人稱之為「梅斯梅爾術」的方法，為人們治療疾病。

　　他的治療方法是這樣的：

　　在一間光線昏暗的房間中央設置了一個金屬桶，在桶內放一些化學藥品和金屬，使之發生化學反應。然後讓眾多的病人握住金屬桶柄，或

用發亮的銅絲觸及到患痛部位。同時暗示病人，會有一種強大的祛病去痛的磁氣通過你的軀體，從而使疾病痊癒，身體康復。一切準備就緒以後，絲竹聲起，裹著絹絲衣裳的梅斯梅爾飄然而至。他一面在眾多的患者之間來回穿梭，一面用長鞭或手指觸摸患病部位。一段時間以後，患者就進入到梅斯梅爾所說的「臨界狀態」──患者忘卻了自我，大聲喊叫，還有些人激烈痙攣或昏睡過去。一陣興奮過去以後，病就好了。梅斯梅爾術出現以後，巴黎城為之轟動，在上流社會的婦女中更是口耳傳誦，一睹為快，甚至連當時的法國皇后瑪麗‧安托瓦內特（Marie Antoi-nette）也熱衷於此道了。

毫無疑問，磁氣本身根本不可能治癒任何疾病，患者們之所以能夠康復如初，完全是由於自我暗示的緣故。梅斯梅爾正是利用人類易受暗示的心理特點，用這一奇特的方法誘導患者，使得牢牢壓抑著患者的潛意識心理釋放出來，透過疏導作用來達到治癒疾病的目的。

名噪一時的「梅斯梅爾術」引起了各界的注意。有人專門設計了相應的實驗對其進行探討。其結論是：梅斯梅爾術是一場騙局，所產生的治癒疾病的效果並不是由於磁氣的作用。囿於當時的認知水準，人們意識不到自我暗示的強大力量以及生理與心理之間相互連繫、相互影響的密切關係。因此，法蘭西科學院宣布梅斯梅爾術是一種江湖騙術，毫無科學根據。加之國王路易十六世對此也很反感，並認為有傷風化，從而把他趕出法國。晚年的梅斯梅爾在瑞士的波登湖默默地結束了他的一生。

3、催眠史上的兩個重要人物

　　有兩個人，對於催眠術走上科學道路並逐漸為人們所接受居功至偉。

　　第一位是英國外科醫生布雷德。

　　19 世紀上半葉，隨著科學技術的迅速發展，心理生理學已獲得了長足的進展。此時，梅斯梅爾術雖然被視為異端邪說而遭否定，但畢竟由於其具有一定的實用性仍然受到一部分人的青睞。特別是一些外科醫生把它作為手術時減輕病人疼痛的一種有效手段。1841 年 11 月，英國的一位外科醫生布雷德帶著挑剔的眼光在曼徹斯特細心觀察了一位瑞士醫生利用梅斯梅爾術為病人作治療的全過程。布雷德原本想找出其中的詐欺手法，結果並未發現任何破綻，而病人的確是痊癒了。布雷德醫生不愧為是一位正視現實的科學家，勇於摒棄自己的任何偏見。這種奇異的現象激發起他強烈的探究心理，親自從事梅斯梅爾術的實踐，並進行了理論研究，得到豐碩的成果。

　　他既不把梅斯梅爾術當成江湖騙術完全否定，也不是毫無批判地全盤接受。而是取其精華，去其糟粕，以揚棄的態度、科學的精神，正確對待梅斯梅爾術。他拋棄了荒謬的、帶有神祕色彩的「磁氣」、「流體」的理論。他在《神經催眠學》一書中強調指出：催眠現象是一種特殊的類睡眠狀態，是視神經疲勞後引起的睡眠。之所以如此，有它深刻的生理學基礎。催眠的施術並沒有任何神祕的超自然的力量，也沒有賦予受

術者任何東西,催眠狀態完全是由於被催眠者的眼睛凝視時間長了,使臉部肌肉疲倦和「癱瘓」而引起的。後來他又發現不僅視覺的凝注,而且思想、觀念上的凝注同樣也可以誘發催眠狀態。同時他還指出:催眠的關鍵所在是暗示。他從名稱上捨棄了「梅斯梅爾術」,根據希臘文 Ύπνος(hypnos,催眠)的字意創造了英語單字 hypnotism,意即催眠術(儘管這一名稱並不十分完備,常被人誤解是催人入睡的技術或治療失眠症的技術)。因此,布雷德被認為是現代催眠術的創始人,是嘗試對催眠現象進行科學解釋的第一人。

另一位便是大名鼎鼎,被譽為對 20 世紀影響最大的三個人物之一的精神分析學家西格蒙德·佛洛伊德(Sigmund Freud)。

佛洛伊德以精神分析享譽天下,其實,他與催眠術亦有一段不解之緣。

1885 年,年輕的佛洛伊德到巴黎的薩爾拜特利爾醫院師從著名的夏科教授,從事神經病的學習與研究。有一次,夏科教授進行了一例當時已很少出現的「歇斯底里症」示範表演,所使用的手段就是催眠術。不一會兒,受術者出現幻覺、意識喪失、肌肉僵直⋯⋯種種神奇的現象令全場觀眾如痴如醉,佛洛伊德也為之傾倒。然而,一位來自斯堪地納維亞的醫生卻告訴他,這完全是在演戲,而南錫派(Nancy School)的催眠暗示法才是真正有效的治療手段。當時,佛洛伊德對誰是誰非沒有得出結論,但催眠術本身卻給他留下了不可磨滅的印象。在以後的歲月裡,他開展了對催眠術的研究和實踐,儘管催眠術在當時還很難為醫學界所認可。

佛洛伊德在維也納開設了私人診所以後,事業日進,對催眠術的興趣也愈發濃厚。不久,他在生理學俱樂部上宣讀了一篇關於催眠術的論

文。並對一位義大利婦女進行了催眠治療，頗見成效。在醫療實踐中，他愈來愈發現許多疑難病例的根本原因，並不都是生理因素。對於這些，手術的藥物都無能為力。後來，當他讀到貝恩海姆（Hippolyte Bernheim）教授寫的《催眠與暗示》一書，對其利用催眠與暗示手段治療疾病的病例極感興趣，從而進一步萌發了利用催眠術治療心因性疾病的欲望。其時，維也納的反對者為數眾多，著名的特奧多爾·邁內特（Theodor Meynert）一提到催眠術便破口大罵，暴跳如雷。佛洛伊德沒有為權威和習慣勢力所左右，繼續進行利用催眠術治療患者的嘗試。

有位太太，無法餵母奶給她的孩子。經人介紹，來到佛洛伊德的診所就診。佛洛伊德果斷地對她實施了催眠術。這次，沒有花費多長時間就使患者進入催眠狀態。在催眠狀態中，佛洛伊德反覆向患者暗示：妳的奶很好，餵奶過程也令人愉悅等等。兩次以後，患者康復如初，催眠後暗示也完全成功。令人啼笑皆非的是，患者的丈夫嘮嘮叨叨，說催眠術會把一個女人的神經系統給毀了，病癒完全是上蒼有眼，與佛洛伊德無關。佛洛伊德對此並不介意。他只是感到喜不自勝，因為，一種新的療法被證實了！此後，他在醫療實踐中頻頻使用催眠術。豐富的實踐和天才的智慧使佛洛伊德愈來愈堅信：催眠術是開啟無意識門戶的金鑰匙。

這一想法，在對埃米夫人的治療中得到了充分的證實。這位患者在丈夫死後的 14 年裡，斷斷續續地患上好幾種莫名其妙的病。最為典型的經常表現出神經質的緊張與痛苦的神色。特別害怕別人碰到她，時時出現可怕的幻覺。在催眠過程中，直接地暗示其症狀已經消失，但並未奏效。佛洛伊德意識到，只有找到誘發埃米夫人恐懼發作的根本原因，才談得上為她消災祛病。然而，在清醒的意識狀態中，表層的原因可能得以揭露，深層的、又是造成主宰作用的原因無從知曉、覺察。鑑於此，

佛洛伊德便借助於催眠術開啟患者無意識的門戶。

這一方法果然靈驗。如同層層剝筍,患者將她童年歷次受驚嚇的經歷毫無保留、流暢地吐露出來。佛洛伊德還觀察到,她每談到一件往事,都要打一個寒顫,面部和全身的肌肉也會抽搐幾下。可見這些往事對她的影響之深、危害之大。透過對深層原因的發掘,以及隨之而進行的抹去這些痛苦記憶的治療,埃米夫人的症狀大為好轉。

作為一位大師、一位慧眼獨具的科學家,佛洛伊德的歡欣並不止於成功地解除了一位病人多年來的疾苦,而是對整個人類有了進一步的認識。你瞧,埃米夫人有種種病態的表現,但又不難發現他的聰慧與敏捷。這表明,有兩個自我存在於她的心靈世界中。一個是害得她得了精神病的反常的、次要的自我,另一個是正常的、主要的自我。用她自己的話來說,她是「一個鎮定自若、目光敏銳的觀察家」。坐在大腦的角落裡,冷眼旁觀者另一個自我的一切瘋狂行為。顯而易見,埃米夫人有兩種截然不同的意識狀態,一種是公開的(即意識狀態),一種是隱藏的(即無意識狀態)。佛洛伊德自豪地聲稱:我觀察到了這兩種意識狀態的完整的活動過程,現在對這股「第二勢力」(即無意識)的工作方式已有了清楚的認識。我已經瞥見了一個還沒有人知道、沒有人勘探過的新大陸,一個具有極其重要的科學研究價值的領域。大多數心理學家都承認,佛洛伊德對心理學乃至整個人類最大的貢獻莫過於發現了無意識的存在,而在這發現過程中,催眠術無疑給了他極大的幫助和啟迪。

人們可能只知道佛洛伊德提出「泛性論」後曾遭到許多人的攻擊。其實,在他著力於催眠術的研究和實踐時,尤其是在前往南錫大學深入考察催眠術以後,在世人看來,他已陷於「罪惡」之淵了。維也納的醫學界一致認為他已走向科學的死胡同,沒有人願意和他討論這一問題,

甚至患者也很少光臨他的診所。佛洛伊德沒有屈從於偏見的壓力，而是進行了更為深沉、冷靜的思索，從而使利用催眠術探索人的無意識奧祕的理論與技術日臻完善。耐人尋味的是，對佛洛伊德所推崇與從事的催眠術持最激烈反對態度的著名教授邁內特，臨終前對佛洛伊德懇切地說：「你是對的，你贏得了真理。西格蒙德，最激烈地反對你的人就是最相信你是正確的人。」

眾所周知，佛洛伊德後來放棄了催眠術。這是由於佛洛伊德感到催眠術存在著一定的局限性（這種認識有合理的一面，但其中也不無偏見）。其一，不一定對於所有的患者都能夠施予催眠術；其二，不是對於任何患者都能夠自由地引導到所設想那樣深度的催眠狀態。其三，在他看來，催眠術的適應症僅限於歇斯底里病症。不過，促使佛洛伊德放棄催眠術的直接原因是由於一次醫療事件。一天，佛洛伊德治療某位女性患者的疼痛發作，在催眠術使她從痛苦中解脫出來時，那位患者的眼睛似睜非睜，擁抱佛洛伊德，顯示出性衝動亢進因素的存在。究其原因，在催眠狀態中，由於是一時性的靠近，受術者把自己的心獻給治療者，隨其所欲，這時產生一種比較強大的依存性，也就是發生了異常的、過於依靠的傾向。鑑於以上種種原因，佛洛伊德停止使用催眠術。

停止在治療中使用催眠術，並非意味著佛洛伊德對催眠現象及其催眠術的否定與拋棄。在他的「自由聯想」方法中，依稀可以看到催眠術的影子。有人甚至認為：自由聯想方法實際上就是一種催眠法。接受精神分析的人都是處在輕度催眠狀態之中的。在佛洛伊德的後期著作中，仍然可以看到他用催眠現象來解釋人類心理與行為的論述。譬如，他把愛情與催眠相提並論，認為前者與後者只有一步之遙。而群體行為則更類似於集體催眠現象。像這樣的論述還有許多，就不一一列舉了。

4、催眠術的發展

自 19 世紀後期以來，催眠術已不再被視為江湖騙術了，而被認為是一種有效的心理治療手段。科學家們對之進行了廣泛深入的研究，在心理治療和外科、婦科手術中以及其他領域內也得到了經常性的運用。催眠術已經獲得了長足的進展，主要表現在以下三個方面：

其一，理論上的探索。目前，西方和日本以及俄羅斯的許多大學中都成立了催眠研究室，希圖利用現代科學技術的手段，對催眠術與催眠現象的原理進行深入的探索。迄今為止，儘管對催眠現象的原理還沒有一個能夠量化的、具有充分依據的解釋。但是，學者們對它的探索卻一刻也沒有停止。他們各自根據自己的實踐與實驗提出了許多見解。雖然其中也有偏頗之處，但也不乏真知灼見。

其二，學術組織的建立與書刊雜誌的出版。目前，在西方，日本和俄羅斯都普遍建立了催眠術的研究組織。例如，19 世紀的後期，在法國建立了兩個催眠研究中心。在美國，成立了兩個全國性的催眠術協會，即「臨床與實驗催眠術協會」和「美國臨床催眠術協會」，擁有 4,000 名會員。大約還有 1.5～2 萬名內科醫生和心理醫生接受過催眠術的訓練。日本、澳洲和俄羅斯也有名稱各異但實質相同的各種催眠術組織。這些組織既推動催眠師進行培訓和交流經驗的效果，同時也發揮了管理和約束的作用。

　　至於催眠術的專著，僅美國就出版了幾十種。據美國催眠術的權威人物萊斯利‧勒克龍（Leslie M. Lecron）介紹，比較好的著作有：勒克龍和波爾多（Jean Bordeaux）合著的《今日催眠術》（*Hypnotism Today*）；庫克（Charles Edward Cooke）和范福格特（A. E. Van Vogt）合著，洛杉磯 Borden 出版社出版的《催眠術手冊》（*The Hypnotism Handbook*）；韋岑霍夫著（André M. Weitzenhoffer），紐約 Grune & Stratton 出版社出版的《催眠術常用技巧》（*General Techniques of Hypnotism*）。在其他國家中也有不少值得一讀的催眠術專著。另外，在美國和一些國家中還有專門的催眠術研究方面的雜誌。在一些普及性的刊物上也經常可以看到介紹催眠術的文章。今天，如果你在網路上對催眠術搜索的話，你也將發現有大量有關催眠術的文章。如：在 Google 上搜尋「催眠術」，有 22,800,000 篇相關文章。在臺灣，催眠治療也相當流行。

　　其三，在不同領域內的廣泛應用。

　　一門學科是否具有強大的生命力，在很大程度上取決於是否具有實用性，是否能為社會服務。催眠術之所以逐漸獲得人們的認可，是與它的實用性分不開的。

　　現在，催眠術不僅在傳統的心理治療和鎮痛、麻醉方面繼續發揮其獨特的作用，而且在其他領域內也逐漸顯示出它奇特的功能。例如，在學習和潛能開發方面已初見成效，對增進人的記憶力、挖掘人的創造力方面都具有令人驚異的效能。在體育方面的運用也非鮮見，從消除疲勞到增強自信；從克服緊張情緒到增進技能、體能、催眠術都可以發揮作用。目前，催眠術的應用範圍還在進一步擴大。據說，蘇聯已將催眠術的研究用於軍事目的。以色列的情報部門摩沙迪已經將催眠術用於間諜的審訊。國外的司法部門也陸續引進催眠術，幫助其破案、審案。可以

斷言，隨著催眠術應用範圍的進一步拓展，作為科學的催眠術將進入一個新的發展時期。

到了 20 世紀，正統的學術界也不得不正視催眠術的存在了。以英國為例，1953 年，英國醫學會的心理醫學專業委員會，設立了一個專門檢討醫學性效用的分科委員會。在 1955 年的 4 月 20 日，該分科委員會在《英國醫學雜誌》上發表了一篇有關催眠術的詳細報告。在報告中，他們認定，「催眠術被認定為是適合科學研究的對象」，「應該把催眠療法的解說及其治療的可能性，推薦給醫學院的學生」。同時，他們還主張：「有關催眠療法的臨床性效果，大凡從事心理治療學的研究院的學生，都有加以訓練的必要。」

5、催眠現象的心理學解釋

到目前為止，對催眠現象原理的解釋並不是令人滿意的。即使如此，我們仍試圖努力地去作些嘗試，希望能在前人的基礎上，對催眠現象作出更進一步的解釋。很可能我們對催眠現象的基本原理的解釋仍然是膚淺的，但我們相信，我們的努力一定會有益於對催眠現象的進一步探索。

從本質上說，暗示是催眠現象的心理機制。

自從法國的「南錫學派」提出了「暗示感應說」以來，儘管醫學界或心理學界的學者們從不同的角度對催眠進行了大量研究，但絕大部分學者都承認，暗示是催眠現象的關鍵所在。我們認為，前人的這種解釋是有道

理的。我們的實踐經驗也證實了這種解釋的正確性。事實上，正是借助了暗示的力量，催眠師才能將被催眠者引入催眠狀態，進而開展治療疾病和開發潛能的工作，暗示是催眠現象的心理機制。為了使讀者對這一問題有更深入的了解，我們將對暗示以及暗示與催眠的關係作一些介紹。

● 受暗示性是人類普遍具有的一種心理屬性

據研究，人類的這種屬性是與生俱來的。學者們認為，人類心理世界之所以如此豐富多彩，光怪陸離，部分原因可歸之於人類的這種接受暗示的能力。這種能力與人類的智力及想像力密切相關，並主要以第二信號系統的其客觀基礎。一方面，人類普通具有接受暗示的能力；另一方面，世界上也存在著無數對人類構成暗示的不同刺激物。心理學家指出：「顏色、語言、聲音、嗅味、都可以對我們構成某種暗示，形成某種觀念，轉化為一定的行動或產生某種效果，我們的心理就是受到這種暗示的刺激轉化為能動的物質。這就是我們的可暗示性。」對於這種「可暗示性」，「南錫學派」的宣導者貝恩海姆教授把它定義為：「是大腦接受並喚起觀念的能力，它使這種觀念傾向於實現，使之化為行動。」他稱之為觀念的動力學的規律。洛贊諾夫（Georgi Lozanov）則說：「這是人類個體之中一種普通的特質，由於它，才使人和環境的無意識關係發生作用。」

生活中的許多實例都有力地證明了這一點。曾有過這樣的報導：有一個人，被誤關進冷藏車裡，冷氣並沒有開放，但他卻被活活地「凍死」了。這顯然是由於暗示的強大力量擊潰了他的生物保護機制，造成了他的猝死。

社會心理學中的從眾實驗研究也顯示，人在暗示的作用下，竟會不相信自己的眼睛，而與他人保持一致。接受別人的勸說，贊同他人的演說觀念，往往也不是純粹的認知因素，即理性在起作用，而是由暗示打

動情感，由情感影響認知的緣故。觀賞藝術作品所產生的愛與恨，更是透過非理性知覺通道而實現的。可見，暗示是普遍存在和行之有效的。上是由於暗示的普遍性和有效性，催眠術才有了產生的可能。

這裡還需說明的是，人類的這種受暗示性並不是消極被動的。換言之，並不是那些構成暗示的刺激對人產生暗示效應，只有在個體主動接受的條件下，暗示才能產生作用。所以，有人認為，暗示的本質是自我暗示，甚至有些學者宣稱：暗示是沒有的，有的只是自我暗示。細加分析，此言不無道理。從事催眠術實踐的人都有這樣的體會：那些身患疾病、求醫心切的人，較之那些想體驗一下催眠狀態的人，更易接受暗示，更容易進入催眠狀態。

一方面，人類天然具有可暗示性，另一方面，人們也經常有主動接受暗示的心向，在此基礎上，催眠術的效應作用便應運而生，催眠現象便由此而出現。

● 催眠過程與暗示規律之間具有高度的吻合性

只要催眠師嚴格遵照暗示的規律，催眠就能取得成功，否則就會招致失敗。那麼，暗示有哪些規律呢？下面我們給大家介紹一些有關暗示的基本知識：

其一，暗示的定義。所謂暗示，即指用含蓄的、間接的方法，對人的心理狀態產生直接而迅速影響的過程，這種影響是深刻而有效的。

其二，暗示的種類。暗示的種類均係人為劃分，一般可分為直接暗示與間接暗示；無意暗示與有意暗示；他人暗示與自我暗示；言語暗示與非言語暗示等等。

其三，暗示的特點。暗示的特點很多，主要有以下五點：

◆特點之一：暗示的雙重加工性

　　最佳暗示效果的獲得，往往是在雙重加工的基礎上實現的。一方面，暗示刺激經由理性知覺感應，將符合實際情況以及個人的價值、個性、倫理的資訊納入知覺範圍，從而引起受術者心悅誠服的實際體驗。如，催眠師將手置於受術者頭頂，同時暗示他（她）：現在你的頭頂都感到微微有點發熱。這是一個真實的情況，受術者勢必會產生相應的體驗。另一方面，暗示刺激也可透過非理性知覺反映的情感滲透去建立心理共鳴的感應關係。特別是廣泛採用非言語的操縱功能來擴展這種效果。譬如，用肯定句以增加自信；用附加疑問句如：「你覺得很舒服，一定是的，是不是？」給被催眠者溫情、敏感的體驗；採用鼓勵性的評價以促成良好的合作，如催眠過程中誇獎被催眠者的領悟力強、體驗正確等等。這種情感的滲透性達到最佳狀態時，可產生強烈的移情作用，即視催眠師如親人，對其格外信賴而鈍化了自身的意識。總之，這種雙重加工的配合默契，可產生最佳暗示效果。

◆特點之二：暗示的直接滲透性

　　一旦催眠師的意志戰勝了被催眠者的意志，受術者的反暗示防線被突破，暗示刺激便能直接滲透到受術者的潛意識中。這種滲透似乎是自動產生的，其實現過程極為迅速、靈活、明確，充分展現了活動的「經濟性」。

◆特點之三：暗示效果的累加性

　　暗示是一種能力，經由訓練而敏感化。因此，多次接受催眠術，會使受暗示刺激發生作用的時間縮短，影響加深，效果累進。個人的受暗示性由於不斷地接受暗示的實踐活動而得到提高，使個人對某種暗示的反應越來越敏感。於是，使得暗示的效果具有累加的特性。

◆ 特點之四：暗示的從眾性

人類具有受社會影響而採取與他人保持一致的基本心理。這種從眾性在暗示中同樣存在並且更加明顯。具有驚人效果的集體快速催眠，原因就在於他人進入催眠狀態足以刺激自己的可暗示性。這尤其對於個性中缺乏獨立性，而智慧平常的人更是如此。

◆ 特點之五：受暗示的差異性

雖然人類普遍具有受暗示性的本能，但這種本能卻呈現出巨大的個體差異性。據統計，經暗示而能進入深度催眠的人不是30%。另有15%的人幾乎無法進入催眠狀態。在性別上，女性比男性更易接受催眠暗示。在年齡上，7～14歲的人最易接受催眠暗示，而成人則較難進入，老年人幾乎無法進入。

其四，暗示的生理表現。當個人接受暗示的程度達到最大時，邏輯意識和批判意識的最高機構——大腦皮脂基本處於抑制狀態，僅剩下某個「警戒點」的部位尚保持興奮性。處於這種狀態下，個人的大腦生物電波活動呈4～7赫茲的θ波，當「警戒點」活動時，又出現高頻的α波。

其五，暗示的條件。暗示之所以產生效果，應具備以下起碼的條件：被暗示者注意力高度集中於某一明確的對象；催眠師（或施行暗示者）應具有一定的權威性，該權威性的程度與暗示的效果成正比；催眠師（或施行暗示者）要以溫和、含蓄、間接而又堅定的言語與手勢等來實施暗示；在被暗示者與施行暗示者之間應具有一個融洽、輕鬆的心理氛圍。

其六，暗示的障礙。人類具有本能的受暗示性，同時也具有普遍的反暗示性。這種反暗示性可能來源於自我保護的本能、自由的意識、個人的習慣、個性特徵以及各種理性的思考等等。主要表現為個體對暗示

刺激具有認知防線，情感防線與倫理防線。暗示能否奏效，取決於能否克服這些防線的阻礙。克服的辦法不是強行突破，而是與之取得協調。

● 催眠過程是受暗示性與反暗示性能量對比的過程

要使被催眠者進入具有高度受暗示性的催眠狀態，需要催眠師有極大的耐心和堅強的意志，以此促成被催眠者受暗示性的開放與增加，並借助於這股力量克服反暗示性。這種較量的形式是溫和的，但實質上卻是異常激烈的。在催眠過程中，催眠師始終要以堅定有力的肯定句和語調進行反覆暗示，同時不間斷地要求受術者放鬆，即使一時不能進入催眠狀態，也決不氣餒後退。一旦催眠師與受術者進入心理極度相容狀態，一旦催眠師的意志戰勝了受術者的意志，那麼就意味著受暗示性與反暗示性的能量對比發生了傾斜，受暗示性占了上風。此刻，受術者的意識場顯著縮減，對外界毫無知覺，表情呆滯，只是與催眠師保持著牢固的、建築在心理共鳴基礎上的感應關係。受術者將無條件地接受催眠師的任何指令，這樣，就很容易進入較深的催眠狀態。

● 恢復到清醒狀態也是暗示的效應作用

不僅由覺醒狀態導入催眠狀態要依靠暗示的力量，而且從深度的催眠狀態迅速恢復到清醒狀態同樣是暗示的效應作用。通常，催眠的覺醒方法是這樣實施的：催眠師對被催眠者說：「你已經歷了一次成功的催眠，一次有效的治療，醒來以後，你一定感到很愉快……」「現在我要把你叫醒，馬上我就數數字，從一數到三，當數到『三』時，你就會突然醒來。」在給予明確的指令，並反覆暗示以後，受術者會突然醒來。這

個過程，顯然也是借重於暗示的力量。

綜上所述，可以認為催眠現象本來就是由暗示造成的，當個人一旦進入催眠狀態時，又非常容易接受暗示。從某種意義上說，催眠術就是施行暗示的技術，沒有暗示，就沒有所謂的催眠！由此看來，催眠現象並不是一種完全神祕莫測的現象，催眠術也不是一種不可捉摸的巫術。從暗示這一催眠的心理機制入手，可以使我們對催眠現象有一定程度的了解。當然，迄今為止，對催眠現象的科學研究還是很不充分的，其中的奧祕還遠未被完全提示出來；在許多方面還停留在經驗階段。所以，要想使催眠成功，催眠師還必須善於觀察被催眠者每一時刻的心理表現，並迅速作出反應。在對被催眠者實施暗示的過程中，既不超前也不落後。在施行催眠的任一時刻，指導語的選擇，節奏輕重也很重要。所有這些，只有在大量臨床實踐的基礎上才能應付自如。

至於暗示的力量有多強大，這裡僅舉「安慰劑」一例說明之。據英國《新科學家》雜誌報導，目前，有13個反常科學現象正困擾全世界科學家。這些現象如果最終得到解釋，有可能導致一些理論被改寫，或導致一些新理論出現。這13種反常現象分別是：熱平衡，宇宙射線，順勢療法，暗物質，「四中子」粒子，「海盜」測量結果，「先鋒」號軌道，暗能量，安慰劑，古柏帶，無線電波，α常數，冷核融合。

什麼是安慰劑？安慰劑是指用生物學上的本屬中性的物質做成使受試者或病人相信其中含有某種藥物的藥丸或製劑，如用沒有藥物活性的物質澱粉等製成與真實藥物一樣的劑型作為安慰劑。安慰劑效應是透過服藥者對藥物的認識、感受、以及服藥行為本身，透過心理─生理的相互作用而產生效果的。其效應既有加強藥物生理效應的一面，又有削弱生理效應的一面。許多研究顯示：至少有三分之一以上的人對安慰劑有

反應，出現了臨床症狀的好轉；如果再結合言語、宣傳和其他途徑，安慰劑的效果還要更顯著。實驗研究證實了這一點。在一項有關末梢神經痛的研究中，接受試驗的人員分為 4 組：A 組服用一種溫和的止痛藥；B 組服用色澤形狀相似的假藥；C 組接受針灸治療；而 D 組接受的是假裝的針灸治療。試驗結果顯示：4 組人員的痛感均得以減輕，4 種不同方法的鎮痛效果並無明顯差異。這說明，鎮痛藥和針灸的效果並不見得一定比安慰劑或安慰行為更為奏效。 其實，不但是安慰劑，所有真實的藥物也都具有不同程度的「安慰劑效應」。

迄今為止，沒人知道安慰劑的作用原理，所以它被列為 13 個違反科學現象之一。但人們在對安慰劑現象的觀察中也總結出一些規律：

- ⊙ 藥物透過藥理作用對身體的生理機能發揮作用，以達到治療的目的，這是藥物的生理效應；藥物還可透過非生理效應，以「接受藥物治療」的方式，在病人心理上引起良好的感受而導致疾病的好轉，即藥物的心理效應。
- ⊙ 病人對藥物的認知與態度以及接受暗示性的程度直接決定了安慰劑的效應作用。
- ⊙ 對於那些渴求治療、對醫務人員充分信任或崇拜的病人來說，安慰劑的效果格外明顯，反之，則效用不明顯。

日常生活中，「安慰劑效應」也是普遍存在的。

幾個很少接觸鄉村環境的城裡人到野外郊遊，到達山腰時，他們為眼前清澈的泉水、碧綠的草地和迷人的風景所深深吸引。休息時，其中一人很高興地接過同伴遞過來的水壺喝了一口水，情不自禁地感嘆道：山裡的水真甜，城裡的水跟這兒真是無法比。水壺的主人聽完笑了起來，他說，壺裡的水是城市裡最普通的水，是出發前從家裡的自來水管接的。

你肯定知道「望梅止渴」這個成語。它的意思是指人們借空想而自慰。這一典故的由來是：南朝宋劉義慶《世說新語·假譎》:「魏武（曹操）行役失汲道，軍皆渴，乃令日：『前有大梅林，饒子，甘酸可解渴。』士卒聞之，口皆出水，乘此得及前源。」這不也是典型的安慰劑效應嗎？

安慰劑效應對實施者來說，是一種「詐欺」；對接受者來說，是一種「受騙」。它的生理學機制目前還沒有發現，但從心理上來說，經由暗示使人們的身心發生某些變化大約是沒有什麼疑問的了。由此也可以看出暗示的力量是多麼強大。

6、三種催眠狀態描述

除了有一部分人完全不可能進入催眠狀態以外，受術者在催眠過程中有著不同的表現或者說是反應。學者們把這些表現（反應）劃分為三期催眠狀態，即淺度催眠狀態、中度催眠狀態和深度催眠狀態。下面我們我們分別對這三期催眠狀態予以描述。

● 淺度催眠狀態

在淺度催眠狀態中，受術者會有如下一些表現：

從意識的清晰度來看，受術者的意識清晰度有較明顯的下降。受術者肌肉鬆弛、全身乏力，有一種迷迷糊糊類似於通常似睡非睡的感覺。但是，此時的受術者仍然保持著較高的認知能力與警覺、批判能力。對

外界以及自我的意識仍然相當清晰。因此，在這一階段，催眠師的暗示如失當或超前，將引起受術者的抵抗。

從記憶方面看，即使催眠師暗示受術者記不起來，但受術者回到清醒狀態以後，仍能回憶起整個受術過程中的所有事情。

在淺度催眠狀態中，最突出、最典型的表現是觀念運動。這就是經由催眠師的暗示誘導，受術者在意念上的運動引起實際上的運動。這種實際上的運動又進一步加強了原來的觀念運動。就這樣互為回饋，愈演愈烈，導致受術者的受暗示性愈來愈強，注意力愈來愈集中，進而一步一步導入催眠狀態。有的學者指出，觀念運動是從覺醒到催眠的中間環節和必經橋梁，此言極是！我們說，對受術者進行觀念運動暗示，既是檢查受術者是否進入淺度催眠狀態的手段，同時也是將受術者導入更深催眠狀態的方法。

在淺度催眠狀態中的觀念運動大致有以下幾種表現：

◆ 讀心術

具體方法是，在桌子上凌亂地放著若干物品、有書、有文具、有水果等等。受術者站在桌前，握住催眠師的一隻手。此時，催眠師以強烈的意念想著某個物品，而受術者就能夠伸出另一隻空著的手拿起這一物品。這絕非天方夜譚也非迷信活動，而是觀念運動中的一種常見形式。

◆ 想像中的金屬物擺動

用一根 30 公分長的線繫住一金屬物，線的另一端命令受術者用手提起，懸空提在玻璃杯當中。然後，要求受術者集中意念想像這一金屬物會自然擺動起來，撞擊杯壁，發出響聲。若受術者依法而行，繫在線上的金屬物就會自然擺動起來，發出叮叮噹噹的聲音。若一面做著，一面嘴裡說著，效果則更佳。

◆肌肉運動的自由控制

在淺度催眠狀態中，經過催眠師巧妙的誘導，可自由控制受術者的肌肉運動。

譬如，催眠師暗示受術者：「你的兩隻手現在感到很重、很沉，不想動了，一點也不想動了……」在反覆暗示並達到效果以後，再接著暗示：「現在你的右手慢慢地、自然而然地變輕了，愈來愈輕了……手一點一點地被吸引靠往天花板的方向。看，已經開始動了，輕飄飄地，輕飄飄地向上舉起來了……」若受術者隨著催眠師的暗示語而動作，便證明觀念運動已經奏效了。

如受術者坐在椅子上，兩手放在膝蓋上，催眠師暗示道：「你的手將慢慢地從膝蓋上滑下去。」受術者往往也會依言而行。

還有一種方式就是讓受術者直立，催眠師站在他（她）的身後。催眠師從受術者的後面將手伸到受術者面前。然後，要求受術者凝神直視催眠師的食指，並下指令：「盡量不要眨眼，持續地看著我的指頭。」幾分鐘後，催眠師又說：「現在我把手拿到後面去。在我把手向後拿的同時，你的身體也將慢慢地向後倒。」在反覆幾遍這樣的暗示後，催眠師就極為緩慢地將兩手靠近受術者的臉，幾乎碰到受術者的面部。再左右分開，從受術者的外眼角開始，透過鬢角的旁邊，逐漸加快速度往後拉。此時，受術者會發生後傾現象，即產生觀念運動。有時，也可根據實際情況把手放在受術者的肩上，稍稍地向後拉引，以進一步加強效果。

有時，催眠師不一定透過言語暗示，而是透過動作暗示，也能引起受術者自由地肌肉運動。這種運動在清醒狀態下亦有可能，在淺度催眠狀態中則更為明顯。

譬如，令受術者睜開眼睛，催眠師以自己的手掌慢慢向其眼前移

去，做出要推的示意動作，受術者也會向後側去。再如，要求受術者模仿催眠師的一些突然的、或者是滑稽的動作，受術者亦能迅速準確、維妙維肖地模仿。

在淺度催眠狀態中，受術者所表現出的觀念運動的種種表現，事實上是注意力已經高度集中了的折光反映。這是因為，由觀念引起運動，需要將注意力集中在此觀念上。當全付注意力貫注於某一觀念上時，會很自然地引起運動。一旦引起運動，注意力就會集中在運動上，其他觀念則自然會受到抑制。要之，觀念引起運動，運動強化觀念，彼此互相作用、互相影響。所以，只要引起一點點觀念運動，就會沿著這一線索發展下去。若催眠師再作適當的暗示誘導，觀念運動將愈演愈烈，從而出現受暗示性亢進的現象。

當再現上述表現之時，便證明受術者已進入淺度催眠狀態。這時，催眠師與以繼續誘導，使受術者進入更深的催眠狀態，也可進行心理疾病的治療或潛能開發的工作。因為，對於以治療和開發潛能為目的，並非以表演為目的的催眠施術來說，有時當受術者進入淺度催眠狀態就可以進行了。當然，一般是以進入中度催眠狀態為宜，而且效果也比較好。

● 中度催眠狀態

中度催眠狀態的表現比較顯著，許多催眠表演也就是當受術者呈現出中度催眠狀態表現時進行的。因為，這些表現已經足夠神奇且令人吃驚的了。

從意識狀態來看，進入中度催眠狀態的受術者，其意識場已大為縮小，呈朦朧恍惚狀態，認識能力、批判能力和警覺性已顯著降低，像機器人一樣，幾乎是絕對地聽從催眠師的指令。與此相應的是，自主能

力、有意識行為也不復存在。但有時也會出現抵抗催眠師指令的現象。另外，在有些情況下，意識的清晰度呈跳躍狀態，搖擺於覺醒與催眠之間。

受術者在甦醒以後對整個催眠過程無法回憶，但有時也會出現零星的、片段的記憶。我們認為，能記住的部分內容，可能是處於覺醒狀態階段所發生的事情。

在中度催眠狀態中，受術者心理上最為明顯的變化表現在知覺方面。具體表現如下：

◆幻覺和錯覺的出現

在中度催眠狀態中，經由催眠帥的暗示，受術者可能出現幻覺，或者是錯覺。所謂幻覺就是知覺到實際上不存在的事物；所謂錯覺就是對客觀事物不正確的知覺。在正常的清醒狀態中，由於客觀條件的作用，有些錯覺，如幾何圖形錯覺的出現是正常的。而幻覺的出現，就說明身心方面出現這樣、那樣的病變了。在中度催眠狀態中則不然，由於意識場的極度減弱，催眠師已經完全控制了受術者，換言之，受術者的意識已被剝奪。所以，幻覺與錯覺的出現就不足為怪了，也不能認為是身心疾病的緣故。至於出現什麼樣的幻覺與錯覺，幾乎舉不勝舉。只要催眠師指出存在什麼，受術者就能「看到」或「聽到」什麼。

法國催眠大師貝恩海姆曾做過這樣的催眠實驗：他在使一名受術者進入催眠狀態後。便暗示他說，在床上坐著一位女士，她手中拿著一些楊梅要送給你吃，當你醒過來後，可走到床前向她握手道謝，並接過楊梅吃下去。當這位受術者醒過來後，果然走到空無一人的床前，煞有其事地向實際不存在的女士說道：「謝謝妳，太太。」並作握手狀，然後憑空接過幻想中的楊梅，津津有味地吃了起來。

在筆者所進行的一系列催眠實驗中，經常誘導出被催眠者的種種幻覺。例如，在一次催眠實驗中，告訴被催眠者，屋頂上出現了一架夜航飛機。飛機尾部的紅燈在不停地閃爍。不一會兒，催眠師所描繪的一切，被催眠者已覺得清晰可見，有歷歷在目之感。在另一次實驗中，我們暗示受術者，牆壁是一個大型的電視螢幕，正在放映一部精采的電視劇。隨著筆者的描述，受術者真的覺得看到或聽到這部電視劇，而且表現得喜形於色。還有一次實驗，我們暗示受術者，天花板上有五、六匹奔跑著的駿馬，被催眠者竟肯定地說，「有 5 匹！5 匹野馬在飛奔。」

這種幻覺和錯覺的另一變式就是知覺不到客觀存在的東西。科學家們把它稱之為消極的幻覺。在中度催眠狀態中，這種消極的幻覺亦有表現。

◆ 痛覺的消失

在中度催眠狀態中，如果催眠師暗示受術者身體的某一部分痛覺消失了，特別是在語言暗示的同時加以撫摸，受術者的痛覺就會基本或完全消失。此時，無論是用針刺或用手掐，受術者都將毫無感覺。催眠術在施術過程中，常用此作為檢查受術者狀態的手段。在臨床上，對於有些不適宜使用藥物麻醉的病人，在實施手術時，常利用催眠中痛覺消失的現象作為鎮痛手段。特別是在產婦分娩和牙科手術中經常使用，並收到較好的效果。其實，中度催眠狀態中的痛覺消失，並不僅限於表層皮膚，黏膜同樣可以。喉嚨的痛癢等感覺，亦可借助於催眠術而消失。

◆ 無痛拔牙的案例

所謂「無痛拔牙」催眠表演，指不需用任何麻醉劑，只需用催眠術即可使患蛀牙的病人在毫無痛苦的情況下拔掉蛀牙。

　　表演開始時，先由催眠師對牙病患者施行催眠術。在催眠師的循循誘導下，牙病患者漸漸進入催眠狀態。不一會兒，催眠師已將患者引入足以消除痛覺的催眠感覺支配階段。這時，催眠師給患者一個非常堅定的暗示：「在拔牙的時候，你肯定不會有任何疼痛的感覺。」然後，請患者在牙科手術椅上坐好。此時的患者很愉快地坐在牙科手術椅上，神情怡然自得，並沒有表現出絲毫的恐懼與不安。

　　催眠師退至一旁，牙科醫生拿起拔牙手術用的器械，走到患者的面前。處於催眠狀態下的患者表情自如，毫無畏懼。同時，把口張開，很平靜地等待著醫生給他拔牙！

　　只見牙科醫生把手術器械伸入患者口中，來回反覆地拔弄著，並用力往外拔了好幾次。觀眾們屏住呼吸看得目瞪口呆，手心也不禁捏出了一把冷汗。大家直為患者擔心。然而，坐在手術椅上的這位患者卻很平靜，看不到半點痛苦的流露。似乎醫生所擺弄拔的的並不是他的牙齒。

　　大約過了幾分鐘的時間，醫生終於挺直了腰，把手術器械從患者口中取出，上面鉗著一顆牙齒。醫生舒了一口氣，說：

　　「拔出來了，就是這顆蛀牙！」

　　這顆蛀牙被放在玻璃器皿裡，展示在觀眾們的眼前。果然這是一顆損壞相當嚴重的牙齒，中間有空洞，周緣已泛泛發黑，已到了無法使用的程度。

　　隨後，催眠師上前繼續施術，把患者從催眠狀態中喚醒。患者解除催眠狀態後，觀眾們一擁而上，紛紛詢問：

　　「你真的不覺得痛嗎？」

　　「是的，我沒有什麼感覺。」

　　「現在你覺得怎樣？」

「我覺得很好。」

「可是，在當時你到底是一種什麼樣的感覺呢？」

「當時覺得自己似乎浮飄在空中，後來又覺得是在海灘上散步。總之，是一種妙不可言的感覺。」

「無痛拔牙」的現象，人們若沒有親眼目睹，總難以相信。不過，目前在歐美各國，利用催眠進行「無痛拔牙」已經相當普遍。

◆感覺過敏

感覺過敏即指受術者在中度催眠狀態中，經由催眠師的暗示，某些感覺變得特別靈敏，超過了正常的感覺能力，似乎感覺能力大大降低。例如，有人曾作實驗，將手錶放在離受術者兩公尺遠的地方，受術者依然能夠聽到手錶滴答滴答的響聲。而在一般情況下，幾公分以外的地方放置手錶，人們就不能聽到手錶的響聲了。為什麼能產生這種現象？其中原因尚未探明，有人認為，這是由於在催眠過程中全無雜念、注意力高度集中的緣故。

◆肌肉僵直

幾乎在所有的催眠表演中，都出現肌肉僵直（俗稱人橋）這一節目。因為它既令人不可思議，又沒有任何作假的可能性。肌肉僵直的呈現是這樣進行的：催眠師先令受術者握緊拳頭，使手臂肌肉緊張，手臂呈 90 度狀，催眠師用力拉其手臂，如未能將其手臂拉平，則證明受術者的肌肉緊張度頗高，具備了全身肌肉僵直的可能性。然後，暗示受術者全身肌肉緊張。如催眠師在暗示某一部分肌肉緊張的同時，用手觸摸該部位則更好。不一會兒，受術者全身肌肉繃緊，堅硬如鐵，只有腹部肌肉依然鬆軟，沒有緊張。若是表演，可用兩張凳子，分別將受術者的腿

部和肩部擱在上面，這時，在受術者的腹部站上一個人也無妨。這裡要特別提醒讀者注意的是，切不可只將受術者的頸部或頭部擱在凳子上，那有可能產生頭頸部骨折的事故。另外，在表演完畢後，一定不能忘記暗示受術者全身肌肉放鬆，恢復到正常狀態。

◆ 自動書寫

有一種源遠流長、至今仍時有出現的迷信形式，這就是「扶乩」。具體做法是，在一根長約 1 公尺的圓棒中央放一根 20 公分長的木棒，使之成為「丁」字形。橫棒兩端各由一人扶住，用豎棒的棒尖在裝滿沙子的沙盤上寫字。扶棒的兩人中以一人為主動者，另一人為助手。據稱：在這種情況下神與人便可溝通交流，上天的旨意透過持棒者的手書寫下來。果然，持棒者與無意識之中寫下了所要求得的答案，以及對未來的預測。這種方法，常使得觀者和當事人不得不為之折服。

還有一種與之相類似的情況。那是以桐木或杉木製成的心型木板，約厚 1cm，長 20cm，寬 15cm。心型木板的前面兩側各裝上 3cm 的腳，在後側的尖端部分開一個小洞，插上鉛筆，再加上前端的兩隻腳，合計有三隻腳。手放在上面，板子會自然移動。實驗者待被試人內心平靜，注意力高度集中後，命令他「動！」最初，被試人畫出的是一些無意義的圖形，不久就有可能畫出有意義的文字和圖案。實驗者若對被試人提出一些問題，被試人的手會無意識地移動，畫出相當於答案的文字。這一方式後來也為迷信活動所採用。

果真是上天「顯靈」嗎？否！現代心理學已經揭示出它的奧祕，這是在無意識狀態中所產生的一種名之為「自動書寫」的現象。這種現象，可以經過訓練而產生。而在中度催眠狀態下，則可能自行出現，唯一的條件是催眠師下一道指令。

在這裡想順便提及一下，自動書寫現象對於某些心理疾病的治療是很有用處的。美國催眠術權威萊斯利·勒克龍指出：「人手自動寫字可能是研究潛意識心靈、取得資訊的理想途徑。必須了解，潛意識只知道現在正在引起情緒障礙和身心疾病的原因。這正是我們想獲得的資訊。在人手自動書寫中，可以對潛意識提問，回答會透過書寫表示出來。有時潛意識甚至可能自動提供資訊。」因此，在臨床上，催眠師常常透過受術者的自動書寫來窺探受術者意識不到的、隱藏在潛意識中的、形成其心理病變的關鍵因素。

在中度催眠狀態中，雖然認識能力、批判能力已顯著下降，自主能力、警覺性已幾乎不復存在。然而，在有些情況下，在有些受術者身上，意志的支配作用和具有反暗示性的倫理防線間或還能發揮一定的作用。例如，若催眠師要求受術者做一些嚴重違反其人格基本特徵或倫理觀念的事，可能會遭到拒絕，反覆暗示，有可能會使之驚醒。這說明，在中度催眠狀態中，受術者還殘存著一些自我支配能力。當然，並不是所有的受術者都是如此。

● 深度催眠狀態

在深度催眠狀態中，受術者的意識場已極度縮小，注意力已達到了最高度的集中。除了與催眠師保持有效的感應關係外，對其他刺激毫無反應。面部表情呆板，毫無生氣，絕對地服從催眠師的指令。與此相比較，在中度催眠狀態中，受術者或可能拒絕、或可能延緩、或可能部分改變催眠師的指令。道理很簡單，這是由於意識狀態不同的緣故。

在深度催眠狀態中，受術者的典型表現如下：

◆ 記憶的變化

在深度催眠狀態中，受術者的記憶能力會發生顯著的變化。這種變化是雙向的，既可能是記憶能力全部喪失，也有可能是記憶能力極度高漲。

◆ 記憶能力的喪失

在淺度或中度的催眠狀態中，受術者在清醒以後，能夠幾乎全部或部分記住在催眠過程中所發生的事情。但當受術者進入深度催眠狀態，在覺醒後，基本上是無法回憶起催眠過程中所發生的任何事情，呈完全性遺忘。唯一能夠知曉的是極為舒服、痛快地睡了幾個小時，感到精神抖擻，情緒高漲。對於某些心理疾病的治療來說，這種對催眠過程中所發生事件的遺忘是必要的。如果記住這一過程，對疾病本身的康復不利，還有可能會投下新的陰影。所以，在催眠過程中，催眠師的治療完畢以後，一般都要作出暗示，要求受術者忘記催眠過程中所發生的事件。

從另一方面看，在深度催眠狀態中，經由催眠師的暗示，受術者的記憶能力會極度高漲。在有一次催眠實驗中，催眠師要求一位女大學生記住 5 個她從未聽說過的、以外國人名命名的心理學名詞，她記得非常牢固，儘管只聽了一遍。筆者也曾做過類似的實驗，結果與上述事例基本相同。據專家們分析，之所以會產生這種記憶能力亢進的現象，是由於在深度催眠狀態中不像在正常的清醒狀態下，有過多的雜念和干擾以及人們天生的惰性，也不會因各種無關刺激的作用而妨礙注意力的高度指向與集中。換言之，在深度催眠狀態中，「神經噪音」大大降低，資訊傳導暢通無阻，故而能夠銘記在心，終生難忘。

治療學家們還發現，利用深度催眠狀態中記憶能力亢進的現象，治療神經症，效果很好。因為，造成神經症的原因，常常是一些過去的經驗，特別是會激起強烈激情狀況的經驗。在催眠狀態中，經由催眠師的暗示，可使受術者回憶起最初的體驗。於是，當時的激情會逐漸淡薄，從而有助於神經症的治療。

◆ 人格轉換

心理學中所說的人格就是我們平時所說的個性，穩定性是人格的一大特徵。「江山易改，本性難移」就是這個意思。然而，在深度催眠狀態中，能夠使受術者的人格轉化為他人的人格，甚至轉化為動物。

譬如，催眠師暗示受術者是歌星，受術者彷彿就像歌星似的，邊跳邊唱起來；暗示他（或她）是政治家，馬上就能以偉人的姿態，發表施政演說。有位催眠師曾做出這樣的實驗：暗示 A 少年：「你是 B！」然後，喊出他的朋友 B 的名字時，A 就會開始表現出 B 的態度、聲音和外表上的一些顯著特徵。你問他的名字，他會回答自己是 B。問他住在哪兒，如果他先前知道 B 的住址，就會據實回答。給人的感覺，他就是 B。可是，問他出生年月和兄弟姐妹名字時，這些答案 A 原先不知道，於是便以自己的出生年月，再憑空想像出幾個名字。蘇聯的催眠師曾暗示一受術者：你現在就是列賓，你現在以列賓的身分來作畫。結果，受術者所作的畫中，果然有列賓的風格。我們認為，列賓風格的獲得者不能簡單地看作是技法上的相似，而是受術者的人格轉換成了列賓的人格。當然，這也是有條件的，若這位受術者對列賓的人格渾然不知，這種轉換當然不可能。

另外，把受術前由人的人格轉換為動物的特性也不是完全不可能的。催眠師暗示受術者變成了鳥，展開翅膀，在天空翱翔。受術者就會

以雙臂作翅膀，上下擺動，在屋裡轉圈子。甚至暗示受術者變成了狗，他也會在地上爬。這近乎惡作劇了，如不是因實驗所需，催眠師是不會這樣暗示的。如下了這樣的暗示，也會嚴格保密。

利用深度催眠狀態中的人格轉換現象，可以矯正一些比較頑固的人格障礙。如偏執型人格障礙、分裂型人格障礙、自戀型人格障礙等等。這些人格障礙的矯正在通常情況下是不容易的。由於在深度催眠狀態下人格可以轉換，因而可透過令其扮演正常人格的角色，而最終為該角色所同化。

◆ 年齡變換

年齡變換，可視為是人格轉換的一種特殊形式。受術者可以倒退到童年時期，也叫延展到老年時期。需要指出的是，這種年齡變換並不是實際上的年齡倒退或延展，而是角色行為的變化，即受術者表現出童年期的角色行為或老年期的角色行為。

有些人認為年齡倒退的現象，就是使受術者恢復所暗示的年齡當時的記憶，並按此付諸行動。這是一種誤解。有位催眠師讓一位 40 多歲的男性年齡倒退到 6 歲。對他說：「這裡是幼稚園，你唱一首歌吧。」結果，受術者並沒有唱起他童年時代所唱的歌，而是唱了一首他女兒（正在幼稚園）所經常唱的一首歌。這首歌在他的童年時期是沒有的。由此可知，這位受術者是於無意識中自行採取了符合催眠師所暗示的年齡和這一年齡所特有的思想與行動。換言之，這種年齡倒退，並不是讓受術者回到往昔，而是與人格轉換一樣，採取了某一種「角色行為」的表現。

誘導年齡變換的方式多種多樣。可以透過數數法進行。即催眠師說：「現在我倒數你的年齡，隨著我的數數，你就會逐漸變得年輕起來。現在開始：30、28、26、24……」最後在那個年齡階段停止，就會有那

個年齡階段的表現。年齡延展的方法亦如此。還可以透過呼吸法進行。
即催眠師說：「現在我讓你進行深呼吸，每呼吸一次，你的年齡就減去
一歲，我讓你停止深呼吸的時候，你就處於那一個年齡階段，現在開
始……」

　　以上介紹了受術者在深度催眠狀態中的種種表現。一般說來，對於
治癒大部分身心疾病和潛能開發來說，是沒有必要將受術者導入這種深
度的催眠狀態的；如果催眠師的道德品質不良，就有可能利用受術者的
深度催眠狀態進行違法犯罪活動。因為，在這種狀態下進行催眠後暗
示，受術者在覺醒後會毫不猶豫地去執行，並且全不知曉是誰指使他
（她）這麼做的。在西方國家中，經常可以看到利用催眠術進行性犯罪、
盜竊活動、傷害他人等等的案例。

7、催眠治療個案

　　這是一則我們自己施行的催眠治療個案，這裡介紹給讀者，意在使
諸位對催眠治療過程有一個直觀的了解。

　　生活中有一種常見病，那就是男性性功能障礙。這類人可能長得人
高馬大的，其他方面都沒有問題，可是到了床上，就疲軟了。不僅無法
享受魚水之歡，而對其男性自尊心的打擊，更是令人難以承受。從專業
角度看，男性性功能障礙主要是指無法成功地進行正常的性交活動。其
表現形式大致分為 3 種，即「陽萎」、「早洩」、「射精困難」。

陽萎是指性交時陰莖不能勃起或雖能勃起但舉而不堅，無法完成或維持性交。早洩是指性交時男性射精過於提早，甚至是在進入陰道之前就已射精。射精困難是指性交時射精延遲或無法射精。這3種性功能障礙在成年男性中較為常見，尤以前兩種障礙居多。

專家們指出：這3種性功能障礙的引發原因可以分為兩大類，即生理上的（或曰器質性的）和心理上（或曰精神性的）。人們往往認為這類功能障礙都是生理上的原因，每每想以打針、吃藥的方式來解決這些問題。其實，這類功能障礙的大部分引發因素是心理上的原因。據統計，由心理因素所致的陽萎約占陽萎患者的80%～90%，早洩患者中心理因素所致的比例也大致相同。由此可見，對於性功能障礙來說，心理因素是致病的主要原因。

臨床治療學家們發現：緊張、憂鬱、焦慮、自卑、內疚、疑病、害怕對方懷孕、害怕染上性病、兒童期的精神創傷、長期的手淫習慣以及由此而招致的愧疚感、缺乏性知識、錯誤的性觀念、夫妻關係不融洽、因先前性交失敗而背上的心理包袱等等，都可能會使男子產生各種性功能障礙。顯而易見，由上述因素所造成的性功能障礙，靠藥物治療是難以奏效的。不惟如此，因長期藥物治療而無好轉者會背上更加沉重的心理包袱，會使原先的障礙愈發加重。

有關心理因素導致性功能障礙的事例，臺灣學者王溢嘉在其所著《變態心理揭祕》一書中記載了這麼一個生動的案例：

一個中年男子，在將屋子重新裝修後，卻發生了一件怪事，他變得性無能了。

每當他躺在煥然一新的臥室裡想和妻燕好時，心裡即會莫名其妙地產生一種焦慮不安的感覺，而使他無法勃起。

　　為了「試驗」自己的性能力，他背著太太偷偷到外面找別的女人，結果「證明」沒有問題。難道是自己對太太失去「性趣」不成？答案似乎也是否定的，因為他有幾次和太太出外旅行，住在旅館裡，在旅館的床上，他又變得生龍活虎。一點毛病也沒有。

　　但以旅行來治療性無能，在時間和金錢上都是不可能的，所以他去找精神科醫生。幾年的精神分析後，醫師和他共同挖掘出不少童年時代的往事，醫師告訴他，他的性無能是來自未解決的「伊底帕斯情結」（戀母情結）。這個解釋也許滿足了醫師本身的理論癖。但對他的性無能的改善卻少有助益。因為在家面對太太時，他還是欲振乏力。

　　最後，他轉而去找一位行為學派的心理學家。這個心理學家也追問病人的過去，不過他的著眼點和精神分析學家不同，他注意到病人有過的一件特殊往事：

　　原來患者在青年時代，曾和一個有夫之婦發生性關係。有一次，兩人正在床上濃意蜜意，翻去覆雨時，那位女士的丈夫突然撞進來，捉姦在床。結果他被那位女士的丈夫狠狠地修理了一頓。他自知理虧而沒有還手，在被毆辱後他感到極不舒服，但只是把頭靠在牆壁上，兩眼呆呆地望著牆壁。

　　這是一種非常特殊的經驗。心理學家問他當時「看到的是什麼」，他說自己呆呆地望著的是「牆上的壁紙」，而且好像看了很久。

　　心理學家要他回想當時牆上壁紙的顏色和圖案，結果發現，病人現在和他太太臥室所貼的壁紙，與當年他被捉姦而受屈辱的房間壁紙非常類似。

　　至此，心理學家終於為他的性無能找到了「情境性的因素」——也就是他們現在臥室裡的壁紙。壁紙才是讓他感到焦慮不安，進而欲振乏

力的罪魁禍首。這也可以說明為什麼當他和太太在別的地方做愛時，就不會有性無能的現象。

心理學家給他的處方相當簡單，更換臥室的壁紙。結果，病人的性無能即不藥而愈，而且婚姻適應及其行為也都獲得了改善。

總之，心病還需心藥醫。對於因器官性原因引發的性功能障礙，則應以藥物或手術治療為主，輔之以心理調整。對於因心理性原因引發的性功能障礙，則應以心理療法為主，方能收到良好的效果。為解除性功能障礙者的疾苦，使人們都能過上正常、愉快的性生活，臨床心理治療學家們創造了多種多樣的心理治療方法。而催眠療法在其中獨樹一幟，效果良好。尤其是與其他心理治療方法結合使用時更是如此。

在催眠治療實踐中，也有治癒心因性性功能障礙的案例。

有一天，一對經朋友介紹而來的 30 多歲的夫妻來到我們這裡。看得出來，妻子是很急切地希望能從我們這裡得到幫助，而丈夫則是十分不情願地跟隨其後。這種情況，我們見多了，也是能夠理解的，任何一個男人都對這樣的疾病都羞於啟齒。

妻子倒是挺大方的，簡單寒暄以後，便述說起丈夫的病情。

她說：「我丈夫陽萎已有兩年多時間了，我們看了不少醫院，也試過各種偏方，但都不見效。後來醫生也告訴我們，在他身上查不出器官性的病變，可能是由於心理性的原因造成的，建議我們去看心理醫生。我們也試過幾個心理醫生，似乎有一些改觀，但總是不能出現根本性的好轉。聽說催眠術能治好陽萎，我們就找到這裡來了，真希望你們能幫幫我們，治療費用不是問題，只是希望能好，能快點好！」

催眠師：「能問問你們這種情況是從什麼時候開始的嗎？是一結婚就發現這個問題，還是後來才有的？」

　　來訪者的妻子：「不！不！不！剛結婚時很好，我們很恩愛，也有了一個可愛的女兒，是近兩三年才發生事。」

　　催眠師：「我有一個要求，不知能否滿足，可以由您（指著男士）來回答我的問題嗎？」

　　來訪者：「是她要來的，你問她好了，我覺得我的病是治不好了。」

　　這話回得讓催眠師差點下不了臺。當然，職業道德與職業規範使我們不可能與病人爭吵起來。

　　催眠師：「您還沒有治療呢，怎麼知道治不好了呢？」

　　來訪者：「我已經不知道去過多少地方，試過多少種方法，到最後都是白費功夫，浪費錢。」

　　催眠師：「但你試過催眠術嗎？」

　　來訪者：「沒有！我不相信藥物治不好的病，你說幾句話就能治好。」

　　催眠師：「我可以肯定地告訴你，催眠術不一定就能治療好你的問題，但催眠術肯定有治癒像你同類問題的先例，而且不止一個兩個。」

　　來訪者：「是真的嗎？」從他的眼神裡看得出來，他還是不相信，但也有了鬆動。

　　這時，不能急於施術，而應當減緩他的不信任與抗拒的心態。

　　催眠師：「這樣吧，我先向你介紹一個個案，來自某個美國心理學家的記載，真實性不用懷疑，你看看是否有參考價值？」

　　S 先生，40 歲，是個會計師。為了醫治陽萎，開始他去找精神分析學家。當得知治療過程可能會拖上 2 年時，他便求助於一位行為治療學家，因為他說不能讓他所愛的女人等這麼漫長的時間。

　　治療學家透過9次面談弄清了患者的病史。在青春期，他常行手淫，並且也聽說手淫會導致陽萎。22歲時，他有了一個女朋友。他與她互相愛撫，直到進入性高潮。但是，當他發現自己射精的時間越來越快時，他開始有些擔心了。尤其是當他的一個叔叔告訴他，這就算是「部分陽萎」時，他對此就愈加關注。在他最終說服了女朋友與他交歡時，結果他卻早洩了。沒隔多久，女朋友便跟他告吹。

　　這之後，他又與人發生過性關係，仍然早洩。後來，在29歲時，他結了婚。這段婚姻持續了9年，但自始至終充滿了風暴，幾乎都是因為S君在床第之樂之前便早早洩精。

　　與妻子離異之後，S先生與一個有夫之婦保持了長達4個月令人滿意的性關係。隨後，他患了流感。病快痊癒時，這女人來看他。但使他頹喪的是，他第一次發現自己無論在慾望和勃起方面都不行了。在隨後的幾年裡，由於陽萎或早洩，他想要與女人發生性關係的希望都一一告吹。

　　在他尋求醫治陽萎的前一年，他愛上了在他辦公室裡工作的一個24歲的女人，她也回報了他的愛情。但在他們同房時，S先生又早洩了。儘管這樣，「他還是設法與她勉強進行了性交。」這位年輕女人似乎對這種經驗感到滿足，希望不要去毀壞這種不壞的結果，S先生有6個月都沒再試圖跟她再行房事。

　　後來，在她就要外出度假時，他試著又一次跟她同房，但仍早洩了。在她外出期間，S先生又曾分別與另外兩個女人發生過男女關係，但連勃起都達不到。絕望之下，他去找了一位精神病醫生。醫生給他注射了大劑量的睪固酮，但這治療證明是無益的，因為當他的心上人歸來後，他與她再次嘗試又告失敗。於是，可以理解，她的激情開始冷卻下

來。就在這種時刻，他轉而尋求行為治療法。

從第十次診視開始，治療學家向 S 先生解釋了交互抑制的原理，並教他學會深度放鬆的技巧，還勸他對性交要採取輕鬆的態度，而且告訴他，除非事先已感到陰莖有力的勃起，他不得強使自己進入性交，並且，他不應該一味地去追求達到某種預想的性交水準。

在對他進行第十二次診視時，治療學家對他施以了催眠術，讓他盡可能地深度放鬆。然後，讓他去想像自己正和心愛的女人同床共枕。遺憾的是，這位治療學家的報告沒有披露這次診視所顯示的結果，他所介紹的情況就到此為止。

但是在第十四次診視中，S 先生證實了整個治療是成功的。他說，他與女朋友已經成功地進行了兩次性交。第一次他有點早洩，但第二次他勃起得很好。事情的轉機使 S 先生非常興奮，他與這女人結了婚，婚後的第三天，他報告，他和新娘在這兩天晚上都同時達到了性高潮。

接下來的 6 週裡，S 先生在治療學家的指導下，進一步鞏固了這新的表現情況 —— 只有一次因早洩而導致的失敗，那是因為他違背當時的願望而迫使自己去性交，經過 23 次診視，治療結束了。從開始治療算起，一共剛好 3 個月的時間。隨後 5 年半的追蹤調查顯示，S 先生對自己的性生活非常滿意。

來訪者聽得很專注，似乎，他看到了一線希望。然後，他喃喃地說：「這可能嗎？」

催眠師：「不僅是科學的、可能的，而且我們認為這個案例中治療的週期還長了點，完全可以縮短這個週期。」

來訪者的妻子：「我們想試試，一定得試試！」

來訪者：「不，我不想試。」聽得出來，雖然是拒絕，但語氣並不那麼堅決。所傳遞給我們的資訊是：他看到了希望，卻又害怕希望再一次破滅而帶來又一次的打擊。他的心靈因屢受傷害而變得十分脆弱了。另外，根據我們的觀察，這位來訪者是個性格內向的人，這可不是催眠術的易感人群。做這個人的治療肯定會有一定的難度。不過這也更具挑戰性！催眠師心中暗自立誓，一定要拿下這個病例。

催眠師：「我看不如這樣，既然來了，就這麼走也不合適，做一做放鬆訓練如何？它一定會讓你感到非常舒服，而且不會對你構成任何傷害。」

來訪者表示同意。

實際上，我們對來訪者是在施行軀體放鬆法。軀體放鬆法意指受術者根據催眠師的指令透過軀體的放鬆進入催眠狀態的方法。不過我們的目的並不想，估計也不可能第一次就能把他導入催眠狀態，只是想讓他體驗一下放鬆的樂趣，為正式做催眠作準備。不過，這也應算著是第一次催眠吧。

● 第一次催眠

催眠師：「放鬆是一項技術，這種技術絕非人人生而有之。尤其是那些感受性較低的人以及智力偏低、知識貧乏的人，往往很難放鬆，甚至對什麼是放鬆都不甚了然。看得出來，你是位知識白領，所以從能力的角度講，你掌握放鬆技術是沒有問題的。」

這種鼓勵，也是一種有力的暗示。

催眠師：「現在你握緊拳頭，用力！再用力！好的，非常好！現在你把握緊的拳頭一點一點地鬆開，慢一點，愈慢愈好。你體驗握緊的拳頭一點一點鬆開後的舒服的感覺。」

催眠師：「明白了吧，這就是放鬆。」

來訪者：「明白了。」

催眠師：「好的，現在你以自己感到最為舒適的姿勢靜靜地躺著沙發上，將手錶、皮帶、領帶除去。」

靜躺幾分鐘後，催眠師開始下達放鬆指令。具體步驟是：

催眠師：「現在我要求你眼皮放鬆，眼皮再放鬆……看得出來，你已經放鬆了，但我要求你繼續放鬆，再放鬆一些。現在你體驗放鬆後愉快舒適的感覺，繼續體驗，繼續體驗放鬆後愉快舒適的感覺……」

面部肌肉放鬆；頸部肌肉放鬆；肩部肌肉放鬆；胸部肌肉放鬆；腹部肌肉放鬆；腿部肌肉放鬆；手臂放鬆均如法炮製。

整個過程大約經歷了 20 多分鐘。

催眠師：「你已經經歷了一次愉快的放鬆訓練，你現在躺在沙發上不想動，一點也不想動，這麼躺著你感到很舒服，我馬上把你叫醒，醒來以後你將會有為之一振的感覺，不會錯的，肯定不會錯的。」

叫醒之後，來訪者果然有一種興奮的感覺。我們的初步目的達到了。雖然如此，我們還是只能持謹慎的樂觀，因為他的懷疑心態並沒有消失。看來，要對他採用懷疑者催眠法了。

主意既定，催眠師便對來訪者說：「如果你感到放鬆訓練對你有好處，有必要，下次再來吧。如果覺得不怎麼樣，那就算了。」

來訪者：「很舒服，我願意再次接受放鬆訓練。」

催眠師：「那好吧，我們再約個時間。」

這裡，我們先向大家介紹一下懷疑者催眠法。

由於催眠術的普及程度還不夠，再加之催眠術具有神奇的色彩，所以，對催眠術持懷疑態度的人很多。我們就曾懷疑過自己的老師，在自

己實施及講演催眠術時又曾遭到他人的懷疑。對於到催眠師這裡接受治療的人來說，懷疑的原因則更是多方面的了。有人可能是聽到一些關於催眠術的荒誕無稽的傳說；或者是憑主觀臆測，認為接受催眠術後精神將永久衰弱；或者是懷疑催眠如同外科手術的麻醉藥，有可能使人永遠不能醒覺；或者是顧慮自己會像木偶一樣永遠受催眠師擺布而無法自持……要之，懷疑的原因可能不同，但究其根本是對催眠術缺乏科學地、充分的認知。出現這種現象十分正常，不足為怪。問題倒是如何對那些持懷疑態度的受術者實施催眠術。這是一個難題，也是一個必須解決的問題。懷疑者催眠法，就是解決這一難題的方法。

具體實施方法有兩種：

第一種方法是解釋。先讓受術者坐在舒適的椅子上。然後，催眠師以中肯、平和、毫不做作、粉飾的語言、語氣將催眠術的一般原理、功用，適應範圍、科學依據等等向受術者作一概要式的闡述。同時著重強調，催眠術肯定是有益無害的、催眠師的工作是認真負責的。對你目前所面臨的問題非常適用（如果事實上催眠術不能解決來訪者的問題應實事求是，婉言謝絕），若再舉一、二實例則更佳。茲後，再描述催眠過程中的種種表現、它的效能及適用範圍。使受術者對催眠術的一般情況有一個大致的了解，以部分消除原有的偏見與疑慮。

第二種方法是親歷。對付懷疑者最有效的辦法是，在正式給他施術之前，先選一位感受性高、又曾多次接受過催眠術的受術者，當著懷疑者的面實施催眠術。並呈現催眠狀態中的種種奇特表現，讓懷疑者看到催眠術在增進身心健康、開發個體潛能方面的獨特作用。還要讓懷疑者看到受術者的覺醒過程，以及讓受術者對懷疑者談受術的感受，以消除懷疑者有關受術後難以覺醒，精神衰弱的種種顧慮。由於是身臨其境、

親眼所見，絕大多數人都會為之折服。接著，便可實施正式的催眠暗示：「現在你大概不會懷疑催眠術了吧？現在你大概也會希望我用催眠術來解決你所面臨的問題了吧？好的，現在我就對你實施催眠術。和你剛才看到的一樣，你也將很快進入催眠狀態，你也將很快享嘗到催眠術所帶來的愉快的體驗以及它對你心身健康的幫助。」這時，受術者已對催眠心悅誠服，頓釋前疑，敬仰、信仰、崇敬之心油然而生。此刻，催眠師的各種暗示、各種指令便可長驅直入，迅速占領受術者的整個意識狀態，很快將他們導入催眠狀態。

要之，對付懷疑者的關鍵，在於消除他們的懷疑心理，祕訣在於說教與讓其親眼目睹相結合，著重點在後者。如果很好地做到了這兩點，本來最具懷疑心理的受術者可能會轉變為篤信不疑的受術者，可能會轉化為最易受暗示、最快進入催眠狀態的人。

好的，讓我們再回到原來的話題上來。

● 第二次催眠

當上述來訪者第二次來到我們這裡的時候，我們很抱歉地告訴他：「對不起，這裡有個人正在做催眠治療，你可能得稍微等會兒。如果你有興趣的話，也可以看一看。」

當然，這是個圈套。

他所看到的受術者是個問題兒童，已在這裡做過好幾次催眠，進入狀態快，表現也明顯，孩子的家長也在誇催眠術對他們的孩子有很大的幫助。所有這些，都得到了很好的暗示作用，而且都不是出於催眠師之口。不是說：「事實勝於雄辯」嗎？這位有著嚴重懷疑心態的來訪者終於對催眠術心悅誠服了。雖然正式的催眠施術還沒有開始，但先前這些工

作也應視為催眠過程的一部分,而且是重要的一部分,沒有這些前期準備,催眠過程將困難重重,甚至無法進入催眠狀態。

這次,我們還是只給他做了放鬆訓練,著眼點在於提高他的放鬆技能,讓他多多體驗放鬆快感。儘管來訪者已經很迫切地想接受催眠治療了,但我們還是想吊吊他的胃口,畢竟,他是一個內向性格的人。

● 第三次催眠

第三次催眠本來的目標只是想能讓他進入淺度催眠狀態。但實際情況卻出乎我們的意料之外。來訪者非常配合,甚至顯得有點順從。這使我們驀然想起一條心理學規律。人有兩道心理防衛圈:一道是外圈;一道是內圈。有些人外圈鬆,內圈緊。這種人你很容易與之接近,但要想真正了解到他的內心世界將是一件非常困難的事情。另一種人則是外圈緊,內圈鬆。這種人不太容易接近,不過一旦突破了他的外圈,他會將其心理世界的全部內容和盤托出。我們的來訪者顯然是屬於後一種人。

於是,我們很快就將之導入中度催眠狀態。

催眠師:「好的,你已經進入到愉快的催眠狀態之中,你的無意識已經向我開放,現在,我們來共同討論你所面臨的問題。可以嗎?請回答我的問題,你現在可以說話。」

來訪者:「我願意!」

催眠師:「我認為,你的問題不是出在生理上,而是出在心理上,你同意這種說法嗎?」

來訪者:「可能是的。」

催眠師:「告訴我,你平時最常出現的、最感到焦慮與困惑的是什麼事情?」

來訪者：「我總是想把事情做到最好，每一件事情都這麼想，包括我與我妻子的性生活。可是我發現，我所做出來的事情，很少能夠達到我所期望的水準，這使我常常煩惱不已，我為什麼總是一個失敗者呢？」

原來，這是一個完美主義者。

催眠師：「看得出來，你是一個心高氣傲的人。我覺得追求完美沒什麼錯，只有追求完美社會才會進步；個體才會進步。不過，你認為可能實現完美嗎？你能不能舉個例子告訴我，世界上有哪一件事是完美的？哪一個人是完美的？」

來訪者一直喃喃自語中。

過了一會兒，來訪者對催眠師說：「可是，我很小的時候，父母就是對我這樣要求的，他們要求我所做的每一件事都是最好的。我只要有一件事不是做得最好，他們就不高興。」

我們明白了，他的完美情結來自於生命的早期。佛洛伊德的理論在這裡又一次得到證實。看來，我們的第一步工作應該去矯正他的完美情結。

催眠師：「我想，我們是不是該來討論一下關於完美的問題？」

來訪者：「好的。」

催眠師：「完美是一種理想境界。我們可以接近完美，但不可能達到完美。仔細想想，世界上那件事是完美的呢？沒有，過去沒有、現在沒有、將來也沒有。我們凡人沒有，那些菁英也沒有。

美國前總統富蘭克林・羅斯福坦然向大眾承認，如果他的決策能夠達到 75% 的正確率，那就達到了他預期的最高標準了。羅斯福尚且如此，我們又何必對自己一味苛求呢？

不必過分追求完美。要做好一份工作，講究的是成效，只要你盡了

力，而且達到了預期的目的，就無須再一味追求所謂的完美。

再進一步說，完美並不可愛。心理學家做過一個實驗：他們向大學生受試者描述兩個人，他們都有很強的能力，都有崇高的人格。但其中有一個從來不犯錯，另一個有時會犯點小錯誤。要求受試者回答：這兩個人哪一個更可愛？結果絕大多數受試者認為那個有時會犯點小錯誤的人更可愛。

當我們每完成一項工作以後，我們可以反思，我們也有必要反思，我們可以總結經驗，我們也需要總結教訓，但千萬不要因一點小小的缺憾而自責。

試想，當你因過分追求完美而陷入自責的想法，你還有多餘心思去改進工作嗎？

有許多人具有強烈的成就動機，換句話說，就是野心勃勃。他們恨不能一步登天，因而希望自己做的每一件事、甚至每一件事的每一個細節都十分完美。以使自己盡快晉升，以使自己盡快成功。於是，心態不免焦灼，這種焦灼的心態常導致欲速則不達，欲完美卻紕漏多多的窘境。」

來訪者：「你說得太好了！」

催眠師：「其實，你認為你的父母所做的事情都很完美嗎？」

來訪者：「並不完美，他們自己也承認。」

催眠師：「這就對了，正是他們竭力追求完美，而恰恰並不完美，所以就把這種他們心目中的理想狀態遷移到你的身上，因為你是他們生命的延續。又由於在你很小的時候就對你有這種要求，所以形成了你的一種心理情結，也就是完美情結，並且一直在困擾著你。」

來訪者流出了眼淚，很顯然，催眠師已經觸動了他內心深處那根最

敏感的神經。我們決定，今天所要做的事情，就是要剷除深植於其無意識中的完美情結，幫助他建立起恰當的期望水準。

催眠師：「好的，我們已經找到使你焦慮與困惑的心理根源，因此，相應的對策應該是建立起恰當的期望水準。」

來訪者：「什麼樣的期望水準才是恰當的呢？」

催眠師：「做事情成功與否的標準應是與自己的過去比；與大多數平常人相比。如果說與自己的過去比有進步，與大多數平常人比在中等水準之上，那就是成功。」

來訪者：「那就算成功了？」

催眠師：「是啊！你過去的問題就出在把成功的標準定得太高。喜歡時時處處與別人比，尤其拿自己的短處與別人的長處比。如果總是這樣，那就慘了。想一想，讓我們與姚明比身高，就是侏儒；與比爾蓋茲比財富，肯定是乞丐；與愛因斯坦比智慧，近乎弱智；與車銀優比長相，只能與豬八戒做兄弟。

其實，你把這些人的另一面與你比，就會發現許多地方他們不如你。譬如，姚明不能自由的逛街；比爾蓋茲的胃口可能就不如你；愛因斯坦的英語程度始終不怎麼樣；車銀優跟某人約會難度比你大得多。如果這麼想，你是否有種釋然的感覺？」

來訪者會心一笑。

催眠師：「今天我們就到這裡，相信你清醒之後感覺會很好，比前兩次還要好。另外，當你回到意識狀態之後，再對完美、期望水準作一番理性思考，會有好處的。」

這次催眠就這樣結束了。雖然我們還沒有直接接觸到來訪者求助的問題，但顯而易見，問題的解決應該只是時間問題了。

● **第四次催眠**

　　來訪者到來之後，就給人一種精神振奮的感覺。看得出來，他的總體狀態已經有了比較大的改善。與催眠師的關係可以用「親近」二字來表述。

　　在這種狀態之下，要把他導入催眠狀態當然是輕而易舉的事情，況且，催眠本來就有累加效應的存在。所以，大約十分鐘不到的時間，來訪者已被導入較深的催眠狀態了。

　　催眠師：「請告訴我，在你的性生活史上，是否曾經有過表現很好，自己也達到高潮的時候？」

　　來訪者：「有過，但那是好幾年前的事情了。」

　　催眠師：「那就足以證明你不是天生的性無能。我再問你，醫生對你的檢查是否發現了器質性病變？」

　　來訪者：「也沒有。」

　　催眠師：「那就說明你的問題是出在心理上。是由於你的完美情結使得你從來都感到自己是生活的失敗者。」

　　來訪者：「是的，我過去一直是這麼認為的，我經常有失落、沮喪的感覺，甚至覺得人生好像沒有什麼意義。」

　　催眠師：「人的身心是相通的，有些生理疾病的致病原因就是心理因素。你能告訴我第一次發現自己的性能力有問題是在什麼時候？當時大概是什麼情況嗎？」

　　來訪者：「大約是在兩年多前，上司同時指定了一項工作給我們單位的兩個人，一個是我，一個是一位與我年齡、資歷相仿的同事。大家都說，這項任務是帶有考察性的。當時，我太想把這件事做好了，太想由此來證明自己了。可是，事與願違，偏偏就出了差錯，而且是很大的差

錯。我彷彿看到了對手的喜悅、同事的嘲笑、長官的失望……我感到無地自容。那天晚上，我一個人在 PUB 喝了不少酒，回到家裡，我突然想到可以在老婆身上來證明一下自己是個男子漢，於是便瘋狂地向妻子撲了過去。妻子非常不情願地順從了我，可是我卻欲振乏力……哇！我又一次受到沉重打擊，從此就一蹶不振了。後來，我多次想證明自己是行的，但幾乎每次都是以失敗而告終。」

催眠師：「你的問題就出在總想證明自己，我指的是各個方面。你自己是個什麼就是什麼樣，幹嘛非得去證明，非得要別人承認？」

來訪者：「我現在知道這是不可取的了。」

催眠師：「好的，現在我們再來一次全身放鬆，從眼皮放鬆開始……」

在放鬆之後，催眠師採用了想像預演法。

催眠師：「很好，你現在已經完全放鬆了，現在你的腦海裡出現了這樣的情景：那是過年長假，你和妻子出外旅遊……你們挽著手漫步在海邊，一輪滿月灑下皎潔的月光，濤聲陣陣如同和諧的交響曲……你們情意綿綿，如同回到初戀時光……然後，你們回到房間，一股不可名狀的衝動出現了……一切都是那麼自然……」

催眠師：「現在是什麼感覺，你告訴我。」

來訪者：「真的有種衝動。」

催眠師：「很好！現在我給你一個指令（後催眠暗示）今天晚上，你和你的妻子會在很輕鬆的氣氛中有一次親近行為，不一定非得要發生什麼，一切聽其自然，該怎麼樣就怎麼樣，但一定會有一種愉快的感受，肯定是這樣的，不會錯的。你一定會執行我的指令，不然你會感到很難受。」

這次催眠結束後，催眠師又與來訪者的妻子作了交代，告訴她所下達的後催眠暗示的指令，希望她能配合。

● 第五次催眠

來訪者這次到來後，給我們的感覺就是很興奮，低聲告訴催眠師，上次回家後，有過一次很愉快，也很成功的性生活。後來他的妻子也證實了這一點，並對他先生在催眠後暗示中的表現感到不可思議。催眠師也感到很欣慰。但我們並不認為問題已經完全得到解決。這是因為，雖然在無意識層面已讓他達到了真正的放鬆，並對其不正確的「完美觀」進行了矯正。但是，他畢竟是生活中現實的生活之中。生活中將會發生什麼事情常常是難以預測的。如果在意識層面不能真正建立起正確的觀念，問題還會出現，可能不是以這種形式；可能不是這個問題，但一定出現問題。

有鑑於此，在本次催眠中，我們的重點在於正確人生觀與價值觀的交流與指導。因為這是真正的病因所在。在清醒後的交談中，重點也在於此。後來還有過兩次非催眠狀態的交流，目的也是同樣的。據我們所知，來訪者後來再也沒有出現過同樣的問題。

二、非專業催眠大師

1、諸葛亮

說到非專業催眠大師，中國人智慧的化身 —— 諸葛亮是一個不得不提及的人物。

從其出山伊始，諸葛亮就顯示出非同凡響的功力。婦孺皆知的「三顧茅廬」，可視為中國歷史上一次最大規模的，也是最成功的個人炒作；同時也是一則堪稱典範的類催眠案例。透過這次個人炒作，27 歲的諸葛亮徹底征服了劉備及其劉備集團的所有成員。使之一上任就手握重權，也就是說劉備集團的軍事指揮權就歸他所有了，一直到他病逝。

讓我們來看其整個操作過程，也就是我們所認為的整個催眠過程。

● 前期的輿論準備

在諸葛亮還沒有任何功績的時候，江湖上已有傳言了，那就是「伏龍、鳳雛，兩人得一，可安天下」。這句話，高士水鏡先生司馬德操在劉備落難之時對劉備說過。在劉備十分信賴的徐庶臨行之前，又十分鄭重地向劉備作了推介。《三國演義》中是這麼描述的：「若得此人，無異周得呂望、漢得張良也。」「此人有經天緯大之才，蓋天下　人也　……此人乃絕代奇才，使君急宜枉駕見之，若此人肯相輔佐，何愁天下不定乎。」劉備聽了這番話後的反應，《三國演義》中的描述是「似醉方醒，如夢初覺」。我們的理解卻不是這樣，我們認為，劉備不是「醒」了，而是

「醉」了；不是「覺」了，而是「睡」了。在既未見其人，更沒有見到任何功績的情況下，在劉備心目中的諸葛亮已是一個被「神化」的形象。正因為如此，他才會不惜放下「皇叔」的架子，一次、一次、又一次地去拜見一個按其年齡推算大約是剛取得碩士學位的年輕人。

● 炒作的序幕

這個序幕很長，但目的只有一個，不斷地製造懸念，不斷地烘托氣氛，不斷地吊劉備的胃口。人類的基本心態是：愈是不了解的事物愈是想了解。愈是得不到的東西，欲望愈是強烈。中國古代讀書人認為最快樂的事莫過於「雪夜閉門讀禁書」。禁書的最大魅力在那裡？也不一定是這書有多好，而是在於很難得到。難得到的、得不到的，每每就是人想得到的。民間一直有一種說法，叫「妻不如妾，妾不如偷，偷不如偷不到」。諸葛亮很懂得這一心理學原理，在這方面可謂下足了功夫。

第一步是對徐庶的斷然拒絕。《三國演義》中寫道：「且說徐庶既別玄德，感其留戀之情，恐孔明不肯出山輔之，遂乘馬直至臥龍岡下，入草廬見孔明。孔明問其來意。庶曰『庶本欲事劉豫州，奈老母為曹操所囚，馳書來召，只得捨之而往。臨行時，將公薦於玄德。玄德即日將來奉謁，望公勿推阻，即展平生之大才以輔之，幸甚！』孔明聞言作色曰『君以我為享祭之犧牲乎！』說罷，拂袖而入。」

這時諸葛亮如果應召而去，那他在劉備心目中的價值就不會很高，人們珍惜的是很難得到的東西，而不是送上門來的貨色。諸葛亮斷然拒絕的不僅是對徐庶而且還包括劉備發出一個信號，我不是那種登個廣告就能招來的人物！召之即來，不是我的市場價值！這種斷然的拒絕，更讓劉備為之痴迷，得到諸葛亮的欲望也隨之而騰升。

第二步是讓司馬德操再到劉備那裡去點一把火。司馬德操看似閒閒而來，其實卻是身負使命。他先是介紹諸葛亮的平生之志 —— 自比管仲、樂毅。在受到關雲長的質疑之後，作為高士的司馬德操也不與之爭論，而是順著關雲長的語氣將話鋒一轉，作出一個更為驚人的類比 ——「興周八百年之姜子牙，旺漢四百年之張子房也」。得到的效果是「眾皆愕然」。至此，氛圍的烘托達到了第一個高峰。

可以想像得出來，劉備還沒有見到諸葛亮，但已被弄得神魂顛倒，心馳神往。於是，他急不可耐去要去見諸葛亮。此時的劉備，已開始進入催眠狀態了。

第三步是利用自然環境與人文環境對劉備實施催眠。從自然環境看，隆中景物是「山不高而秀雅；水不深而澄清；地不廣而平坦；林不大而茂盛；猿鶴相親，松皇交翠」。這顯然是個隱士高人之所在，智慧謀略之溫床。再從人文環境看，這裡的農夫，也是飽受文化薰陶。唱出來的歌，也不是鄉音。「蒼天如圓蓋，陸地如棋局；世人黑白分，往來爭榮辱：榮者自安安，辱者自碌碌。南陽有隱居，高眠臥不足！」農人尚如此，何況高士乎？進入到這樣的情境以後，劉備不能不為之感染，想見到諸葛亮、想得到諸葛亮的心情也更為迫切了。

第四步是給劉備潑一盆冷水。劉備來到諸葛亮的家，見到的不是諸葛亮，而是一名童子。劉備說了自己的一大堆頭銜，童子卻說自己「記不起來」。問諸葛亮到那裡去了？回答是「不知道」。問諸葛亮什麼時候回來，回答還是「不知道」。從嚴格意義上來說，這小子是不禮貌的。可以推測，沒有諸葛亮的授意，這小子是不敢這麼做，也不會這麼做的。那麼，諸葛亮為什麼要這麼做？為什麼要向劉備潑一盆冷水呢？我們以為，這是諸葛亮謀略之一部分。從表面上看，這是一盆冷水，實質上卻

是一瓢油。這盆冷水、或者說這一瓢油,讓諸葛亮這個已經被神化的形象又加了一層光環,此時的劉備,已經「被徹底洗腦了」。諸葛亮在人才市場上的價值又倍增了。

第五步是讓「好事多磨」。俗話說「好事多磨」,這句話從另一個層面來理解即是多磨的才是好事。諸葛亮深黯此道。讓劉備一次又一次地遇到以為是諸葛亮的人,結果卻又不是,而這些人個個都是才華出眾之人。一波三折,諸葛亮已基本完成從人到神的前期炒作工作。大戲即將開演。

● 終於見面了,劉備被諸葛亮徹底征服

終於見面了。諸葛亮為了進一步提高自己的身價,也為了從一共事開始就要讓劉備給予他足夠的寬容度。繼續對劉備實施催眠攻勢。

劉備十分珍惜與諸葛亮見面的機會,一開始就顯得很老實。見到開門的童子,也十分客氣地說:「有勞仙童轉報,劉備特來拜見先生。」童子還是不客氣,說:「今日先生雖在家,但今在草堂上晝寢未醒。」潛臺詞是,你就等著吧!劉備只得老老實實地等著,惹得張飛差點要暴走。好不容易醒了,卻又問:「有俗客來否?」請注意:是俗客。又去更衣,讓劉備繼續等下去……

姍姍來遲的見面終於來臨了。此時的劉備已完成進入到了催眠狀態。在不知不覺之中,彷彿是在與神對話,唯一的結果只能是:言聽計從!《三國演義》上說,諸葛亮的首戰是博望之戰,我們說是隆中之戰。沒有這一戰的完勝,就沒有以後在劉備集團中的絕對軍事指揮權,就不能開創自己的千秋偉業。其實,只要我們冷靜地想一想,諸葛亮是真的不想到劉備那裡做點事嗎?肯定不是。要真是那樣的話,他幹嘛要

　　為劉備而不是別人制定戰略規劃——隆中對。他是想去，但不想輕易地去。他對自己的才華有足夠的認知，同時希望自己的價值能得到充分地認可。於是，便設計了一幕經典的催眠劇。

　　後人讀《三國演義》中「三顧茅廬」這一段時，總是更多地從劉備求賢若渴的角度去理解，其實，那是諸葛亮設的一個「套」啊！當然，劉備也「套」住了諸葛亮，讓他為之一生「鞠躬盡瘁」。

　　這一幕經典的催眠劇，使諸葛亮一到劉備集團就處於至高無上的地位。《三國演義》中說，玄德自得孔明，以師禮待之。關雲長和張飛兩人吃醋了。他們對劉備說：「孔明年幼，有甚才學？兄長待之太過！又未見他真實效驗！」劉備說：「吾得孔明，猶魚之得水也。兩弟勿復多言。」不僅如此，他還親自為諸葛亮結了一頂帽子。其崇拜之心，巴結之意，可謂溢於言表。

　　你可別小看了這炒作或者說催眠的作用。智慧與諸葛亮比肩的龐統由於沒有這麼做，「求職」道路就相當坎坷了。

　　魯肅向孫權推薦龐統，說道：「肅碌碌庸才，誤蒙公瑾重薦，其實不稱所職。願舉一人以助主公。此人上通天文，下曉地理；謀略不減於管、樂，樞機可並於孫、吳。往日周公瑾多用其言，孔明亦深服其智。現在江南，何不重用？」權聞言大喜，便問此人姓名。肅曰：「此人乃襄陽人，姓龐名統，字士元，道號鳳雛先生。」權曰：「孤亦聞其名久矣。今既在此，可即請來相見。」於是魯肅邀請龐統入見孫權。施禮畢。權見其人濃眉掀鼻，黑面短髯；形容古怪，心中不喜。乃問曰：「公平生所學，以何為主？」統曰：「不必拘執，隨機應變。」權曰：「公之才學，比公瑾如何？」統笑曰：「某之所學，與公瑾大不相同。」權平生最喜周瑜，見統輕之，心中愈不樂，乃謂統曰：「公且退。待有用公之時，卻來

相請。」統長嘆一聲而出。魯肅曰：「主公何不用龐士元？」權曰：「狂士也，用之何益！」肅曰：「赤壁鏖兵之時，此人曾獻連環策，成第一功。主公想必知之。」權曰：「此時乃曹操自欲釘船，未必此人之功也。吾誓不用之。」魯肅出謂龐統曰：「非肅不薦足下，奈吳候不肯用公。公且耐心。」

後來到了劉備那裡，狀況也不好，本來相貌就不怎麼樣，加之見到劉備長揖不拜，很沒有禮貌，又傲得很，不肯拿出魯肅和諸葛亮的推薦信。結果劉備只給了他個小縣令。伏龍、鳳雛，待遇怎麼會差這麼大？那是由於龐統缺乏炒作意識。只是到了這般境地，才想到不炒作不行了，來了個故意不理公務。到張飛來檢查工作時，又畢現才華，引起劉備集團高層的重視。

縱觀諸葛亮的一生，以類催眠方式控制他人、操縱他人的例證還有許多許多……

2、希特勒

說起希特勒，除了狂熱的納粹或新納粹分子外，幾乎所有的人都一致認定這是個大惡魔。是他，把人類拖入有史以來最大規模的一場戰爭，幾千萬生靈慘遭塗炭，更多的人無家可歸。不過，人們也不得不承認，希特勒是一個天才的政治家、軍事家、宣傳家，否則即使有此心也無此力。後來的歷史學家說：如果沒有阿道夫・希特勒，那就幾乎可以肯定決不會有第三帝國。因為希特勒有著惡魔般的性格、花崗岩般的意

志、不可思議的本能、無情的冷酷、傑出的智力、馳騁的奇想以及驚人的判斷人和局勢的本領。只有到最後由於權力和勝利沖昏了頭腦，他才做出自不量力的事情。在催眠學界看來，他還是一位頂級的催眠高手，前面曾說過，希特勒曾被評為世界十大催眠師之一。讓我們想一想吧，當時德國的國力，根本不足以發動一場世界大戰，並與世界上那麼多強國結成的同盟相抗衡。但他所領導的納粹德國又確實把整個世界打得亂抖。在紀念諾曼第登陸勝利 60 週年的時候，許多盟軍的二戰老兵回憶當年的那一幕，還是認為勝利多少有點僥倖。為什麼納粹德國在二戰期間表現出異乎尋常的能力來呢？可能的解釋之一是：德國人的主觀能動性、德國的潛能被最充分地發揮出來了，並發揮到了極致。在第三帝國存的十二年零四個月的時間裡，幾千萬德國人盲目地在追隨他，為他所任意驅使。而實現這一狀態所使用的手段，應該就是催眠術。

● 他出身卑微，卻扮演了一個超人形象

在希特勒的反對者看來，他是一個年輕時在維也納一事無成的流浪漢；一次大戰中的一個無名小卒；戰後在慕尼黑無人聞問的倒楣蛋；啤酒館政變中的政治小丑。但他自己可不這麼認為，相反，他覺得自己是個超人，他的大批追隨者也是這麼想的。

他對自己個人在地球上的作為有著一種神祕的使命感。「在千百萬個人中間……必須要有一個人站出來。」這個人顯然就是他自己。他在《我的奮鬥》（Mein Kampf）中寫道，「他有著無容置疑的力量，能夠在搖擺不定的廣大群眾的思想世界中，形成花崗石般的原則，並且為了這些原則的唯一正確性而進行鬥爭，直到在自由的思想世界的起伏的波浪中，出現一塊信念和意志完全一致的堅固崗石。」雖然在寫《我的奮鬥》一書

時，他還算不上一個大人物，但他並不介意，他深信自己是上帝挑選出來領導偉大的國家的人民擺脫他們的困難、取得進一步偉大成就的，雖然他們可能在開始的時候並不了解他或者知道他的價值。他認為，天才人物的命運往往如此 —— 特別在開始的時候。「幾乎總需要一些刺激的因素才能使天才人物登場，」他說：「那時世界上還不肯承認他，不願意相信這個表面上與世人並無二致的人物竟然是一個完全不同的人物；在人類的每一個傑出兒子身上，這種事情總是一再重演的……」他宣稱，「天才的火星，在真正有創造性的人誕生之時起就存在於他的腦袋中。真正的天才總是先天的，從來不需要培養，更談不上學習了。」

在亂世，恐慌和茫然是群眾的普遍心態。他們從內心期待有一個人，最好是半人半神站出來，為他們指明方向。如果這個人有一次、兩次被事實證明是正確的，那麼人們就會毫無保留地對他產生全身心的依賴，對他的話言聽計從。

希特勒就是這麼一個人，或者說他致力於把自己塑造成這麼一個人。這個形象一旦被塑造；一旦被認可，就能產生一種巨大的磁場，吸引人，然後驅使人。

● 他沒當成藝術家，卻有一件攝人心魂的作品

希特勒年輕時的夢想是當一名藝術家，卻因藝術素養太差而未果。不過，作為一個天才催眠大師，卻設計出一件攝人心魂的作品。

還在希特勒和他的納粹黨遠未得勢之時，希特勒做了一件事，一件看起來好像是微不足道而實際上卻意義非凡的事。威廉・夏伊勒（William Shirer）在他的《第三帝國興亡史》（*The Rise and Fall of the Third Reich*）一書中有這些的描述：

希特勒要做藝術家沒有成功，做宣傳家卻成了一個大師，他在 1920 年夏天觸動了一個靈機，不能不叫人認為是天才的表現。他看到，納粹黨所缺少的是一個能夠表達這個新組織的主張，打動大眾心靈的徽號，一面旗幟，一種象徵。希特勒認為，大眾必須要有一面明顯的旗幟來隨之前進，為之抗爭。他在多方考慮和試了不少圖樣以後，想出了這樣一面旗幟：紅地白圓心，中間嵌個黑卐字。帶鉤十字的卐字雖然是襲用古代的，日後卻成了納粹黨的有力的和嚇人的標記，最後也成了納粹德國有力的和嚇人的標記。希特勒從哪裡得到這個念頭，用卐字來做黨旗和黨徽，他在《我的奮鬥》中並沒有提到，雖然他曾就這件事寫了很長的一段話。

卐字的歷史和人類一樣悠久。在特洛伊的廢墟中，在埃及和中國的廢墟中，都有人發現過卐字。我自己也曾在印度古代印度教和佛教的遺物中看到過它。在近代，愛沙尼亞和芬蘭這樣一些波羅的海國家的國徽中也出現過它，德國自由團人員在 1918 年到 1919 年的戰鬥中曾在那裡看到過。埃爾哈特旅在 1920 年卡普政變期間開進柏林時曾經把它漆在鋼盔上。希特勒在奧地利的時候無疑在某個反猶政黨的黨徽中看到過它，也可能是埃爾哈特旅來慕尼黑的時候加深了他的印象。他說，許多黨員們向他提出的圖樣不約而同地都有一個卐字，而且有一個「來自施滕貝格的牙醫師」確實提出了一個「一點也不壞而且跟我的圖樣很相像的」旗幟的圖樣。

至於顏色，希特勒當然不要他痛恨的威瑪共和國的黑紅黃三色。他不想採用前帝國的紅白黑三色旗，但是他喜歡這三種顏色，據他說這三種顏色是「現有色彩最協調的顏色」，而且因為這三種顏色是他曾經為之戰鬥的德國軍旗的顏色。不過它們得換個形式，於是便加了一個卐字。希特勒對他的獨特創造感到非常喜歡。「這是一個真正的象徵！」他在《我

的奮鬥》中驚嘆說，「紅色象徵我們這個運動的社會意義，白色象徵民族主義思想，卐字象徵爭取雅利安人勝利鬥爭的使命。」

不久又給衝鋒隊員和黨員的制服設計了卐字臂章。兩年後，希特勒設計了納粹的錦旗，供在群眾遊行時使用和在群眾集會的主席臺上裝飾。這種錦旗模仿古代羅馬的圖樣，上面是個黑色的金屬卐字，有一隻鷹踩在一個銀色的花環上，下面是個長方形金屬框，刻有納粹黨的縮寫字母，掛著有流蘇的繩子，整個錦旗就是一面方形的卐字旗，上面寫著「覺醒吧，德意志！」（Deutschland, erwache!）

這也許談不上是「藝術」，然而卻是最高超的宣傳。納粹黨有了一個任何其他政黨所不能比擬的標記。帶鉤的十字彷彿具有一種神祕的力量，吸引著在戰後初期混亂的年代中一直彷徨無依、生活沒有保障的下層中產階級，鼓舞他們朝著一個新的方向採取行動。他們開始在它的旗幟底下聚集起來了。

這類似於古代的圖騰，也等同於現代的 CI 形象設計。不管它的名稱是什麼，有一點是可以肯定的，那就是這個圖案對人尤其是對當時的德國人的心理有極大的衝擊力與震憾力。他們在遊行的時候，在集會的時候，甚至於在家想像自己所從事的活動的時候，目光與心靈都有了一個聚焦點，大腦皮脂上都產生了一個興奮灶。許多德國人被這個圖案催眠了，他們自覺不自覺地聚集在這面旗幟之下，為之奮鬥！為之賣命！結果是把世界人民，也把他們自己拖入到血海之中。

● 他的演講術與催眠術高度重疊

希特勒的演講才能之高尤其是效果之好無可否認。從他在國內當選，直到整個二戰期間，他的演講使信徒如痴如醉；使對手目瞪口呆；

使人民屢受欺騙。其手法,可以說是高超的演講術,也可以理解成是經典的催眠術。讓我們來看兩個場景,它可以證明我們此言不虛。

一位日本學者,1933 年在德國留學,曾親眼目睹希特勒的街頭演說會(那是希特勒用得最多、也最成功的一種手法),作了如下紀錄:

希特勒的專車為先導,數臺汽車載著他的黨員緊隨其後,緩緩駛向街角的廣場。隨車的黨隊隊員立即了跳下車,團團圍住希特勒的專車,其他的車輛向四面散開,刺眼的燈光從周圍交射在希特勒的身上。四周一片黑暗。而希特勒和身姿非常顯明。

在一陣「歡迎希特勒」的歡呼聲中,希特勒把右手向上斜伸。開始以激動的語氣發表極富攻擊性的演說。大約有千餘位聽眾悄然無聲,每個人的目光都集中在希特勒身上。仰望著皓皓明光中站在車上的發表演說的希特勒,聽眾正好似凝視著發光特體的被催眠者,處於即將被人催眠的受術者的境地。

被催眠的聽眾們接下來就得接受希特勒的歪理邪說了。他的基本觀點是:德意志民族是世界上最優秀的民族,最優秀的民族有支配世界的神聖義務。在二戰期間,許多原本善良的德國人都以為他們是在進行一場正義的戰爭,並為之賣命。其實,他們都像喝醉了酒一樣,被驅向一場非理性的戰爭。

希特勒對外擴張牛刀小試的第一步是萊因蘭奇襲。當他兵不血刃就占領了這一地區,強大的法國軍隊只是在一旁乾瞪眼看著。擴張的第一個勝利來臨了。此刻的情形,美國記者威廉·夏伊勒在他的《第三帝國興亡史》一書中有以下紀錄:

兩小時後這位元首就站在國會的講壇上，向一群興奮若狂的人講演，說明他對和平的希望和他的保持和平的最新想法。我到克羅爾歌劇院去看這個場面，這是我永遠不會忘記的，因為這個場面固然很動人，但又令人寒心。希特勒在大談了一番凡爾賽和約的壞處和布爾什維主義的威脅後，不慌不忙地宣稱，由於法國和俄國簽訂協定，羅加諾公約已經失效，而這個公約不像凡爾賽和約，是德國自願簽訂的。隨後的場面，我把它記在我當晚的日記裡。

「德國不再認為受到羅加諾公約的約束（希特勒說）。為了德國人民維護他們邊界的安全和保障他們的防務的根本權利起見，德國政府已重申今天起重新確立了德國在非軍事區的不受任何限制的絕對主權！」

這時，六百餘名議員，希特勒一手指定的人，這些小人物個個都是體格魁梧的彪形大漢，頭髮剪得短短的，肚子挺得鼓鼓的，穿著褐色制服和長統皮靴……像機器人一樣倏地站起來，右臂向上伸出作納粹式敬禮，口中高呼「萬歲」……希特勒舉起他的手，表示要他們安靜下來……他以沉著而宏亮的聲音說：「德國國會議員們！」全場鴉雀無聲。

「在這個歷史性的時刻，在德國的西部各省，德國軍隊此刻正在開進他們未來的和平時期駐防地，在這個時候，讓我們一起用兩個神聖的誓約團結起來。」

他不能再說下去了。對這幫「議會」暴眾來說，德國士兵已經在開進萊因蘭還是新聞。他們日耳曼血液中的全部黷武主義精神湧上了腦袋。他們大叫大喊地跳了起來……他們的手舉起來作奴性的敬禮，他們的臉因為歇斯底里而變了樣，他們張大嘴，叫喊不休，他們的眼睛閃耀著狂熱的光芒，一致看著這個新的上帝，這個救世主。這個救世主扮演他的角色精采極了。他低垂著頭，好像是極其謙遜的樣子，耐心地等待著他

們安靜下來。然後他仍然以低沉而抑制著感情的聲音說出了這兩個誓約：

「第一，我們宣誓：在恢復我們民族的光榮的時侯決不屈服於任何力量……第二，我們保證：我們現在要比以往任何時候更努力地求得歐洲各國人民之間的諒解，特別是同我們的西方鄰邦之間的諒解……我們在歐洲沒有領土要求……德國將永遠不會破壞和平！」

歡呼之聲，經久不息……

● 他的歪理邪說煽動起狂熱的民族情緒

如前所述，二戰期間德國國力被希特勒最大限度地激發出來了。其中是最突出的，是德國人的潛能已被發揮到了極限。坦言之，這不是完全靠高壓政策能夠實現的。支撐這一切的力點是狂熱的民族情緒。而這一種狂熱的民族情緒卻是被希特勒的歪理邪說煽動起來的。

威廉·夏伊勒說，有些歷史學家，認為希特勒的人生觀是一種不成熟的達爾文主義，但是實際上，他的人生觀在德國人歷史和思想中是有其深刻的根源的。像達爾文一樣，同時也像一大批德國哲學家、歷史學家、帝王、將軍、政治家一樣，希特勒認為一切生命都是一場永恆的鬥爭，世界不過是個適者生存、強者統治的叢林，一個「弱肉強食、優勝劣敗的世界」。

《我的奮鬥》中處處不乏這樣的話：「最終只有自保的要求才能得勝……人類在永恆的鬥爭中壯大，而在永恆的和平中它只會滅亡……大自然……在地球上產生了生物，聽任各種力量的自由活動。她然後把主宰的權利授予她的寵兒 —— 最勇敢和最勤勞的強者……強者必須統治弱者，不能與弱者混雜，從而影響了自己的偉大。只有天生的弱種才會認

為這是殘酷的……」希特勒認為保存文化「同嚴格的必然法則和世界上最佳、最強者得勝的權利有緊密連繫。凡是想生存的，必須奮鬥，不想奮鬥的，就不配生存在這個永恆鬥爭的世界裡。即使殘酷，卻是客觀現實」。

那麼誰是上蒼賦與「主宰的權利」的「大自然的寵兒，最勇敢和最勤勞的強者」呢？是雅利安人。在《我的奮鬥》的這一部分中我們接觸到了納粹黨的種族優越論的真髓，第三帝國和希特勒在歐洲的新秩序就是以此為基礎的。

我們今天所看到的一切人類文化，一切藝術、科學的技術的果實，幾乎完全是雅利安人的創造性產物。這一事實本身證明這樣的推論不是沒有根據的：只有雅利安人才是一切高級人類的創始者，因此是我們所謂的「人」這個名稱的典型代表。他是人類的普羅米修斯，從他的光芒日射的額頭，永遠迸出神聖的天才的火星，永遠燃點著知識的火焰，照亮了默默的神祕的黑夜，推動人類走上征服地球上其他生物的道路……就是他，為人類文化中每一偉大建築物奠下基礎，樹起牆垣。

雅利安人怎麼會有這麼大的成就，怎麼會變得這麼優越的呢？希特勒的答覆是：靠踐踏別人。正像許多十九世紀德國的思想家一樣，希特勒有著一種虐待狂（反過來也有一種被虐待狂），這是研究日耳曼精神的外國人一直感到很難理解的。

因此，對於創造高級文化來說，低級人類的存在是最基本的先決條件之一……人類初創的文化肯定是建立在對低級人類的利用上而不是建立在馴服的動物上。只有在奴役了被征服種族以後，同樣的命運才降到獸類身上。首先讓被征服的戰士拉犁——只有在這以後，才用馬拉犁。因此，最初的文化產生於雅利安人在遇到低級民族後征服低級民族並且

迫使他們服從自己的意志的地方，就不是什麼偶然的事情了……只要他繼續無情地維持他的主人態度，他就不但可以繼續當主人，而且也可以繼續做文化的保存者和發展者。

希特勒指出：一旦被征服民族開始提高自己，因而接近征服者的水準 —— 其中一個方面可能是使用征服者的語言以後，主奴之間的壁壘就倒塌了。

人們從心底有一種情結，那就是追求優越。如果這種優越是生來俱有的，那麼就更感到優越。希特勒的這種種族主義的歪理邪說，一定會讓猶太人和其他非雅利安人種的人們感到不寒而慄，但一定會讓那些正宗的（同時也是缺乏思考的）日耳曼人感到欣喜若狂，而希特勒要的就是這種效果，他也實現了這一效果。心理學中有種說法，叫著「群體自我偏愛」。就是說每個特定群體的全體成員或大部分成員，都往往會以本群體為中心，過分地肯定本群體的優點與成就，而忽視其他群體的優勢。它是形成種族優越感與種族偏見的社會心理基礎。希特勒正是抓住這一人性的弱點，並把它放大到最大化，為其獨占全世界的狂人夢想服務。

● 德國人被集體催眠了

希特勒高超的催眠手法的誘導之下，第三帝國時期的德國人被集體催眠了。他們做出了許許多多令自己後來也不堪回首的事；令他們的後人也感到不可理解的事；違背自己原先的道德理念的事。在他統治的十多年時間裡，特別是在二戰期間，整個德國陷於一種半瘋狂狀態。

請看以下事實：

◆ 場景一

　　一場由納粹自編自演的「國會縱火案」發生了，在起火的次日，大約有四千名共產黨幹部和許多社會民主黨的及自由主義的領袖遭到了逮捕，其中包括一些國會議員，而根據法律，後者有豁免權，是不能逮捕的。這是德國人第一次嘗到在政府支持下的納粹恐怖的滋味。滿車滿車的衝鋒隊員在德國各個城市的街道中隆隆駛過。未經許可，破門而入，進行搜查，把受害者帶去，投入衝鋒隊營房中，嚴刑拷打。共產黨報紙和政治集會固然遭到了取締，社會民主黨報紙和許多自由主義報刊也被勒令停刊，民主黨派的集會也不是遭到禁止就是遭到破壞。只有納粹黨人和他們的民族黨盟友可以毫無阻攔地進行競選。

　　納粹黨人現在手頭掌握了全國政府和普魯士政府的一切力量，財庫裡有著大企業方面來的充分經費，因此他們這次競選宣傳是德國歷史上空前未有的。國營電臺第一次把希特勒、赫爾曼·戈林和約瑟夫·戈培爾的聲音傳送到全國每一角落。裝飾著卍字旗的街道上，衝鋒隊員列隊而過的皮靴聲不絕於耳。還有數不盡的群眾大會，火炬遊行，廣場裡的擴音器。看板上盡是納粹黨的觸目的廣告，入晚山頂上燃起了篝火。對選民威脅利誘。雙管齊下，一會兒以德國天堂來引誘，一會兒又以街頭的褐色恐怖來威脅，一會兒又以「揭露」共產黨「革命」來恐嚇。在國會起火後第二天，普魯士政府發表了一項長篇聲明，宣稱它搜獲的共產黨「文件」證明：

　　要焚毀政府大廈、博物館、宅邸、重要工廠……要把婦女兒童送到恐怖團體面前處死……焚毀國會是流血暴動和內戰的信號……已經確定，今天要在德國全國對個人，對私有財產，對和平居民的生活採取恐怖行動，發動內戰。

它保證發表「證明共產黨陰謀的文件」。但是這個諾言從來沒有兌現過。不過，普魯士政府既然保證這種文件確實存在，這一點已經足夠使許多德國人深信不疑了。

如果再不相信的話，戈林的威脅也許起了作用。他在 3 月 3 日即選舉的前夕在法蘭克福大聲叫嚷說：

德國同胞們，任何司法上的考慮，都不能妨礙我的行動……我不必擔心法律；我的任務就是斬草除根，別無其他！……當然，我要充分利用國家和警察的力量。因此，親愛的共產黨朋友，不要得出任何錯誤的結論。而且要明白，我要和臺下這些人 —— 褐衫隊員 —— 一起領導這場殊死的抗爭，在這場抗爭中，我要掐住你們的脖子。

◆ 場景二

1933 年 5 月 10 日晚上，也就是希特勒當總理後約 4 個半月，柏林發生了一幕西方世界自從中世紀末期以來未曾看到過的景象。在約莫午夜的時候，成千上萬名學生舉著火炬，遊行到了柏林大學對面的菩提樹下大街的一個廣場。火炬扔在堆集在那裡的大批書籍上，在烈焰焚燒中又丟了許多書進去，最後一共焚毀了大約兩萬餘冊書。在另外幾個城市裡也發生了同樣的景象。焚書開始了。

那個晚上，由興高采烈的學生在戈培爾博士的讚許眼光下丟入柏林烈焰中的許多書籍，都是具有世界聲譽的作家著作。用一份學生宣言的話說，凡是「對我們的前途有著破壞作用的，或者打擊德國思想、德國家庭和我國人民的動力的根基的」任何書籍，都得付之一炬。

新上任的宣傳部長戈培爾博士從現在起將使德國文化不得越出納粹

思想的雷池一步。他在被焚的書籍化為灰燼之際向學生們講了話「德國
人民的靈魂可以再度表現出來。在這火光下，不僅一個舊時代結束了；
這火光還照亮了新時代。」

3、麥爾與懷達

麥爾與懷達，這是兩個對手。一個是喪盡天良的罪犯；一個是手握
正義之劍的法醫。一個利用催眠術進行犯罪活動；一個運用催眠術偵察
驚天奇案。他們雖然都不是催眠術的開業醫生，但對催眠技術的使用都
達到了爐火純青的境地。

◆ 著名的海德堡事件

後來，這個事件主要當事人，法醫麥爾先生出版了《催眠狀態中的
犯罪》一書，將案情完整地公諸於世。

那是在 1934 年，德國海德堡的 H・E 先生向警方提出控訴：「有人
使我的妻子產生各種疾病，並以此詐騙錢財。」警方接到這個怪案後感到
一籌莫展，後來只好請法醫麥爾先生進行調查。麥爾醫生首先找到 E 夫
人，對 E 夫人的身體與心理進行了檢查。診斷的結果表明：E 夫人全然
沒有精神病的徵候和身體方面的疾患。然而，夫人卻絲毫想不起犯人的
住所和其他詳細的情形。

但是，E 夫人對於與罪犯無關的記憶完全沒有障礙。麥爾醫生由此
判斷 E 夫人必定接受了催眠暗示。事實上，E 夫人也說：「那個人把手放

在我的額頭上，之後，我就迷迷糊糊的什麼都不知道了！」

麥爾醫生也是一位精通催眠術的大師，他用同樣的方法，把手按在E夫人的額頭上進行催眠誘導。E夫人立即陷入催眠的狀態。重複回憶後，使夫人陷入更深的催眠狀態，然後，麥爾醫生讓夫人想起首次與此人認識的情形。

「那是在我還沒有結婚以前的事，由於胃部的不適，我準備到海德堡去看醫生。途中，在車上，那個人坐在我的對面。我們聊天，談到我的病時，他說他也認為我有胃病。然後，他自稱是貝根醫生，專治胃病的權威。

到了海德堡車站後，他請我去喝咖啡，我覺得有點不安，不想去。但是，他拿起我的行李，很親切地捉著我的手，對我說：『好了，走吧』說完，我就迷迷糊糊地跟著他走了，好像沒有了自己的意識。從那以後，我都在海德堡車站和他碰面，但是，我想不起來治療的地方。」

麥雨醫生又和他作了幾次催眠面談。在施術過程中，麥爾醫生「製造」了E夫人和那個人見面時的情境，使當時的情境能在腦海裡重新浮現。E夫人說：「我不知道這是那裡，應該是海德堡的某個建築中的房間裡，這個小房間裡面只有長椅子和桌子。我們見面時，他說：『四周一片黑暗！』四周就真的變得黑暗，然後才帶我到那個地方去。他把房門一打開，四周又亮了。在那個房間裡，我不記得他是如何為我治療的。」

過了幾個月之後，有個名叫法蘭茲‧懷達的男人因詐騙罪被捕。這個男人的長相、髮型、衣著等，和E夫人所描述的貝根醫生完全相符，連詐欺的手法也完全相訪。帶夫人前往指認後，夫人說：「他就是貝根醫生，沒錯！」但是，懷達卻矢口否認，堅稱自己不認識她。沒想到，E夫

人後來又說：「我不知道，不太清楚！」只差一步，確定罪犯的結果竟遭失敗。

由此看來，有必要喚起 E 夫人更為深層的、更詳細的記憶，而這是相當困難的工作。麥爾醫生意識到，罪犯對 E 夫人催眠後，可能不只是暗示她忘掉其間的過程，還要她連催眠的經歷都完全忘記。這時，要再喚起她的記憶，有相當程度的困難。

然而，麥爾醫生堅信一條心理學法則：那就是人只要經驗過一次的事情，就決不能完全遺忘。這個記憶一定還被保存在大腦中，只是未被意識化。他決定讓 E 夫人進入更深的催眠狀態，一定要把這段經歷給追回來，他相信他是能夠成功的。

為達其目的，麥爾醫生所設定的技術路線是：讓 E 夫人想起與事件有某種關係的觀念，靠這些觀念尋找聯想的線索，藉此成功地讓 E 夫人恢復完全的記憶，從而得以順利地破案。

麥爾醫生透過催眠術進入 E 夫人的無意識，讓她就這一事件作自由聯想。

E 夫人隨口說出了「游泳池」，接著又回憶起自己和懷達在游泳池裡（壓抑很強，記憶完全忘卻時，若不用「催眠分析」，絕對無法喚起忘卻的記憶）。

在後來的催眠分析中，E 夫人腦中又浮現下列影像。

「眼前浮現白色的浴巾。兩端有藍色條紋的浴巾。啊！對了，後來又在懷達醫生那裡看過有淺紫色條紋的浴巾。」

由於這句證言，警方立即搜索了懷達的住宅，找出了 E 夫人敘述的這兩條浴巾，成為證據之一。而後，夫人還想起下列數語。

鞋子－鞋店－五馬克

萊伊皮特比諾

汽車－ 6071

科瑪巴斯

17 －信－懷達－不能去－黑暗－ 19-3

洛基薩泰忽

　　E 夫人醒過來之後，讓她看著這些字句聯想，竟然一件事都想不起來。再度讓她進入催眠狀態，立刻有許多情節在她腦中浮現。

　　「鞋子－鞋店－五馬克」，這使他想起懷達曾在某個鞋店買了一雙黃鞋，是用他的舊鞋去比量尺寸，而後付了五馬克。警方找到了這間鞋店，證明確有此事。

　　「萊伊皮特比諾」，E 夫人說：「懷達告訴我：『當警察調查此這件事時，妳自然會想起萊伊皮特比諾這個字，這樣，妳就不回說出任何不利於我的事』。」

　　「汽車－ 6071」，對此，夫人說：「我和懷達去游泳時，看過 6071 這個數字，好像是汽車的牌照號碼。」警方後來查到了這個號碼的汽車，證實懷達曾化名租用此車。

　　「科瑪巴斯」，這句話引出下面這段記憶。

　　「我和懷達在飯店吃飯，一個叫 B 的男人走近懷達，和他說話。懷達告訴他：『我經手這件事，包你滿意。』然後，便收了二十馬克。後來，懷達帶我到 M 大街的一棟房子裡，有個金髮女傭出現，說：『B 先生正在等候。』懷達把手放在我的額頭上說：『不論妳怎麼想，都要照 B 先生的要求做。過後，妳會毫無記憶。你想起科瑪巴斯這個字之後，會突然

陷入很深的睡眠中，忘掉置身何處和其間的一切經過。』

懷達經常對我做這種實驗，因此，我每次聽見『科瑪巴斯』這個字，就會失去意志力。至今，我都想不起來那段時間究竟發生了什麼事。我絕不是私生活不檢點的女人……真是羞死人了。」

「17－信－懷達－不能去－黑暗－19-3」，關於此，E夫人敘述：「我不能去的時候，就寫信到卡斯歐B街17號，收信人是懷達。我一寫完信，四周就變得一片黑暗，不知道自己寫了一些什麼。」

最後那個19-3是一個關鍵記號，可徹底壓抑E夫人的記憶。先前，警方試著讓E夫人指認懷達，E夫人後來又變卦了，說自己一無所知，就是因為19-3這個關鍵數字，令夫人又陷入了喪失記憶的狀態中。

此外，懷達又對E夫人說：「妳若超越我所設立的記憶界線，必定會死亡。」以此句暗示作為威脅，使夫人心生強烈的恐懼感，讓記憶的壓抑更完善。

為使E夫人完全忘掉在催眠期間所發生的事情，以及準備階段的所有的行動，懷達又設置了一些關鍵數字或字句，作為兩個人之間的密碼。以這些密碼可操縱催眠的開始與結束。如一聽到「科瑪巴斯」這句話，E夫人立即就會進入很深的催眠狀態，只要知道他們之間的密碼，任何人都可以控制E夫人。前面談到的懷達先生把E夫人帶往一個叫B的男人的住所，B就是利用這個密碼迫使E夫人與他發生肉體關係。由於E夫人的記憶受了很強的壓抑，花了一段很長的時間，才讓她逐漸恢復。到這樣的階段，只要能使E夫人記起有關情景的關鍵，即可輕易回想全部的經過。前面的例子中，游泳池就是一個關鍵，繼續利用這些關鍵，E夫人終將能夠把那時的情景和所有的交談都一一交代清楚。

E夫人被導入很深的催眠狀態中，接受麥爾醫生的暗示，如夢一樣

地回憶起當時的情景。

「1930 年的秋天，一個星期二的黃昏，約七點鐘，貝根醫生拉著我的手，說：『我們走吧，天快黑了，不久，一切都會看不見了，我帶著妳走，妳只管跟著我來吧。』然後，雖然我是睜著眼睛，卻什麼都看不見，我一直跟著他走，四周一片黑暗，彷彿深夜。」

麥爾醫生繼續進行誘導。

「妳很清楚是在哪條街上，電車行駛的方向和兩旁的店鋪，妳都看到了。想想看，妳現在置身何處？」

「不知道。我們急著趕路，那個人說：『妳不知道妳在哪裡，跟我一起走就沒事了。什麼都別怕！』他握緊了我的手，四周圍一片漆黑。那個人常小聲地對我說，你什麼都看不見，四周一片黑暗。跟著我走。他打開房門，我又能看見了。」

E 夫人突然停止說話，好一陣子，只是猛搖頭，以手做勢，好像要擋住什麼。

「那個人把子放在我的額頭上，說：『躺到長沙發上休息，妳要接受治療，安靜地睡下！』我現在正在接受治療，而且，完全地睡著了。只聽到那個人說：『在這裡發生的事，妳一點都記不起來。』」

這時，E 夫人再度搖頭，用雙手抗拒著什麼似的，發出呻吟，而後啜泣出聲。麥爾醫生讓她繼續說。

「……之後，那個人問我：『妳知道他對妳做了什麼嗎？』但是，我那時無法回答。現在，我都知道了。我躺在長沙發上，那個人要吻我，我推開他，想大叫，卻發不出聲音。也不能動。他把我的手拉到他的背後，壓到我的身上，說：『妳已經不能抵抗了，醒來時，也不能動。』經過了這麼久的時間，我根本就忘了這件事，一點都想不起來了，可是，這幕景象現

在又浮現了，我突然又想起來了——那個人令我好丟臉啊！」

E夫人哭得十分激動，很難讓她恢復平靜。

麥爾醫生拿給E夫人一張白紙，暗示她：「這是懷達的信，讀出來吧！」夫人立即產生了幻覺，把白紙當成信，開始念出聲。

「本月十三日，四點，到海德堡的車站出口處來。這封信必須撕毀。——貝根醫生。」

清醒時完全沒有印象的信，卻在催眠狀態中，經由幻視得見全貌。

麥爾醫生還用其他各種方法做催眠分析，進行調查取證。

結果發現，懷達還曾以催眠術暗示E夫人產生許多病症，造成了很大的痛苦。並詐取錢財。

最初的暗示是：「妳的橫隔膜正在化膿，一定要動手術。」當E夫人從催眠狀態中醒轉過來後，被告知已在催眠中接受了手術，請求她付醫藥費。E夫人說：「我在回家的途中，感覺到開刀處隱隱發痛，所以，我認為自己真的剛動過手術。」

接著，E夫人又因接受暗示，左手的手指僵硬而無法動彈。E夫人說：「1931年，我左手的手指突然變得很僵硬，無法彎曲。之後，手指又曲縮而無法張開。懷達說，這是手指的肌肉有毛病。這種情形持續了幾個月。只有經過懷達的按摩，手指才能張開。」

E夫人的丈夫E先生說：「約有八到十週的時間，妻子的手始終發麻，連手指都無法彎曲。接著的兩週，手指又握得好緊，指甲都陷入手掌的肉裡了，血流不止。我用力想扳開，手指都幾乎要折斷了也拉不開。妻子說，那是因為注射的關係。」

懷達就是利用這種令人生病的暗示圖利他人，手段實在惡毒。

E夫人繼續說：「現在，我明白為何會有這些痛苦了。每當我行事與

懷達要求的不符，他就對我暗示：這裡會痛，那裡也會痛。血液會渾濁，肺會爛掉。到了後來，我的父母和丈夫都不給我錢了，我只好告訴他我沒有錢。他說：『那好，我倒要讓他們知道我的厲害。只要妳的病情加劇，症狀惡化，他們就非得拿錢出來。』於是，我的胃痛變得十分的劇烈，除非讓懷達撫摸，否則不會好轉。那些痛苦，都是他為滿足自己的欲望而加諸於我的，我到現在才明白。」

懷達以這種手段，約從 E 夫人手中騙走了 3,000 馬克。此外，如前面所述，懷達不但凌辱了催眠中的 E 夫人，還利用夫人的身體賣淫賺錢。

到 1933 年，E 夫人的丈夫和家人開始起了疑心，商量著要報警。夫人把這事告訴懷達（因為夫人身不由己，對懷達掩不住任何隱私），懷達便指使 E 夫人去殺她的丈夫。方法之一是，暗示 E 夫人，她丈夫因為有了別的女人而要殺她，使夫人滋生憎惡的感情（含著殺意的感情）。此外，再暗示 E 夫人對此事不動聲色，甚至要沒有感覺的去行動，要無意間置她丈夫於死地。

關於此，E 夫人回憶道：「1933 年至 1934 年間，我為了治療的事和高昂的醫療費，不停地和丈夫起爭執。懷達說，如果我丈夫死了，我就不會再有痛苦了。他要我去藥店買有劇毒的清潔劑，摻入丈夫的食物中。還說，我丈夫死亡之後，便不再有人會怪我了。

起初，我很猶豫，但卻突然失去意志而無法思考。回家後，丈夫見我興奮過度而禁止我出門，所以我無法去買藥。但是，必須要實行的觀念強烈地控制著我，令我痛苦萬分。第二天才逐漸平靜，而除去了這個念頭。

懷達接著又要我從丈夫的抽屜中取出白朗寧手槍藏好，趁丈夫熟睡之際把他解決掉，再把槍放到丈夫手中，裝出他是自殺的樣子。我說自己不能這麼做，他就撫摸我的雙眼，說：『妳好好休息吧！妳一定會照我

所交代的去做的。』後來又說了些什麼，我不記得了。

按照他的指令，我取出白朗寧槍，藏在掛在床頭的畫後面。半夜我多次驚醒，找機會下手，終於對準丈夫的額頭扣下板機。只聽到『唭嚓』一聲，沒有子彈射出，所以依然沒事。丈夫事後才發現手槍失蹤。從畫後面找出來之後，就不知道把槍收到哪裡去了。

我告訴懷達，丈夫很擔心我的事，準備要報警。懷達撫摸我的眼睛，說：『妳知道這是什麼嗎？這是毒茸。妳把這些毒茸和普通的茸分開炒，讓妳的丈夫吃那些有毒的茸。』我依言行事，但是，丈夫認為那些毒茸味道不好，沒有吃完。兩個小時後，丈夫嚷著胃痛，上吐下瀉，我卻根本不知道自己做了什麼壞事。但是，我現在一聽到茸這個字，就毫無理由地覺得可怕。

又有一次，懷達給我一包白色的粉末，叫我摻在丈夫的咖啡裡。但是，當我回到家，那些粉末已散到我的口袋中，所剩不多。丈夫喝過摻了白粉的咖啡之後，又嚷著胃痛，還請了醫生來診察。」

還有一次，E 夫人受到暗示去破壞她丈夫的機車煞車系統。並讓 E 夫人指示 E 先生手剎車很危險，叫他不要使用，給夫人藉口，使她不感覺到有殺人意圖。然後，很強烈地暗示 E 夫人去鬆開腳煞車的螺絲，E 夫人也照樣做了。

E 先生後來回憶道：「有一次我騎機車出去，前面平交道的柵欄正好放下來，我立刻踩腳煞車，沒想到竟失靈，急忙用手煞車，結果還是撞了上去，受了點傷。類似這樣的意外，後來又發生了一次，傷到我的手臂和膝蓋。」

E 夫人六度試圖謀殺她丈夫，但蒼天有眼，E 先生每回都幸運地脫險。

懷達不僅企圖殺害 E 先生，最後還要讓 E 夫人自殺，以毀滅證據。有關這件事，E 夫人敘述如下：

「1933 年，我由於病痛和金錢的壓力，既擔憂又激動。懷達叫我去找附近的醫生，拿到班脫邦藥的處方。然後，必須在晚上八點時服五片，利用鬧鐘半夜再服五片，剩下的五片到次日下午兩點再吞服。但是，醫生不給我開這種藥，所以沒有發生事情。」

E 夫人對班脫邦的作用一無所知，她如果真的拿到班脫邦，而且依懷達的吩咐吞服，她必定會喪失性命。

這次的計畫失敗後，懷達感覺到自身的危險了。因為 E 先生此時已經對這位身分不明的貝根醫生產生懷疑，說不定何時會去報警。懷達也不知道自己暗示 E 夫人壓抑記憶能達何種程度的效果，更加強了他要讓 E 夫人自殺的決心。於是，他再度暗示 E 夫人，使她的心極度不安，瀕臨絕望的深淵，強化她自殺的意念。

E 夫人談到有關這段期間的事情時說：

「我把醫生不肯開班脫邦的事告訴他，他就說，我以後會因痛苦而死亡，全身的血會發臭腐爛，化為膿水，最好還是現在趁早自我了斷。他提議我可以從飛馳的汽車上跳下去，毫無痛楚的死亡。我對前途已絕望之至，為了自殺決定去搭乘火車。但是，我在火車上認識了一位老婦人，她不斷地安慰我，使我去除了自殺的念頭。

之後，懷達又對我說，我丈夫因為不知我常和什麼樣的人見面而非常嫉妒，他的嫉妒是有原因的，然後，勸我再去自殺。他說：『妳的丈夫對你不忠，他一定會找藉口跟你離婚，甚至會殺了妳！』

我絕望得想投萊茵河自盡。但是，因為女僕跟著我出門，妨礙了我的跳河行動（這一點經女僕證實，確有此事）我痛苦到了極點。丈夫無法理解我的煩惱，我的所言所行他毫不明白，經常指責我，懷達又以我若背叛他必招致毀滅來要脅我。當時的我，真是痛苦到了萬分。」

就在這關鍵時刻，E先生向警方報了案，麥爾醫生的出現，使懷達遇上了一位同樣的催眠高手。一切真相大白，懷達被處十年的刑期，正義終於得到聲張。轟動一時的海德堡事件降下帷幕。

有一個問題是需要拿出來討論的，那就是在通常情況下，專業人士與非專業人士在專業技能方面的差距很大，其工作結果更是難以同日而語。比如說，象我們這些業餘駕駛員與專業駕駛員的開車水準，肯定不是同一個等級。專業球員與業餘球員比賽，後者贏球基本屬於是奇蹟。而在催眠這一領域，這些「業餘選手」怎麼就這麼厲害呢？這是由催眠術這一領域的特殊性所決定的。

在催眠師一次成功而又讓人感到神奇的催眠施術活動之後，旁觀者依樣畫葫蘆給別人做催眠，結果受術者毫無感覺。問題出在哪裡呢？旁觀者總以為還有什麼祕訣沒有學到。其實，更大的問題可能在於他自己。前面曾經說過，催眠的本質就是暗示，作為最重要的暗示源之一的催眠師，本身的人格魅力、名氣，對受術者的影響有多大，怎麼強調也不過分。舉個例子來說吧，你身體某個部位感到不舒服，我說沒事，你根本就不信，還是感到不舒服；一個年輕的醫生對你說沒事，你將信將疑，感到好點，但還是不能完全卸下心理包袱；一位名醫對你說沒事，你可能頓感輕鬆。同樣是說「沒事」，為什麼結果卻大不一樣呢？原因只有一個，訊息發出者的權威性不同。上面所說的這些「業餘選手」，在權威性上個個都不含糊，尤其是前三個人，在各自的領域中可以說是頂級權威，所以他們能取得很好的催眠效果。這是最主要的原因。

另外，如果把催眠術歸之於影響人的工作，是不會有什麼問題的。而這些「業餘選手」所從事的工作，也可以算著是影響人的工作。其工作原理與工作技能本來就有相通之處，他們能夠嫻熟運用催眠技術也就不足為怪了。

三、商業活動與類催眠

當今的世界是一個商業社會，並且是一個供大於求的商業社會。推銷自己的產品與服務，是全球數以億計的人每天都在從事的活動。在這種活動中，有些人是成功者；而有些人則是失敗者。成功者與失敗者最本質的區別在那裡呢？是他們所推銷的產品在品質上有本質區別嗎？不是，世界上的產品同質化傾向已日趨明顯，也就是說，幾乎沒有一家產品在性能上、價格上是獨占鰲頭，無人與之爭鋒。人們漸漸悟出一條真諦：某項產品或服務，能否賣得出去？能否賣得很好？與公司的銷售策略、與行銷人員的推銷能力有著直接的相關。那是因為，無論是那一類的商品（或服務）；無論該商品（或服務）具有什麼樣的特性，它總是由人（推銷員）推銷給人（客戶或消費者）的，對客戶（或消費者）心的征服為乃行銷工作的主要目標。難怪日本一位商界資深人士說：「商戰的戰場其實是在消費者的心裡。」

下列事實幾乎沒有人懷疑，沒有人否定。

有些從本質上來說並不是超群脫俗的產品卻賣得出奇地好，好得讓人無法理解，如肯德基、麥當勞。

有些的價格與價值嚴重脫離，卻有人趨之若鶩。如名牌服裝等。

同一件產品，有人推銷得非常順暢，賺得盆滿缽滿；另一些人卻門可羅雀，三天賣的金額只夠吃兩碗滷肉飯。

有些廠商賺了消費者的錢，別人卻還有良好的感受，甚至對他們千恩萬謝；另一些則是人財兩空。

這說明，人類存在著非理性消費行為（有學者因這個課題的研究得到了諾貝爾經濟學獎）。但人類也不是所有的消費行為都是非理性的，有的時候，人們算帳算得非常之精明，也非常之計較。所有這一切，到底

是為什麼呢？到底是一種什麼樣的力量，又是經由什麼樣的途徑在支配著人們、左右著人們。

首先我們要建立起一個概念，世界上的事情都存在著因果關係。任何事情、任何現象都是有原因的。我們在這裡所要做的工作就是找到其原因之所在，將那隻無形的「手」大白於天下。

從我們的專業眼光來看，遍及全球每一個角落的商界，宛如一個巨大的催眠場，在正式催眠施術中所有的技藝、方式、方法在這裡應有盡有，並且在利益的驅動下都發揮到了極致。

那些經典的行銷個案，那些優秀的推銷人員，或者是因長期經驗的累積而與催眠術的原理、方法暗合；或者是有些人直接學習過催眠術、接受過正式的催眠術培訓。後一種情況，在西方國家中絕非鮮見。

下面，我們將從廣告、推銷、商務交往三個方面來解讀存在於其中的類催眠現象。

1、廣告中的類催眠現象

廣告的本意是廣而告之，但廣告主所期待的廣告的效果，卻不僅僅、或者說主要不是讓人知道自己的產品，而是希望廣告能撥動目標市場消費者的心弦，進而發生購買行為。且看精明的廠商們是如何有意無意地利用催眠原理撥動消費者的心弦，並使之產生共鳴，直至按照廣告主的意願去行事的。

● 潛意識廣告

廣告中最為直接的類催眠現象當推潛意識廣告。催眠術最主要的效能就是直接進入人的潛意識，或改變人的某個觀念；或按催眠師的意志建立起一個新的觀念，進而導致意識層面觀念與行為的改變，或是催眠師所希望的行為出現。

有一種廣告技術就是潛意識廣告。

1950 年代，美國商界、廣告界引發一場極大震撼，那就是潛意識廣告的出現。所謂潛意識廣告，就是一種利用暗示的廣告方式。它以微弱的、不引起知覺的刺激作用於潛意識，進而影響人的購買動機與購買行為。

潛意識廣告首次登場是在 1957 年的 9 月，發明者是以研究購買動機而聞名的心理學家米迦里（Michael J. Dorsch）。當時推出的廣告辭是「請喝可口可樂」！以及「請吃爆玉米花」！

米迦里使用自創的投射裝置，於電影院中的影片放映期間，每隔 5 秒便做 1/3,000 秒的投射，重複投射這樣的廣告辭達 69 次。6 週的實驗成績平均的結果，爆玉米花的出售量增加 18.1%；可口可樂的銷售量增加 57.7%。對於 1/50 秒的曝光，一般人都很難有所察覺，所以，做 1/3,000 秒的曝光投射，觀眾們完全意識不到。這就是「看不見的廣告」！雖然觀眾無法意識到廣告的存在，但是銷售額的大幅增加，也就證明了這對觀眾產生了暗示的效果，可以說是把無意識的暗示運用於商業推廣的偉大發明。

1958 年 3 月 31 日出版的《生活》雜誌，報導了潛意識廣告所造成的震撼。報導中說，人眼雖然看不見這種廣告，它卻有讓人想去購買爆玉米花和飲料的影響力，由此想見，它甚至能左右人去購買某些原本不打算購買的商品。

接著，米迦里與電影製片家 H‧可利岡合作，在恐怖電影中出現女人驚嚇表情的臉部特寫鏡頭時，嘗試於膠捲上映出「血」的字樣和骷骨的圖，做雙重放映，而使得這部片子非常成功，據說，觀眾們都有一種極度的恐怖感。

把潛意識廣告運用到電視上，也得到了大致相同的效果。當你看了電視節目之後，可能會突然想喝啤酒而去打開冰箱，而一些太太們可能突然想到：我應該趕快到某某商店買點東西了。

後來還有人想到利用「看不見的廣告」的原理，製作了「聽不見的廣告」。有幾處著名的廣播電臺，曾嘗試於廣播中加上耳朵聽不見的低音廣告辭，或在播放歌曲時加上無意識的廣告辭，但似乎都沒有太大的效果。個中原因，人們也不得其詳。

後來，美國電視倫理規定管理委員會，對這種廣告表現明顯的反對態度。因為它顯然對人存在著操縱傾向，如果再利用它來進行宗教、政治或思想的宣傳，那社會影響力是非常可怕的。

佛洛伊德對人類最大貢獻就是提出了潛意識（無意識）。他有個著名的「冰山論」，即把人的意識分為意識與潛意識。恰如海上的冰山，在海平面上看到的部分是意識層面，在海平面之下的是潛意識層面。很顯然，冰山在海平面以下的部分遠遠大於在海平面以上的部分，因此，人的行為受潛意識控制的成分要大於受意識控制的成分，儘管人們對此並不知曉。

這個潛意識廣告，從本質上來講，就是把自己的廣告訴求直接進入到人的潛意識，進而影響人的心理與行為。從這一點上來說，它與催眠的本質是一致的。從前面的大量闡述中我們不難發現，催眠術的主要功效也在於直接進入人的潛意識，並影響意識層面的行為。所以，我們也

可以把這潛意識廣告看作是一種催眠活動。由於這種方式事先沒有徵得當事人的同意，也就是說可能有悖於他人的意願，所以它被社會所禁止。

● 增添情感附加值

如果你的產品為世間所獨有，而消費者又迫切需要，那麼所有的行銷策略對於你來說都毫無意義，因為你根本就不愁銷路。可是這樣的情況不多。如前所述，當今產品的同質化傾向非常明顯，獨占鰲頭的事實屬鮮見。在這種情勢之下，廠商該怎麼辦？有一個比較理想的選項是：增添情感附加值。麥當勞就是這麼做的。

「麥當勞」創始之初，它的產品以及它利用高科技、自動化的生產過程，引發了許多消費者的興趣，年銷售額高達兩億美元。但是一陣新鮮感過後，生產漸趨平淡。麥當勞的創始人雷・克洛克（Ray Kroc）在追根究柢探討原因之後，認為如何抓住消費者的心理乃是當務之急，因此決定在宣傳上多做些文章，並聘請了年輕而富有才華的廣告經紀人雷哈德負責制作。

雷哈德受命以後首先帶太太與孩子一起到麥當勞吃了幾次，試圖捕捉一些靈感。他發現每次去麥當勞的體驗都是美好而溫馨的。於是，他著手做了一個「漢堡滋味評判」的調查。他邀請了幾百名消費者，品嘗33家不同的速食店所做的漢堡，希望能測試出一般消費者口味的喜好。但是，調查結果並不能測出誰是真正的「滋味最佳者」，換言之，這些漢堡在品質上、口味上並無顯著的差別。因此，雷哈德決定不以麥當勞漢堡好味道作為廣告的主題，而以麥當勞可以帶給消費者一段家庭歡聚的快樂時間為契機。其中有一則廣告是這樣的：

　　一位在沙土和灰塵中忙了一天的建築工人，在夕陽西下時，拖著疲憊的腳步回到家中。他的小女兒等在門前的石階上，仰起頭來要求爸爸帶他們去麥當勞吃漢堡。爸爸怎麼能夠拒絕女兒那天真可愛的小臉呢？他不顧身體的疲勞，帶著全家向麥當勞走去。當他嘗到漢堡時，疲勞忽然消失了，望著孩子們滿足地吞咽著炸薯條，他的臉上露出了愉快輕鬆的笑容……

　　麥當勞的漢堡依舊，但情感附加值恰如一針強心劑，使之插上了騰飛的翅膀，迅速占領美國市場，又疾步走向世界，進而成為了美國文化的象徵之一。

　　這一實例給我們的啟示是：現代科學技術已使同類產品在品質上難分伯仲，而經濟上日漸富裕、心理上又屢現困惑的現代人對情感需求的欲望則空前地強烈。欲占領市場，給產品（在外型上、包裝上、宣傳上）增添情感附加值乃是當務之急、勢在必行。

　　在催眠施術過程中，催眠師的最終目的很明確，那就是進入受術者的潛意識，干預其心理世界中的某個觀念，或幫助受術者建立起某種正確觀念，最終解決其心理疾患。也就是說，從根本上是解決一個「理」的問題。但從技術路線看，尤其是從導入催眠狀態的技術路線看，卻是要走「情」的路線。在催眠過程中，催眠師不斷暗示受術者：你感到很舒服，有一種從未體驗過的舒服的感覺。此外，催眠師在術前、術中、術後也不間斷地與受術者進行情感交流。當那些神奇的催眠現象發生以後，旁觀者都以為催眠師有什麼祕不示人的絕招，其實，高明的催眠師只是在點點滴滴的情感累積之中，與受術者取得高度心理相容。一旦情感占據了上風，那怕是與「理」（可能是自己的「理」）相悖的觀念也能

接受。沿著這樣的思維軌跡，我們就能夠解釋為什麼同樣品質、同樣價格的產品，為什麼有些人賣得好，而有些人就是賣不好了。

◆ 名人廣告

廣告主在聘請名人為其廣告代言時，一擲又何止千金？名人做廣告已不是今日才有的新生事物，在古代就已初端倪。在明代著名作家馮夢龍所著《古今小說》中有這樣一段描述：

「且說有個酒家婆姓宋，排行第五，唏作宋五嫂。原是東京人士，做得一手美味鮮魚羹，京中最是有名的……一日皇上趙構遊湖，停船蘇堤之下，聞得有東京人語音，遣內官喚來，乃一年老婆婆。有老太監認得他是汴京樊樓下住的宋五嫂，善煮魚羹，奏知皇上。皇上提起舊事，淒然傷感，命製魚羹來獻。皇上嘗之，果然鮮美，好賜金錢一百文。此事一時傳啟蒙了臨安府，王孫公子、富家巨室，人人來買宋五嫂魚羹吃，那老嫗遂成巨富。」

由此可見，名人做廣告，效益是多麼巨大。

現代廠商更是深諳此道，而且，他們不再是守株待兔，坐等名人上門，而是主動出擊並不惜重金請他們為自己的產品做廣告。以主演電影《華爾街》、《黑雨》、《致命的吸引力》而聞名於世的著名影星麥克‧道格拉斯為日產汽車的廣告說一句話「它會使你想再駕駛一次」，而且還不用現身，酬金達 350 萬美元。

德國愛迪達公司每生產一種新產品，都要請世界體壇名星穿著它參加比賽。1936 年柏林奧運會時，愛迪達把剛發明的短跑鞋送給奪標有望的美國非裔田徑運動員歐文斯使用。後來，歐文斯一舉奪取 4 枚金牌，

愛迪達牌的鞋也由此而名聲大振，暢銷世界各地。更令愛迪達出盡風頭的是，1982 年的西班牙世界盃足球賽上，在 24 支參賽隊中，共有 13 支球身著愛迪達球衣，8 支球隊穿著愛迪達足球鞋，決賽時，場上有四分之三的人員（包括裁判員和巡邊員）都穿有愛迪達的產品，就連決賽用的足球也是愛迪達公司製造的。當然，愛迪達為此付出了鉅資，但效益也是與之呈正比的。

香港《文匯報》還曾報導過，為了挽救美國大選年中不振的經濟，美國前總統老布希不僅親作推銷員到日本要求當地人買美國汽車、美國米，而且還破天荒地登場拍廣告，向英國民眾介紹美國的旖旎風光。這則廣告的畫面是，老布希漫步在加州的高爾夫球場上，嘴裡唸唸有詞：「在美國這塊土地上你可以看到迥然不同的景色：交疊起伏的綠色田野，平坦的白沙海灘和迪士尼樂園狂熱的爵士樂。」老布希繼續對著鏡頭說：「今天是到美國觀光的最好時機。」

廠商是講究投入產出比的，表面上看，他們給了名人一大筆錢，實質上是他們從名人身上賺到了更多的錢，否則他們才不會鬆腰包呢！由此觀之，名人廣告的確有著很好的效果。

為什麼名人廣告會有如此之好的效果呢？

人是有理智的，這是人區別於動物，並成為這個星球上無可爭議的霸主的主因。同時人也是有情感的，有各式各樣的情感。絕大多數人在絕大多數時間裡，情感為理智所駕馭，在這種狀態下，人們的行為表現為理性行為。但當一個人的情感被高度捲入之時，情感與理智在一個人心理結構中的比例就悄然發生變化。理智被迫讓出了主導地位，情感成為行為的主宰者，非理性行為由此粉墨登場。

大眾，尤其是追星族對這些名人常懷有強烈的熾愛之情，特別是追

星族幾乎達到瘋狂的程度，可以毫不誇張地說，他們已進入意識場狹窄的類催眠狀態。此刻，他們的在大腦皮脂層上只有一個興奮點，那就是喜歡明星的一切，愛明星的一切。他們對客體的認識已不再清晰而富於理性，對事物已失卻選擇性與批判性，只是一味愛明星之所愛，喜明星之所喜，自然，也就會「購」明星之所「購」了。

此外，根據心理學的分析，對他人的熾愛與「自居作用」是分不開的。追星族的一個很大的特點或曰夢寐以求的願望是獲得自己所崇拜星座的某些品質，能與之有某些「共識」。內在的品質無法企求，外部的穿戴或所用之物則較易與之相仿，於是，便對明星所戴之物，所推薦之物趨之若鶩了。廠商及其廣告製作者正是巧借消費者的這一心態而達到自己的銷售目的。

● 不做廣告的廣告效應

有些產品的廣告策略是 24 小時不間斷轟炸，如可口可樂。可口可樂公司的廣告策略是「任何時間；任何地點」。可有些產品並不這麼做，他們不去大肆吹捧，只是於不經意間，在合適的地點、時間，偶然提一提。雖然露面不多（那是刻意的），但效果卻一點也不差。這使我們想起在催眠施術過程中，無論是將受術者導入催眠狀態；還是進行心理治療，關鍵性的暗示語不是在任何時候都喋喋不休地出現，而是要在最合適的時間、最合適的條件下、又似乎不經意地由催眠師說出，卻每每收到畫龍點睛的效果。

請看下例：

「唐貝里儂」香檳，人們一提到這個名字就會想到最優質的香檳生產傳統。因為自從 17 世紀唐貝里儂（Dom Pérignon）神父生產出這種酒以

後，它很快就在法國的皇家貴族之間流行。到 18 世紀未就以唐貝里儂的名字為其優質酒命名。

美國人視唐貝里儂是品質與富裕的象徵，一瓶要值 65 美元或更多些。這麼個形象有利也有弊，利在質優價也高，利潤自然不薄；弊在稍一不慎就破壞了這種高貴的形象，宣傳推銷上必得十分慎重，不能隨便作廣告，更不能與不是同一身分層次的商品並列。為此，推銷唐貝里儂的希菲林公司曾拒絕過價達三千萬美元的廣告費，不讓一些無名的航空公司、連鎖店拿去裝點廣告門面。

唐貝里儂自己也不做廣告，只是偶爾在 6 月這一婚禮之月或 12 月的假期中才在雜誌上露個臉。可它是怎樣促銷的呢？

許多人都看了美國電視連續劇《朝代》（*Dallas*）我們驚訝美國豪富之家的窮奢極欲，他們的吃穿住用都代表著一種高級別，都是精品。那麼，他們喝什麼香檳呢？柯林頓府上唯一的品牌就是唐貝里儂。唐貝里儂就是那麼一種真正擁有財富，擁有社會地位的人喝的酒。誰要想攀比身分，喝唐貝里儂就行。如果它肯做廣告，一定也是「偉大的象徵」之類的。然而，不做廣告更有神祕感。

除了《朝代》這樣的宣傳，唐貝里儂便利用社會名流在媒介前的活動，達到在公共場合露臉的機會。紐約有一位著名的廣播電視節目的女主持人，只要她為其所喜愛的慈善事業進行一次義演，人們都可以看到唐貝里儂香檳的身影，原因很簡單，唐貝里儂為慈善事業捐資二十萬美元，並贈送大量優質香檳。但希菲林公司從未公布過這之間的默契，女主持人也緘口不言。由於唐貝里儂在某報紙或聲譽很高的雜誌的社會專欄中常被提及，經銷者就獲得了可觀的利益。

唐貝里儂就這樣既不失了高貴的身分，又是人們隨時可以得到的商

品。關於它的宣傳，從來都是在適當的地點以適當的形式進行著。它的行銷策略是極為成功的。它不是廣告，卻勝過了廣告。

名牌產品是同類產品中的貴族。「貴族」意味一種身分，如果你是貴族，就得有貴族的樣子，舉手投足都得與貴族的身分相符。否則你就不是貴族，至少不像是貴族。名牌產品的形象是它最大的資產，最寶貴的資產，對這一資產必須高度重視。唐貝里儂香檳的製造廠商是這麼想的，也是這麼做的。它不大肆做廣告的原因並非它沒有錢做廣告，而是覺得濫做廣告對自身的形象不利。它也並不是拒絕一切宣傳，而是在適當的時間、適當的地點進行適當的宣傳。它不是不要產品形象，反而正因為是高度重視產品形象而用些招數。對於所有的名牌產品廠商來說，此術不無參考價值。我們也曾看過一款想創世界名牌的服裝，它經常在地攤上出現；廣告語還寫在夜市的看板上（很省錢）。所以這一切給人們的心理暗示會與一款世界名牌服裝連繫上嗎？那是絕對不可能的。

看來，大做廣告、少做廣告、在什麼時間做廣告、在什麼地點做廣告，裡面都有很多講究，如果不能把消費者的「心」導引到所設定的軌道上，花了錢可能還會把事情搞砸。

2、推銷中的類催眠現象

推銷工作中最大的難點是什麼？據業內人士稱，最大的難點還不是來自同行的競爭，而是客戶（消費者）天然的懷疑心理。當他們與推銷人員交流時，不僅是警覺的，甚至還帶點神經質。你告訴他：這產品的

確是你需要的，他可能需要的強度反而下降；你介紹本產品有哪些優點，他想到的可能是還有許多一時沒看出來的缺陷；你鼓勵他立即購買，他卻遲遲不肯出手。推銷人員常常感嘆，客戶真是太難說服了。這是推銷人員最大的苦惱，也是推銷工作中最大的障礙。而推銷高手，每每就是能迅速而有效地跨越這種障礙的人。

跨越這種障礙的最關鍵點是什麼？直陳其辭並一再強調。每每勞而無功，而迂迴暗示，即設置一種氛圍；營造一種心理相容的相互關係；由小範圍漸進地形成一種「共識」，反到能迅速打消其懷疑心理，失去神經系統的警戒，最終出現你所希望結果。經驗老到催眠師在催眠過程中從不與受術者較勁，尤其是具有懷疑心理的受術者。他們或透過氣氛的營造，或透過旁敲側擊，最終還是把受術者引導到自己所設置的軌道之上。看上去，這頗費周折，實際上這卻是最短路徑，而且效果出奇地好。

中國古代最經典的說服案例當推「觸龍說趙太后」的故事。

趙太后新用事，秦急攻之。趙氏求救於齊，齊曰：「必以長安君為質，兵乃出。」太后不肯，大臣強諫。太后明謂左右：「有複言令長安君為質者，老婦必唾其面！」

左師觸龍言願見太后，太后盛氣而胥之。入而徐趨，至而自謝，曰：「老臣病足，曾不能疾走，不得見久矣。竊自恕，而恐太后玉體之有所郤也，故願望見太后。」太后曰：「老婦恃輦而行。」曰：「已食飲得無衰乎？」曰：「恃粥耳。」曰：「老臣今者殊不欲食，乃自強步，日三四里，少益耆食，和於身也。」太后曰：「老婦不能。」太后之色少解。

左師公曰：「老臣賤息舒棋，最少，不肖。而臣衰，竊愛憐之，願令得補黑衣之數，以衛王宮。沒死以聞。」太后曰：「敬諾。年幾何矣？」

對曰：「十五歲矣。雖少，願及未填溝壑而托之。」太后曰：「丈夫亦愛憐其少子乎？」對曰：「甚於婦人。」太后笑曰：「婦人異甚！」對曰：「老臣竊以為媼之愛燕后，賢於長安君。」曰：「君過矣！不若長安君之甚。」左師公曰：「父母之愛子，則為之計深遠。媼之送燕后也，持其踵為之泣，念悲其遠也，亦哀之矣！已行，非弗思也，祭祀必祝之，祝曰：『必勿使反。』豈非計久長有子孫相繼為王也哉？」太后曰：「然。」左師公曰：「今三世以前，至於趙之為趙，趙主之子孫侯者，其繼有在者乎？」曰：「無有。」曰：「微獨趙，諸侯有在者乎？」曰：「老婦不聞也。」「此其近者禍及身，遠者及其子孫。豈人主之子孫則必不善哉？位尊而無功，奉厚而無勞，而挾重器多也。今媼尊長安君之位，而封之以膏腴之地，多予之重器，而不及今令有功於國。一旦山陵崩，長安君何以自托於趙？老臣以媼為長安君計短也，故以為其愛不若燕后。」太后曰：「諾！恣君之所使之。」於是為長安君約車百乘質於齊。齊兵乃出。

　　你看，觸龍的勸說過程多麼高明！見面先說些閒話，讓太后的情緒緩解下來，把氣氛先營造好。然後說自己是多麼愛孩子，形成「自己人效應」。再引經據典，說別人也是很愛自己的孩子，但為孩子的長遠計該是個什麼樣的愛法。最後，再單刀直入，言明讓長安君到齊國做人質的重要性與必要性。最終得到的結果是趙太后欣然同意。歷史上也有不少「忠臣」，為進忠言不惜惹得龍顏大怒，最後自己的腦袋也掉了，忠言也沒有得到採納，雖被後人贊為忠烈，但對社會對自己又有什麼實際意義呢？進而言之，那些「忠臣」還會被人誇幾句，而商家不能推銷出自己的產品，恐怕連誇你「忠烈」的都沒有，到是會有些人笑你無能。

　　下面的幾個推銷案例頗具示範意義，值得一讀。

● 20分鐘搞定一筆大生意

美國推銷員派特欲推銷一套可供四十層辦公大樓用的空調設備，與某公司周旋了幾個月，但未成功。一天，董事會通知派特，要他到董事會上向全體董事介紹這套空調系統的詳細情況，最終由董事會討論和拍板。在此之前，派特已向他們介紹過多次，這天，他強打精神，把以前不知講過多少次的話題又重複了一遍。但在場的董事們反應十分冷淡，他們提出了一連串問題刁難他，使他窮於應付。面對這種情景，派特口乾舌燥，心急如焚，腦門上滲出點點汗珠。眼看著幾個月來的辛苦和努力將要付諸東流，他環視了一下房間，突然眼睛一亮，心生一計，他沒有直接回答董事們的問題，而是很自然地換一個話題，說「今天天氣很熱，請允許我脫掉外衣，好嗎？」說著掏出手帕，認真地擦著臉上的汗珠。

這個動作馬上引起了在場的全體董事的條件反射，他們頓時覺得悶熱難熬，一個接一個地脫下外衣，不停地用手帕擦臉，有的抱怨說：「怎麼搞的，天氣這麼熱，這房子還不裝上空調，悶死人啦！」這時，派特心裡暗暗高興，因為，購買空調並不是推銷員強加給董事們的負擔，而是全體董事的內在需求了。二十分鐘以後，這筆大生意終於拍板成交。由此可見，派特的一個脫上衣的動作，勝過了他所要說的千言萬語，這表明，推銷員不僅可以透過語言來推銷，同時也可透過人體的動作引導和暗示對方，從而獲得成功。這一案例告訴我們，董事會的成員，事實上是被派特這個動作催眠了。

推銷工作的艱辛性是行外人士所無法想像的，有時，你說破嘴皮，對方也不為所動。這並非是你的說辭缺乏說服力，也不一定是你的產品他真的不需要。而是被說服者存在著一種無意識的本能反應，總覺得推

銷員是本著商業性目的而來，因此總覺得有可能受騙上當。你說得越多，他們懷疑感與戒備心就越強。如果走到了這一步。推銷員就該考慮換一種方式來展開推銷了。這時，若採用催眠暗示，可能會收到意想不到的效果。研究顯示，催眠暗示是經由非理性知覺通道而進入人的心理世界的。它避開了意識的看守人 —— 批判性。從而迅速有效地對人產生影響。

● 法國白蘭地的精采亮相

1950 年代，法國白蘭地酒在國內已享有盛譽，且暢銷不衰。為擴大銷路，廠商的目光投向美國市場。為此，他們邀請了幾位公關專家，經過調查，搜集了當時有關美國的大量資訊，提出了一項頗具新意的設計。

整個活動規劃的主題是「禮輕情義重，酒少情意濃」，擇定的宣傳時機是當時的美國總統艾森豪 67 歲壽辰。公關宣傳的基點是法美人民的友誼，要求盡可能廣泛地利用法美兩國的新聞媒介，傳播順序是先法後美，由內而外的地輻射。總統壽辰之日將贈送兩桶窖藏長達 67 年的白蘭地酒，賀禮由專機送往美國，白蘭地酒公司向保險公司辦理了保險手續，支付了巨額保險費用。除此，盛酒的酒桶特邀法國著名藝術家著意設計製作，並於總統壽辰日在白宮花園裡舉行隆重的贈送儀式，由四名英俊的法國青年身穿法蘭西傳統宮廷侍衛服裝抬著兩桶白蘭地酒正步前進，進入白宮。

這項耗資可觀的公關策劃立即得到公司最高決策者的批准，並且獲得法國政府的讚賞和支持，外交管道為此也開亮了綠燈。

於是美國公眾在總統壽辰一個月之前就分別從不同的傳播媒介獲得

了上述資訊。一時間,法國白蘭地即刻成了新聞報導和街談巷議的熱門話題。千百人都翹盼著這兩桶名貴的白蘭地的光臨。

屆時,美國首都華盛頓,主要幹道上豎立著巨型彩色標牌:「美法友誼令人心醉!」整潔的售報亭懸掛著一長列美法兩國的小國旗。精緻玲瓏,在微風中輕柔飄拂,傳遞著溫馨的情意。特意設計繪製的「今日各報」看板上,最鮮豔奪目的是美國鷹和法國雞乾杯的畫面,以及「總統華誕日,貴賓駕臨時」、「美國人醉了」等報紙大標題,它們吸引著絡繹不絕的人去光顧。

馬路上各種車輛紛紛湧向白宮,而白宮周圍,早已是人山人海,人們滿面笑容,揮動法蘭西小國旗,期待著貴賓的出場,而這貴賓不是政府要人,也不是社會名流,正是那兩桶精心設計造就的法國白蘭地酒。當這兩桶儀態不凡的美酒登場亮相時,群情沸騰,歡聲四起,有人甚至唱起了法國國歌《馬賽曲》,此刻,美國大眾似乎已經聞到了清醇芬芳的酒香,更由此而品嘗了友誼佳釀的美味。

從此,法國白蘭地就昂首闊步地邁進了美國市場,國家宴會和家庭餐桌上幾乎少不了它的俏影。

像這樣精采的「亮相」永存於行銷史上、公共關係史上大約是沒有任何疑問的了。作為催眠術的研究者,也要對他們表示敬意。其妙處在於:

其一,淡化推銷意識,濃墨營構友誼氛圍。這對於某個產品進入市場之初時塑造企業形象、產品形象非常重要。儘管人們經常被外部世界操縱,但主觀意願上從來都是不願意被他人所操縱。當你想影響一個人的時候,影響的痕跡愈是淡,影響的效果就愈是好。這就是空洞的說教時常無功而返的真實原因。對於廠商而言,如果大眾及消費者一眼就看

出你的商業性動機，那麼效果就會銳減。而這種不露痕跡對人的影響，正是催眠高手的手法。記得唐末文學評論家司空圖給「意境」作過一個界定：「不著一字，盡得風流」。

其二，它讓美國總統當成了自己的「廣告媒體」了，充分地利用了名人的效應作用。這轟動效應自是不必多說，但又無任何阿諛奉承之嫌。因為艾森豪是「二戰」英雄，對法國人民有所貢獻。這樣一來，法國人為他祝壽當屬順理成章，非常貼切。「貼切」一詞，在催眠師的心得中經常被運用。只有貼切，才能被人所接受，才不會引發人的懷疑心態。在將受術者導入催眠狀態的過程之中，催眠師會經常對受術者的狀態與感悟力進行評價，這種評價是催眠暗示誘導極重要的一部分，而評價是否得當、貼切則是決定其成敗的關鍵。法國白蘭地的策劃者們正是在這一點上拿捏得恰到好處，所以才大獲成功的。

其三，利用傳媒事先宣染、烘托氣氛，使得「亮相」之先，就已成為新聞界和街談巷議的熱門話題。這事先的鋪墊，本身就是一種宣傳，更為高潮的到來奠定了良好的基礎。在催眠施術過程中，前期的氣氛烘托也是一個重要的環節，這在前已有論述。

其四，隆重、熱烈、富於法蘭西民族特色的贈送儀式，不僅與受禮人的身分相契合，而且也在暗示著法國白蘭地的身分與地位，暗示著將要享用它的人的身分與地位。誰不想成為一個有身分、有地位的人呢？好的，法國白蘭地可以滿足你的這種需求。於是，雙贏現象出現了。

● 滿足他的虛榮心

有一個化妝品推銷員，在他所分配的區域裡遇到一位很不喜歡這個推銷員公司的怪異難纏的化妝品店老闆。當推銷員剛剛踏進店門，想推

銷自己產品的時候，這位老闆就大聲嚷道：「你沒有走錯地方吧！我才不會買你們公司的產品。」

這位推銷員於是蓋上了手提箱，很虔誠地對老闆說：「您對化妝品一定很在行，對商品推銷又經驗老到。我是一個剛進入推銷行業的新人，您能否教我一點什麼祕訣？到別的店裡時應該如何談起，所有這些，能否請前輩指點。」

他看到老闆的臉色漸漸轉變，於是，再度打開了手提箱。

「想當年，我開始做這一行的時候……」這個化妝品店的老闆終於打開了話匣子，一口氣講了 15 分鐘，在他講解自己艱辛而輝煌的過去的時候，越來越喜歡這個洗耳恭聽、不斷點頭稱是的年輕人。最後終於作出了購買這年輕人所在公司生產的化妝品的決定，這位怪異難纏的老闆成了這位年輕推銷員的長期顧客。

任何人都不同程度地具有虛榮心，都有一種被尊重感的需求。這是因為每個人都想成為有價值的人。這位推銷員的成功之處，就在於滿足了對方的這種虛榮心。我們看到，有些推銷員在對方不肯接受他們的產品時，常常說：「這你就不懂了，讓我來講給你聽，是怎麼回事……」接下來，便滔滔不絕地演說一番。對方可能接受你的勸說嗎？絕大多數情況是不會的，那怕他也知道你說的確有道理也很難接受。因為他的自尊心受到了傷害。你是在扮演老師的角色。如果你把角色來一番位移，情況就正好相反了。他的虛榮心得到了滿足，那怕是吃了點小虧，也會接受你的推銷。

在正式的催眠施術過程中，催眠師會不斷地對受術者給予肯定與鼓勵，這種肯定與鼓勵是催眠手段中的一個重要的組成部分。因為它可以縮短催眠師與受術者的心理距離，衍生融洽的心理氛圍，此時，心理防

線就比較容易被突破。日常生活中的人際交往也是如此，虛榮心被得到滿足以後的人們特別容易答應對方的請求。當然，你的奉承應該是有根據的，你的恭維也要是有分寸的。如果讓對方看出你的奉承與恭維背後的不良動機，那將產生事與願違的結果。

● 希爾頓的微笑

康拉德‧希爾頓（Conrad Hilton）以五千美金起家辦起他的第一家旅館，不到幾年時間，資產增加一萬倍。這時，他在他的母親面前吹噓起自己賺錢如何有方。豈料，母親卻淡淡一笑說道：「五千萬美元的資產算什麼，還有比這更值錢的東西是什麼呢？」希爾頓被這句話難住了，他母親見狀後又說：「我看，做生意除了對顧客誠實外，還得想出一個簡單、可行、不花錢而又行之久遠的辦法。用其去爭取顧客反覆光顧，這樣，你的旅館才前程無量。」

什麼方法才符合簡單、可行、不花本錢、行之久遠的條件呢？希爾頓冥思苦想，最後才大徹大悟：是「微笑」。於是，微笑、永遠對顧客保持微笑，便成了遍及全球的希爾頓飯店的一條鐵的規則，也成了全世界盡人皆知的希爾頓飯店的一個最大的特色。

微笑幫希爾頓飯店擺脫困境，助希爾頓飯店走向繁榮。

1930 年是美國經濟大蕭條最嚴重的時期。各行各業均不景氣，旅館業更是首當其衝，希爾頓飯店概莫能外，而希爾頓飯店憑藉全體員工對客人那永恆的、會心的一笑，在旅館業中率先衝出困境，走向繁榮。

1970 年代，希爾頓飯店先後添購了現代化的一流服務設施。在一次員工大會上，希爾頓意味深長地問大家：「現在我們旅館已經有了一流的設備，可是有誰能告訴我，還必須配合一些什麼樣的一流的東西才能使

顧客更喜歡光顧呢？」員工們作出了各式各樣的回答。希爾頓都笑而否之。最後他說：「請你們想一想，如果旅館裡有一流的設備而沒有一流服務的微笑，那就好比花園裡失去了春天的太陽和春風。如果我是旅客，我寧願住進只有殘舊地毯，但處處見到微笑的旅館，卻不願走進只有一流設備而不見微笑的地方。」

在以後的日子裡，希爾頓先生經常深入旅館了解經營情況，他向服務員問得最多的一句話就是：「你今天對顧客微笑了嗎？」如今，這句話已被遍及全世界五大洲的希爾頓旅館服務員奉為圭臬而銘記在心。

在我們看來，微笑是人們在日常生活中運用得最多，其效果屢試不爽的一種類催眠方式。

為什麼說微笑是一種屢試不爽的類催眠方式呢？

其原因是：微笑意味著對對方持有友善的態度，而友善的態度在大部分情況下是能夠換來友善的反應，這將使雙方的情感交流處於良性循環狀態。微笑能夠降低對方的心理警戒強度，很少有人會對微笑予以粗暴地拒絕，而是作出相應的表示，這時，對方的心理警戒強度就會大為降低了。微笑為下一步的交流提供了一個良好的氛圍，為「自己人效應」產生奠定了很好的基礎。即使是有什麼分歧，也存在著解決的可能。

當然，微笑必須是真誠的，發出內心的。虛假的微笑一旦被對方識破，那怕是懷疑，都將得到適得其反的結果。

● 變消費者為買主

商場裡，人流熙熙攘攘，但人們都知道，大部分是消費者而不是買主，其實，消費者與買主之間並沒有截然的區分，如果營業員具有高度的技巧性，消費者亦可變為買主。

請看在某商店中發生的一幕。

一位西裝筆挺的中年男子領著孩子，走近玩具櫃檯，隨手拿起聲控玩具飛蝶。售貨小姐笑容可掬地趨前問道：「先生，您好！您的孩子多大啦？」

「六歲。」說話間，男士又轉頭看別的玩具。

小姐提高嗓門說：「六歲，玩這種玩具正是時候。」一邊說，一邊把把玩具的開關打開，聲音引回了男士的視線，小姐把玩具放在地上，拿起聲控器，熟練地操作著玩具前進、後退、旋轉，同時說道：「小孩子從小玩這種玩具，可以培養出很高的領導素養。」男士接過小姐手中的玩具，也玩了起來。

「這一套多少錢？」

「2,500 元！」

「太貴了，2,000 元好了。」

「跟令郎的領導才華相比，這實在是微不足道的。」小姐略停片刻，拿出兩個嶄新的乾電池說：「這樣好了，這兩顆電池免費奉送。」說著說著，將玩具連同電池包裝好，拿給男士。

買賣成功了，男士愉快而欣慰地離店而去。

不難看出，這位售貨小姐對商品十分熟悉，操作自如，更重要的是，誘導得體而有效。「孩子多大啦？」這話讓人卸下心防，便於延伸話題，也容易將話題轉到玩具上。強調對孩子能力的培養，最能打動做父親的心。適時奉送電池，巧妙擋回顧客的殺價請求。總之，這位售貨小姐的談吐、神采與表演，表現出高超的誘導技巧以及寓強大的推銷攻勢於柔情閒話之中的能力。

在催眠過程中，遇到受術者有意識與無意識的抵抗是時常發生的事

情。此時，有經驗的催眠師不是與之對抗，而是避其鋒芒，再步步誘導，直至達到目的。推銷的情況也是如此。直白地訴求 ——「你買我的產品嗎？」消費者通常的本能反應是「不！」僅從自身角度考慮 ——「照顧一下我們的生意吧！」「我不是慈善家，至少現在不是，幹嘛要照顧你？」也是不買。唯有為此所想，順其思路，透過一個又一個無法拒絕、不能拒絕「誘惑」，令其不知不覺之中主動跳入推銷者所設的「圈套」（這裡所說的圈套是中性詞），結果是皆大歡喜！

3、商務環境與類催眠

有人說：「人是環境動物」。這話說得可能有點過，但基本面是正確的，至少對於大部分人是如此。精明的商界人士很善於利用這種環境影響力作為暗示源，為自己的商業利益服務。且看以下案例。

● 利用建築

我們先來說一段題外話。

請想像一下，如果你是當年清王朝的一介平民，或是一位低級官員，有幸得到皇帝的晉見。走到故宮門口，看到了那麼高的圍牆，你是否會有一種渺小感？然後走進宮門，進入一個空曠的大廣場，你是否會有一種渺小感？然後再爬多少節臺階，進入到一個很大很高的宮殿，你是否會有一種渺小感？皇帝坐在一個高高的椅子上，而你得跪下，仰起

頭來也看不清皇帝的全貌，你是否會有一種渺小感？好的，你還沒輪上與皇帝說上半句話呢，這麼多的渺小感的集聚，已經讓你臣服了。於是，你在他的面前，只能說「是」，只會說「是」。因為環境的力量已經把你的意志摧毀，讓你的個性喪失。由此看來，皇宮的規模弄那麼大，不全是因為奢侈，作為昭示皇權的力量，有它的實際功用。

皇家這麼做，商家也這麼做。某房地產顧問公司總經理在其文章中寫道：

我們可以看到，銀行建築歷來都是炫耀的，他們總是選擇當時最貴的建築設計和材料。我的指導教授說過一段讓我印象非常深刻的話：

「銀行建築不能不厚重，銀行建築必須厚重，必須豪華，必須象徵財富。銀行大樓就是要給人這樣一種感覺——我這個大樓是非常值錢的，即使有一天我的銀行倒閉了，我將這棟大樓賣掉，依然可以將儲戶的錢還上。所以，看到這棟大樓，你們就可以相信我，把錢存到我這裡來。

香港滙豐銀行大廈，就當仁不讓地請來了專做高技派建築的福斯特，以極高的造價標準，在地價極貴的香港中環，來了一棟徹底展現高技派風格的滙豐銀行總部大廈。錢的確不是白花的，重金堆砌之下，滙豐銀行大廈簡直成了一臺巨大的機器——據說這棟大樓沒有任何一個構件是不可拆卸的，如果有需要，作為它的東家的英國人，從理論上說，可以將這棟大廈完整地拆開，然後再搬回到英國的某個地方，原封不動地把它再拼裝起來。事實上，單就銀行的使用功能而言，這是完全沒有必要的！但這並不是說滙豐銀行在無目地的燒錢，恰恰相反，這是滙豐銀行一種有計畫的投入——福斯特的作品成了傳世之作，它將作為一個世界銀行總部建築中，高技派最經典的代表而名垂青史。於是乎，滙豐

銀行的名字也在世界名聲大噪。幾乎在一夜之間，這棟大廈當仁不讓地上了所有涉及香港的導遊書。緊接著，又有一系列香港的經典警匪片，凡是涉及到搶銀行鏡頭的，只要有可能，都把他們的外景地拍成了滙豐銀行的地下金庫。這一套形象工程做下來，滙豐這個香港金融界的龍頭老大，其形象變得更為自信，更為厚實，也更為霸道。」

總之，銀行是特別講究形象的，不管它事實上是否實力雄厚，但場面上一定是要氣壯如牛。否則，誰敢把錢往一臉寒酸相的窮鬼那裡放呢？當你看到那厚重豪華的建築，一種踏實感便油然而生，當然，他們的目的也就達到了。

類似的例證還有一些：

當鋪的櫃檯都很高，魯迅小時候對此就深有感觸。為什麼要那麼高呢？既浪費材料又給人帶來不便。其實，當鋪這麼做是大有深意的。當你進了當鋪，你於無意識之中就會覺得你與他的地位是不平等的，你是弱勢族群，你得聽他的。這樣一來，你與他討價還價的底氣就不足了。

購物中心裡，在裝修上最為講究，在燈光上最不惜工本的是那個櫃檯？是珠寶櫃。為什麼呢？那是為了營造一種氛圍，一種雍容華貴的氛圍，讓你覺得，擁有它（珠寶），就是擁有高貴的財富，擁有高人一等的感覺。有錢人見了想去買，沒錢人發誓哪天發了財也要去買。這就是商家不惜代價的原因所在。

● **利用裝飾**

許多老闆的辦公室給人的感覺是極盡豪華、奢侈之能事。的確，有些暴發戶是在講排場，但更多的是出自於某種特殊需要，雖然他們並不

一定清晰意識到它的功能與作用。西方的一些企業家就是有意識地透過設置某種情境，構成一種「無聲勝有聲」的暗示力量，作用於自己的商業夥伴。具體而言，是在會客廳、辦公室有計畫地調整與擺設一些物品，藉此來提升主人的地位。

如：

⊙ 擺設客人專用的低沙發；

⊙ 在離客人較遠的地方擺上一個昂貴的菸灰缸，有意造成客人彈菸灰的不便，然後放上一個高級菸盒；

⊙ 桌上放一些標有「絕對機密」字樣的文件資料夾；

⊙ 牆上掛些主人的獎狀、學位證書或與名人的合影；

⊙ 使用精緻的小公事包。因為，大公事包似乎是那些大小事全部會的人在使用。

上述環境設置至少具有以下幾方面的影響力：

⊙ 主人的層次很高，因此主人所屬公司的級別一定也很高（昂貴的菸灰缸、高級菸盒所構成的暗示）；

⊙ 主人是該領域的專家（獎狀、學位證書所構成的暗示）；

⊙ 該公司具有某種神祕性與高深莫測之處（「絕密文件資料夾構成的暗示」）；

⊙ 與主人相比，自己有一種稍遜一籌的自卑感（較低的沙發、用不上的菸灰缸所構成的暗示）。

像這樣的環境壓力不可能不對人產生若明若暗的影響。這種影響會使得商業夥伴變得更願意合作、更容易接受對方所提出的合作條件，更珍惜合作的機會及其成果。這是因為，人們更願意與比自己層次更高的

人交往；比自己更有錢的人做生意；在他們的面前，要價會偏低，讓步會更大，合作會更盡力。說起來應該沒什麼道理，但人們的心態每每就是如此。

● 利用服飾

曾聽說過這麼一件事，香港有一家公司經理每天都是一身頂級名牌服飾出入於高級俱樂部，且都是由專職司機開著賓士轎車接送，漂亮迷人的女祕書相隨。自然，在俱樂部裡與人談生意時，人們都刮目相看了，誰都相信這是位腰纏萬貫的大老闆，所以都爭著與他做生意，一次偶然的機會，某客戶來到他的公司，大吃一驚，在一間很小的辦公室裡，竟有包括他在內的兩家公司，且只有一部電話，來人驚呼，若早知此內情，恐怕許多生意都不會跟他來往了。

更有一個富於傳奇色彩的故事。

《希爾的黃金定律》這本暢銷全球雜誌的開創者艾里·羅伯特，在第一次世界大戰硝煙散盡之時，只是一個一文不名的落魄者，他的全部衣服只有三件，已經穿破的西裝和兩件派不上用場的褲子，他著手辦雜誌的第一件事，是跑到大戰之前的一個老熟人——紐約的一個著名裁縫那裡去，當時，他的口袋裡只有 1 塊錢，但他仍然挑選了 3 塊最昂貴的布料。準備做 3 套西裝，並要求裁縫立即為他量身製衣。

三套衣服中，一套是漂亮的暗灰色，一套是暗藍色，一套是細條紋的淡藍色。

這三套衣服的價格是 375 美元，這與他當時的支付能力形成了鮮明的對照，但他心中一點也不害怕，他知道這三套衣服將給他帶來的是什麼。

很幸運的是，他在這位裁縫心目中的信用很好，因此沒讓他付現金，也沒有問他將在什麼時候付錢。

然後他又去了一家男士服裝店，同樣利用賒帳的辦法買了三套比較而言不那麼貴的西服，並立即把它們的襯衫，衣領，領帶，吊帶以及內衣褲，並立即把它們穿上，在外衣的口袋裡塞入一塊新的絲質手帕，然後，走上了芝加哥的密西根大道。

這時，他身上所穿的衣物，從內衣褲一直到外衣，都是最好的，雖然買這些衣物的錢都沒有付清，但這純粹是他和服裝店之間的事情，與其他人沒有任何關係。

每天早上，他都會穿上一套全新的衣服，在同一時間裡，走上同一條街道，這個時間「正好」是某個富裕的出版商去吃飯的時刻而所走的路，又「正好」相同。

他每天都和出版商打招呼，偶爾，還會停下來說上一兩句話。

終於有一天，出版商停住了腳步，示意他走到人行道的邊緣上，然後，對他說：「對於一個剛剛脫下制服的人來說，看來你混得不錯，你的衣服都是在哪兒做的？」

「嗯。」羅伯特說：「這套特別衣服是在威爾基謝勒公司特製的。」

出版商接著想知道他從事哪種行業，他很瀟灑地揮掉手中的哈瓦那雪茄的菸灰，說道。「哦，我正在籌備一份新雜誌。打算在近期內出版。」

「一份新雜誌？」出版商接著說；「你打算給這份新雜誌取什麼名字呢？」

「我打算把它命名為《希爾的黃金定律》。」

「不要忘了，我是從事雜誌的印刷與發行的。也許，我可以幫你的忙。」出版商急切地說。

這正是羅伯特所等候的那一刻,當他在購買衣物的時候,心中就想到了這一刻。

接著,這位出版商邀請他到他的俱樂部共進午餐,在咖啡與香菸還沒有送上桌之前,出版商已經「說服」了羅伯特和他簽合約,由他負責印刷及發行雜誌,羅伯特甚至慷慨地「答應」了他提供資金的要求,而且不收任何利息。

金額如此之大的一筆資金通常是很難籌措的,即使你能夠提供擔保,也不保證能取得成功,發行了《希爾的黃金定律》這本雜誌所需要的基本消費在三萬美元以上,這在當時是一個很大的數目,而羅伯特只靠一襲華服,一套等於是借來的華服,就十分順利地達到了目的,這怎不叫人拍案叫絕呢?

有人說:服飾也是一種社會語言,它能向別人提供相關的資訊。

為什麼大部分人都覺得穿休閒裝最舒適,而在參加正式場合活動中都要穿上正規的西服?那是為了表示一種莊重。

為什麼英國人嘲笑在看足球賽時穿得一本正經的人?那是說明你不夠熱情。

為什麼西方人在參加葬禮時都要穿黑色的服裝?那是表示哀傷之情。

為什麼軍人都要穿統一制服?那是具有高度凝聚力與戰鬥力的象徵。

總之,雖然服裝的基本功能是保暖與遮羞。但其象徵意義則愈來愈強烈了。它不僅對自己,更對他人構成某種心理暗示,起到類催眠的作用。商界人士對此當然是了然於心,從而經常包裝自己,以其象徵意義向客戶、向商業夥伴發出暗示,進而實現自己的商業目的。

● 利用情境

心理學家認為，決定人的行為的要素有兩個：一是人的主導性格，二是客觀情境。有時，當情境的力量十分強大的時候，甚至會淹沒人的主導性格，而完全為情境所左右。既然便不是如此，情境的力量也不可低估，

當人們一旦置身於某個特定的、感染力強大的情境之中，就很可能被情境所淹沒，所左右了。有些廠商，常創立一些情境來影響消費者及客戶，使之成為這種影響力的獵物。

有這麼一個實例：

某類服裝市面上早已氾濫，且家家都喊大減價，一個新的品牌此時要殺出重圍當然不是一件容易事，商家靈機一動，創設了一個與他人大大不同的情境 —— 請來若干人在他的店門口排隊起長隊，而且價格又比別家高出一截，人們，尤其是易受暗示的人看到排隊，購買欲頓時大增，於是，他就不加思索地加入到購買者的行動中去了，這一品牌頓時紅透了半邊天，誠然，我們不可否認這一品牌在品質上，在式樣上確實不錯，但商家心理戰術的作用也實在不可抵估。

「WALKMAN」的成功之道也是利用了情境的暗示影響力。

現代人對自身的身體健康非常重視，各種健身運動此起彼伏，層出不窮。1970 年代末，散步這一健康運動在西方和日本非常流行。乍看起來，這與電器製造廠商風馬牛不相及，兩者扯不到一起去。可是，日本 SONY 電器公司的公關人員卻敏銳地感覺到這其中大有文章可做。因為，SONY 製造的數位音訊播放器即將推出。能不能將數位音訊播放器與散步連繫起來？經過反覆研究，回答是肯定的。於是，他們便制定了以下廣告行銷策略。

　　首先，他們在東京最熱鬧的代代木公園舉行記者招待會。在記者招待會上所宣傳的主旨是反覆強調數位音訊播放器是專門為適應散步等戶外活動的需求而設計的。現代人不是借時如金嗎？散步尤其是獨自散步不是略嫌孤獨與無聊嗎？數位音訊播放器就是您最好的伴侶。有了數位音訊播放器，在散步時您可以學習、可以欣賞音樂，可以排遣孤獨與無聊，一言以蔽之，可以使你在散步時的種種需求得到滿足。而且，這種數位音訊播放器的名字就叫「WALKMAN」。

　　為了進一步強化這種廣告宣傳，SONY 公司還僱用了許多「混跡」於大眾之中的模特兒，讓他們佩戴「WALKMAN」數位音訊播放器，在商場、公司和鬧街來回穿梭，從而給消費者留下深刻的印象並激發其潛在需求。此外，SONY 還將這種「WALKMAN」數位音訊播放器贈送給現代人的偶像——文藝界、體育界、新聞界的明星人物，讓他們做義務宣傳。數位音訊播放器由此而銷路暢通、風靡一時。

　　SONY 公司在這場攻勢中從未提及要讓消費者買他的產品，只是在竭力構築一種情境，營造一種氛圍。然後透過這種情境、氛圍力量去暗示人、去感染人。你想健康嗎？你想有效利用時間嗎？你想跟上時尚的步伐嗎？那就按照我所設計的路去走吧，當然必須要帶上一個「WALK-MAN」。這一連串的凌厲攻勢。使得 SONY「不戰而屈人之兵」，消費者的心理防線一下子就被他們攻破，「WALKMAN」別在人們腰間很快就成了現代人的一種流行，一種追求。

　　SONY 在付出高智力的勞動後，當然成為一個大贏家。

　　在我們看來，商業活動的特徵是：

⊙ 目的為了賺錢；

⊙ 競爭（同業、不同業）永遠存在，並且愈演愈烈；

⊙ 消費者對商家有天然的、不可能消失的懷疑心理；

⊙ 無法強制執行，沒有那個商家有這種特權，說消費者必須看（聽）我的廣告、購買我的商品。

以上特點決定了商業活動的重點是「攻心為上」，誰贏得了消費者的心，誰就是商戰中的贏家。從這種意義上說，商戰就是一場心理戰。心理戰中，催眠術當然是不可或缺的利器。縱觀商家所使用的類催眠術，具有以下幾個特點：

其一，把冷冰冰的金錢交易，竭盡全力地塗上濃濃的感情色彩。商家總是面帶微笑，商家總是不斷煽情，商家總是想法設法撓到你的癢處，但就是不談要賺你錢。對於人的征服來說，「情」的力量更強大，尤其是事情本身不能用「理」去細究之時，「情」便是最好的選擇。

其二，在大多數情況下，廣告、宣傳的「重複」是他們所採用的一個重要手段。如果他們所期望消費者建立的觀念一百次還不能植入到你的腦海中，那就一千次、一萬次。久而久之，一個「無中生有」的概念就在你頭腦中建立起來了。催眠施術過程中，暗示語的重複也是很常見的，特別是對於那些不太容易進入催眠狀態的受術者。

其三，商家憑藉其強大的財力，營造出一個「物理磁場」，讓你在不同的時間、不同的地點、不同的場合，都得接受他的影響。你走在路上要看到廣告，你開車聽收音機要聽到廣告，你回到家看電視更少不了廣告。你喜歡「TWICE」嗎？TWICE 立刻與他們的產品聯想起來了；你崇拜梅西嗎？梅西正在使用他們的產品（或服務）；你要送你女朋友化妝品嗎？廣告上說，而你女朋友也這麼認為，就是那個牌子的好。剛開始你可能疑惑，可能拒絕，但時間一長，這個物理磁場就與你的心理場不斷趨於重疊，你被他征服了！

四、愛情與類催眠

　　當月卜老人將一對男女結合在一起的時候，雙方都可以找出一千條非他不嫁、非她不娶的理由，正所謂「天作之合」。這些理由是真實的嗎？這些理由靠得住嗎？這些理由是理性的嗎？沒人會對熱戀中的人們提這樣的問題，那會自討沒趣。但我們若是冷靜地細加剖析，則會發現愛情原來是盲目與非理性的一種鮮活的寫照。因為，那些熱戀中的人們（這裡指的是真正的熱戀，而非因功能利目的想得到對方）幾乎無一例外是處於類催眠狀態。

　　且看心理學家對愛情的一些研究：

　　心理學家對愛情的特徵是這樣描述的：愛情體驗主要是由一種溫柔、摯愛的情感構成的，一個人在體驗到這種情感時還可以感到愉快、幸福、滿足、洋洋自得甚至欣喜若狂。我們還可以看到這樣一種傾向：愛者總想與被愛者更加接近，關係更加親密，總想觸摸他擁抱他，總是思念著他。而且愛者感到自己所愛的人要麼是美麗的，要麼是善良的，要麼是富有魅力的，總而言之是稱心如意的。在任何情況下，只要看到對方或者與對方相處，愛者就感到愉快，一旦分開，就感到痛苦。也許由此就產生了將注意力專注於愛人的傾向，同時也產生了淡忘其他人的傾向，產生了感覺狹窄從而忽視其他事物的傾向。似乎對方本身就是富有魅力的，就吸引了自己的全部注意和感覺。這種互相接觸，彼此相處的愉快情緒也表現為想要在盡可能多的情況下，如在工作中，在嬉遊中，在審美和智力消遣中，盡可能與所愛的人相處。並且，愛者還經常表現出一種想要與被愛者分享愉快經驗的願望，以致平時常聽人講，這種愉快的經驗由於心上人的在場而變得令人愉快。

　　在西方學者對愛情心理的研究中，還聽到過來自情人的自我報告。他們說：時間的遷延全然消失了。當他處於消魂奪魄的時刻，不僅時間

風馳電掣般飛逝而過，以致一天就宛如一分鐘一樣短暫，而且像這樣強烈度過的一分一秒也讓人感到好像度過了一天甚至一年。他們彷彿以某種方式生活到另一個世界中去了，在那裡，時間停滯不動而又疾馳而過。有人曾要求愛因斯坦用通俗的方式解釋相對論。愛因斯坦答道：當你伸手向父親要錢的時候，20分種會像兩小時那麼長；當你與相愛的人在一起時，兩小時只有20分鐘那麼長。

這就是愛情中的人們。

讀過以上描述，我們是否可以認定愛情就是一種類催眠狀態呢？關於愛情與催眠，佛洛伊德在《群體心理學和自我的分析》一書中有一段精當的表述：「從愛到催眠只有一小步之隔。這兩種情形相同的方面是十分明顯的。在這兩種時刻，對催眠師，對所愛的對象，都有著同樣的謙卑的服從，都同樣地俯首貼耳，都同樣地缺乏批評精神，而在主體自身的創造性方面則存在著同樣的呆板狀態。沒有人能懷疑，催眠師已經進入了自我典範的位置。區別只是在於，在催眠中每一樣東西都變得更清晰、更強烈。因此我們覺得用催眠現象來解釋愛的現象比用其他方法更為中肯。催眠師是唯一的對象，除此別無他人。自我在一種類似夢境的狀況中體驗到了催眠師的可能要求和斷言的東西。這一事實使我們回想起我們忽略了自我典範所具有的一個功能，即檢驗事實實在性的功能。」

英國科學家還從神經生理學的角度解釋了愛情為什麼是盲目的。研究發現，腦部掃描可顯示當情侶沉溺愛河時，會失去批判能力，掃描顯示愛情會加速腦部獎賞系統特定區域的反應，並減慢作出否定判斷系統的活動。當獎賞系統想及某人時，腦部會停止負責批判性社會評價和作出負面情緒的網路的活動，這就很好解釋了愛情的魔力，也很好地解釋了愛情的盲目性，即處於一種意識恍惚的類催眠狀態之中。

　　下面，我們將從「為什麼情人眼裡出西施」、「為什麼熱戀中的人幾近瘋狂」、「為什麼英雄難過美人關」、「為什麼初戀最難忘懷」、「為什麼說婚姻是愛情的墳墓」這幾個問題的討論中，進一步闡釋愛情中的一類催眠現象。

1、為什麼情人眼裡出西施

　　西施，是春秋時越國有名的美女。相傳越王勾踐採用謀臣范蠡的計策，將西施獻與吳王夫差；致使夫差因而荒淫誤國，西施的名聲因此流傳，成為後世「美女」的代稱。「情人眼裡出西施」意思是說，戀人之間產生了好感，就會覺得對方像西施一樣美麗無比。

　　關於「情人眼裡出西施」，不同的人有著不同的解讀。有人認為，這是因為個體差異所所致，正所謂：有一千個觀眾就有一千個哈姆雷特。英國作家夏綠蒂·勃朗特在她的小說《簡·愛》中也曾說過：「美與不美，全在看的人的眼睛。」

　　哲學家普羅提諾（Plotinus）認為，至於最高的美不是感官所能感覺到的，而是靠心靈才能體驗到。心靈判斷它們，美並不憑感官。他的看法是把人的外在形體排除，強調要了解人的內在美，須靠心靈來判斷。情人之間的審美，由於接觸較多，彼此理解，自然了解得較深。不僅熟知其形體美，也深知其內在美。比起一般人來，有時還會有美的獨特發現。可見，「情人眼裡出西施」，要基於深入地了解所愛對象，要用心靈去感應。有了美的獨特發現，才會更加鍾愛其人。「西施」有時就是

這樣才發現的。凡不是情人的局外人，就終隔一層，由於僅能從外在的形貌去看其美，所以了解和發現的就很有限了，而且眼裡也就出不了西施了。

「情人眼裡出西施」。如果把這句話轉換為心理學術語，那就是在愛情狀態中，人們的知覺被歪曲，直至被嚴重歪曲。關於人們知覺的真實性與客觀性，日常概念中是有誤解的。人們常說：「耳聽是虛，眼見為實。」真實的情況是：耳聽固然有虛，眼見也未必是實。究其原因，在人們的知覺過程中，不可避免地受慣性思維的影響，受先前經驗的左右，受情緒狀態的干擾。所以，你眼中的世界本來就不是一個完全真實而客觀的世界，這還是你在意識清醒的時候。而戀愛中的人們，情感高度捲入，他眼中的世界實際上是一個他想看到的世界，而不是真實的世界。他，當然希望她是白雪公主；她，當然也企盼他是白馬王子。好的，既然你這麼想，在你眼中也就真的如此了。於是，情人眼裡出西施的效應也就出現了。

伊莉莎白・巴雷特（Elizabeth Barrett）是 1840 年代英國倫敦的一名著名女詩人。她的詩作使許多人感動，也有許多人慕名求見。而巴雷特卻是個終年臥床不起的癱瘓病人，她身軀嬌小，瘦得皮包骨頭。因此她把自己關在家裡以避開那些傾心追求她的人。故而到了 40 歲，還是個老姑娘。可是一位青年詩人白朗寧（Robert Browning）卻打開了這位女詩人的心靈之鎖。白朗寧知道她比自己大 6 歲，仍深愛著她，愛她寫的詩，愛她的靈魂。在經過幾個月信來信往的傾心交談後，兩人終於見了面，見面的那一天，白朗寧就說：「妳真美，比我想像的美多了！」為什麼在一般人眼裡並不漂亮的巴雷特，在白朗寧眼裡卻是美極了。這可謂是「情人眼裡出西施」的一個經典例證。

　　分析上例中白朗寧為何把一個比自己年長的、並不漂亮的、而且是終年臥床不起的癱瘓病人當成一個大美女，其原因何在呢？其原理又是什麼呢？讓我們先來介紹一下社會心理學中所說的暈輪效應。暈輪效應也叫光環效應、月暈效應或者以點概面效應。它是指在人際認知中，對他人的多數判斷最初是依據第一印象得出來的，然後再從這個判斷推論此人的其他品格特性。如果一個人被判斷為是好的，他將被一種積極的、肯定的光環所籠罩，被賦於一切好的人格特質；反之，則被一種消極的、否定的光環所籠罩，被認為具有其他壞的人格特質。美國心理學家一項研究證明了這個效應。他們讓被試看一些照片，照片上的人分別是很有魅力的、無魅力的和魅力中等的。然後讓受試者在與魅力無關的方面評論這些人，如他們的職業、婚姻狀況、能力等。結果發現，有魅力的人在各方面得到的評分都是最高的，無魅力者的得分最低，這種「漂亮的就是最好的」是暈輪效應的典型表現。

　　總之，情感的高度投入，加暈輪效應的存在，直接衍生「當局者迷」，進而導致了「情人眼裡出西施」現象的產生。

　　白朗寧的情況在形式上與上述實驗相反，但本質上卻是一樣，那就是，因為她是最有才華的，因此她也是最美的。

　　還看到過這麼一篇網路文章 —— 果然是情人眼裡出西施！

　　以前不怎麼相信這麼一句話，但現在我是心服口服了……

　　我的一個好朋友，是個男的，屬於高大英俊，條件好的那一種。所以擇偶的要求很高，極有原則的那種……可是最近這小子說自己談戀愛了，電話裡都可以感覺到這小子興奮的表情。我就一直要求見見那位幸運的女孩，可是我這個朋友說自己的女朋友特別多疑，所以不敢讓她輕

易見我（我和這個男的有種紅顏知己的感覺）。所以囉，我就叫上了我的男朋友，我們四個約好一起吃飯。結果……

　　足足在風裡等了那個女孩半個小時，那個女孩子邁著慢吞吞的步伐走到我們身邊時，一點歉意都沒有，她只是瞟了我一眼，說：「這是你朋友？」我還是保持風度地跟她打招呼。對於我的男朋友，這個女孩倒是很有興趣的樣子，說：「呦，帥哥呀，很高興認識你呀……」我男朋友本來就嘴巴笨，被她這樣一說，更不會說話了，我們都尷尬的笑了笑。然後，這個女孩很自然地把自己的包包往我朋友懷裡一放。我個人覺得，一個大男人在外面一定要有自己的形象，像我朋友那麼巨大的身形，拎著一個女生的包包走在路上確實夠可笑的。不過好在我的朋友不介意……不介意就好，不關我的事。到了吃飯的地方，這個女孩拚命表現自己飛揚跋扈的一面，對服務生指手畫腳，對飯菜百般挑剔，好像自己貴為女王似的，最過分的是在餐廳裡她非要讓我的朋友餵她吃飯。我和我男朋友面面相覷，都快崩潰了。看看我的朋友，還是一臉幸福的表情……呵呵，幸福？

　　之前我沒見這個女孩之前，我一直把她想像得很好，溫柔可愛，充滿了魅力，因為她在我朋友的心裡簡直就是個天使。於是我在她飯桌上即興表演時，細細觀察了她。首先，她的長相，說實話真的很普通，而且還有密密麻麻的青春痘，身材？一般，瘦瘦的，要什麼沒什麼，個子？不高不矮，家庭條件？父母好像都是工人吧，工作？在一家小公司當出納，學歷？私立科大畢業……我沒有歧視她，只是覺得這麼普通的一個女孩怎麼就命好的遇上了我的這個朋友呢？

　　後來，本來計劃要唱歌去，我和我男朋友像是達成一致一樣都說自己有事，開溜了，我們兩個實在受不了這個女孩在我們面前做秀。

　　在回來的路上，我和男朋友下意識的握緊了手，說：「真是情人眼裡出西施呀……」

　　別想不通！你的朋友不是搭錯了神經，而是被催眠了。在催眠狀態下不要說是產生知覺偏差，就是出現錯覺、幻覺也沒有什麼好奇怪的。這種知覺偏差的存在本來就很普遍，意識清醒的普通人，也不見得就能做到公正客觀。做老師的可能都有過這樣的體驗，下課的時候，有兩個女學生蹦蹦跳跳地從你身邊走過，你對其中一個女孩印象不錯，你的感覺是：小女生活潑可愛；你對另一個女孩印象不好，感覺就變成：這個人瘋瘋癲癲。再如，自己的孩子再醜，在父母的眼裡都是可愛的；別人家孩子雖然很好看，在你眼裡還得打點折扣。也不能完全把這理解為是人性的弱點，如果人的認知都高度客觀，這個世界要少了多少樂趣，要少了多少故事。

2、為什麼熱戀中的人幾近瘋狂

　　熱戀中的人幾近瘋狂，這是人們時常看到的現象。有長跪街頭求愛的；有點燃蠟燭、拉起橫幅在女生宿舍樓下表忠心的；有斬斷親情，離家出走的；有失戀後心灰意冷遁入空門的；更有甚者，就是因愛而尋死覓活的。也許有人說，這是年輕人的心理衝動所致。但這個解釋不能令人滿意。熱戀的瘋狂幾乎不分年齡。40 歲的中年人，70 歲的老年人，只要戀愛起來了，那股瘋狂勁一點也不比年輕人差，至少是他們內心的感受是一致的。

在網路上看到一篇文章，寫得很樸質，卻也很真實、很生動地勾勒出熱戀中的人們的那股瘋狂勁。

人們都說女人的心是海底針難以摸到，但它還有可以讓人琢磨下手之處。但愛情呢？你是說不清道不明，一旦被它纏上，你就身不由己變得瘋瘋癲癲，辦起事來常使人感到莫名其妙，甚至目瞪口呆：「這傢伙怎麼了？這是他嗎？有病啊？」一連串的問題都出來了，旁觀者清，但任你怎麼勸說他，他也不會聽你的，仍然是我行我素。不相信嗎？那好，我跟你說一個故事。

我們公司的總經理姓江，在一次陪客戶吃飯的時候認識了一位端盤子的小姐，從此一發不可收拾迷上了她。要說這位小姐長得也不是很漂亮，給人的感覺就是太真、幼稚、純樸，但說起話來總是笑咪咪的，一蹦一跳的惹人喜愛。用我們江總的話說「愛的就是她這個樣子！」這下好了，因為我是司機，可有事幹了。江總每天都要叫我去送一次花，最後總算把她約了出來，兩人瘋狂地談戀愛了。江總對她是百依百順，也對我約法三章，「嚴格保密，就我們兩人知道，尤其不能讓我太太知道。」她叫小紅，家在鄉下，姐弟六個，她是老四，家裡很窮，她高中都沒上完就輟學了。據說是爸爸欠了賭債，所以她們姐妹四個都離家出來工作，她和大姐在一起，二姐和三姐在另外地方，這都是我後來聽說的。

她和大姐住在租來的不足四坪的便宜雅房。江總看後就另外又租了一間套房叫她們搬了過去，然後安排小紅去學 AI，只要她喜歡，江總就依著她。為了她，公司的業務過問的少了，開會也可延後，這都是從來沒有過的，公司裡的人都覺得奇怪，「江總現在好說話了，這是怎麼了？」不少人跑過來問我，我能說什麼，你還是親自問他好了。我自己還搞不明白呢，不就一個小女生嗎，天天都得見面，一下子不見就得打

電話，至於嗎？真是不可思議。更讓人想不到的是小紅姐妹回鄉下才一天，江總晚上就打來了電話讓我過去辦事。他問我「你上次送她大姐回家的路還認識嗎？」我愣了一下：「認識啊！」怎麼了，你想去呀？那可是臺東啊！這是我自己心裡想的，不敢說出口。

「你去把車油箱加滿等著我。」

我疑惑著沒有動作，對江總說：「你……現在去找小紅？」

「還愣著幹什麼，去加油啊！」

我把油加滿坐在車裡等著他，心裡想：「這麼晚了還去家裡找她，路還那麼遠，這不是有病嗎？真是的，過兩天她不就回來了，用得著這麼心急的去找她。」當然這話只能想不能和他說，我可不想丟飯碗。

等我們上了路，他忽然問我：「什麼是愛情？」我猛然一聽到「愛情」這個詞，半天沒有領悟過來。就聽他說道：「愛情真的很偉大，要不怎麼從古至今那麼多人在讚頌它。我現在才領略到它的魅力。你知道嗎，我第一眼見到小紅的時候，那只是一粒火星的燃起，和她約會那是又添了一把柴，到了我們心與心的交換那就好比是乾柴的火上又澆上了一桶油，我現在是身不由己，一天不見她我心裡就發慌。這種感覺我和我太太談了三年戀愛都沒有出現過，今天我算是體驗到了。」

沉默，他陶醉在甜蜜的回憶中……

我們現在來解一解這位司機老弟的困惑。

為什麼他對他的老闆的所作所為感到不理解、不可思議呢？原來，他們處於兩個不同的系統之中，也就是兩種不同的意識狀態之中。司機是處於清醒的意識狀態，因此凡事都在作理性分析，比如說，天色已晚，跑幾百公里去見一個剛分別了一天、並且過兩天又可見面的人，實無必要。再說此人也不是什麼重要的人，只是一個普通得不能再普通的

小女孩。在一個理性的人眼中，的確是有病。可是那位江老闆的狀態卻與之迴然有別，由於他已處於類催眠狀態之中，他的關注點，他的興奮點已完全集中於一點，那就是那個他深愛著的人，他的價值觀已無法用常理去評判。在他的眼裡，在他的心中，一切與那位他愛著的女孩相關行為，都是重要的，必要的，有價值的，至高無上的；凡與之不相關的行為，不管在別人眼裡有多重要，在他看來都無足輕重。你無法與之講理，他也不和你講理。他整個人已處於意識狀態與無意識狀態之間。不涉及這個女孩的時候，他在意識層面，尚能清晰思維，正常工作。一旦涉及到那個女孩，瞬間就轉換到無意識層面。在他的無意識層面中，只有一個亮點，那就是這個女孩，以及與這個女孩相關的一切。所以，在別人眼裡，他幾近瘋狂，類似痴癲。而他自己，卻渾然不覺，認為自己的所作所為很有道理，直至對他人的責難感到沒辦法理解。

這種瘋狂可能讓你體驗到什麼叫「甜蜜」，把你送進天堂。

這種瘋狂也會讓你「情令智昏」，把你送下地獄。

一輩子不「瘋狂」一把，好像是白活了；但瘋狂過了頭，如果運氣再差點，也許就沒好下場了。

3、為什麼英雄難過美人關

美人計，常用、常新、常有效。對英雄則更有效。古今中外，有多少英雄豪傑能馳騁疆場，能縱橫商界……泰山崩於前而不變色，刀劍加於身而不改容。但到了美人面前，就傻了眼、變不出花樣了；思維不再

清晰、判斷屢屢失誤，被人牽著鼻子走！所以才有「英雄難過美人關的說法」。

最嫻熟、最成功地操縱英雄的美人當推《三國演義》中的貂蟬。她把呂布、董卓玩得團團轉，最終順利完成自己的使命。

我們來觀察一下她的操縱過程。

首先當然是她的先天條件非常好，長得明眸皓齒，玉骨冰肌，秀外慧中，堪稱人間的絕色。後人譽之為中國四大美女之一。美色在美人計中當然是不可或缺的，否則將缺乏基本的誘惑力。但如果僅僅是美色，只能淪為他人的玩物，還不能達到控制與操縱的目的。貂蟬的能耐在於她高超的控制與操縱水準，否則，王允的連環計就不可能成功。

◆ 第一步，以色誘之

王允先給呂布送了一份厚禮，當呂布來他們家答謝的時候，好戲就正式開場了。宴會上，先敬酒、後奉承，把呂布搞得很舒服，意識也處於放鬆狀態。忽聽環佩聲響，一陣芬芳飄到筵前。貂蟬姍姍而來，行同拂柳，翩若驚鴻，到了呂布座前，輕抬玉手，提壺代斟。呂布早不知身在何處了。貂蟬秋波頻送，呂布魂魄俱散。王允連呼數聲，呂布才隱約聽見，方覺似夢初醒。酒一杯接一杯，不覺已大醉。王允再令貂蟬歌舞侑觴，貂蟬展鶯喉，擺柳腰，長袖生香風，呂布耳眩目迷，心神俱醉。其間，貂蟬又頻頻眉目傳情、暗送秋波，又若及若離，好像要走人。

這過程中，有色、有誘、又有避，沒有比這更撩撥人的了。對於本就好色的呂布而言，更令其心旌搖盪。片刻之間，呂布已為貂蟬所征服。

這時王允不失時機地提出要把貂蟬嫁給呂布，呂布當然欣喜不已。王允即與呂布約定迎親的吉期。呂布歡喜而去。

　　同樣的方式又在董卓身上複製了一回。同為好色之徒的董卓也同樣被美色所俘虜。

　　過了兩三天，王允趁呂布外出之時，請董卓到家裡赴宴，王允大排筵席，水陸畢陳。董卓高坐正位，王允在一旁相陪，邊飲邊談，說了許多阿諛的話，尤其令董卓聽得入耳的話是：「允自幼頗習天文，夜觀乾象，漢家氣數已盡。太師功德振於天下，若舜之受堯，禹之繼禹，正合天心人意。」董卓還假客氣一番「安敢望此！」王允又道：「自古有道伐無道，無德讓有德，豈過分乎！」一席話說到了董卓的心坎上，笑曰：「若果天命歸我，司徒當為元勳。」

　　待董卓已微醉，貂蟬出場了。她楚楚動人，未語先笑，其歌其舞，更是人間一絕。董卓早魂不附體，連飲酒也忘了。連連稱讚：「真神仙中人也。」王允見狀，即將貂蟬獻上。董卓當然是求之不得，當晚就把貂蟬帶走了。

　　至此，第一步色誘初戰告捷。

　　為什麼美色對英雄有如此之在的誘惑力？

　　天底下的男人（健康的、正常的男人），對漂亮的女人都會給予格外的關注和特別的興趣。這種性的吸引力是普遍存在的，也是無法抗拒的。在人類是如此，在動物界也是如此，這是由人的自然生物屬性所決定的。英雄也是人，當然也有這種自然生物屬性。從某種意義上說，英雄的這種自然生物屬性比常人表現得更強烈。有研究顯示：高能力的人的性慾望與性需求的力度要高於普通人。這就是英雄難過美人關的生理因素。

◆第二步，以情動之

　　自從貂蟬進了董府以後，無論對呂布還是對董卓都是情意纏綿。當呂布來到董府，知道貂蟬已成董卓的新娘，心中大怒。潛入董卓臥室探

個究竟，正好遇上貂蟬。「貂蟬故蹙雙眉，做憂愁不樂之態，復以香羅頻試眼淚」再「微露半面，以目送情」。董卓睡覺的時候，呂布來了，「貂蟬於床後探半身望布，以手指心，又以手指董卓，揮淚不止。布心如碎。」此刻的呂布，神魂飄蕩，渾身的骨頭都酥了，心頭的妒火在熊熊燃燒，對董卓的怨恨之心油然而生。對董卓，貂蟬在一個「情」字上也是下足了功夫。《三國演義》中寫道：「董卓自納貂蟬後，為色所迷，月餘不出理事。卓偶染小疾，貂蟬衣不解帶，曲意逢迎，卓心愈喜。」呂布與董卓，在貂蟬的情感攻勢之下，對貂蟬都非常在意，魂都被貂蟬勾去了。一個必然的結果是，對貂蟬的滿意度每增加一分，他倆彼此的怨恨度也隨之而增加一分。火，正在愈燒愈旺。

英雄（尤其是男性），常以剛見長。征服「剛」的最好的方式不是以剛對剛，而是以柔克剛。尤其是女性的陰柔，是戰勝男性陽剛的最佳方式，而眼淚則是最好的載體。貂蟬在與呂布、董卓周旋之時，處處含情脈脈，時時小鳥依人，在他們二人面前，她都是需要保護、需要呵護的弱者。同時，她也對他們兩個人都是「一往情深」。呂布與董卓，這兩個殺人如麻且從來都不眨眼的英雄，卻因這柔情攻勢而束手就降，於迷迷糊糊之中任其擺布。

◆第三步，以意激之

這時的呂布與董卓，雙方的怨恨情緒雖已產生，但敵對程度還沒有到勢不兩立的地步。雙方的理智雖然已受到情緒的干擾，但還沒有完全喪失。呂布還在想「徐圖良策」；董卓在看到「姦情」後還是聽了李儒的話，對呂布施行懷柔政策「賜以金帛，好言慰之」。於是，貂蟬使出了第三招，以意激之。

這便有了「鳳儀亭」這一幕。

這一幕，《三國演義》中作了如下描述：

卓疾既癒，入朝議事。布執戟相隨，見卓與獻帝共談，便乘間提戟出內門，上馬徑投相府來；繫馬府前，提戟入後堂，尋見貂蟬。蟬曰：「汝可去後園中鳳儀亭邊等我。」布提戟徑往，立於亭下曲欄之傍。良久，見貂蟬分花拂柳而來，果然如月宮仙子 —— 泣謂布曰：「我雖非王司徒親女，然待之如己出。自見將軍，許待箕帚，妾已生平願足。誰想太師起不良之心，將妾淫汙，妾恨不即死；止因未與將軍一訣，故且忍辱偷生。今幸得見，妾願畢矣！此身已汙，不得復事英雄；願死於君前，以明妾志！」言訖，手攀曲欄，望荷花池便跳。呂布慌忙抱住，泣曰：「我知汝心久矣！只恨不能共語！」貂蟬手扯布曰：「妾今生不能與君為妻，願相期於來世。」布曰：「我今生不能以汝為妻，非英雄也！」蟬曰：「妾度日如年，願君憐而救之。」布曰：「我今偷空而來，恐老賊見疑，必當速去。」蟬牽其衣曰：「君如此懼怕老賊，妾身無見天日之期矣！」布立住曰：「容我徐圖良策。」語罷，提戟欲去。貂蟬曰：「妾在深閨，聞將軍之名，如雷灌耳，以為當世一人而已；誰想反受他人之制乎！」言訖，淚下如雨。布羞慚滿面，重複倚戟，回身摟抱貂蟬，用好言安慰，兩個偎偎倚倚，不忍相離。

這時，正好董卓歸來，逮了個正著。兩人動起了干戈。

當局者迷！呂布與董卓在貂蟬的催眠之下已經進入類催眠狀態了，可是旁觀者卻清。李儒力勸董卓從大局出發，把貂蟬讓給呂布，以使其死心塌地為自己效力。這時的董卓，還尚存些許理智，還能分得清孰輕孰重，沈吟良久，決定考慮李儒的建議。回頭對貂蟬說，「我打算把妳送給呂布，妳看如何？」貂蟬怎麼能讓事情就此功敗垂成呢？她立即以凌利的攻勢進行反擊，徹底激怒董卓，以達到自己的目的。其表現為：貂

蟬大驚，哭曰：「妾身已事貴人，今忽欲下賜家奴，妾寧死不辱！」遂掣壁間寶劍欲自刎。卓慌奪劍擁抱曰：「吾戲汝！」貂蟬倒於卓懷，掩面大哭曰：「此必李儒之計也！儒與布交厚，故設此計，卻不顧惜太師體面與妾性命。妾當生噬其肉。」卓曰：「吾安忍捨汝耶？」蟬曰：「雖蒙太師憐愛，但恐此處不宜久居，必被呂布所害。」

至此，挑唆已大功告成，接下來的事情，人所共知，這裡就不必說了。

征服欲也是人類的一種本能，它與性本能幾乎是並列的。英雄總與征服相連繫，征服自然、征服社會、征服他人（其中也包括征服女人）幾乎是他們的第二生命。他們喜歡占有，尤其是熱愛占有的過程。他們得到一個女人並不一定僅僅是滿足性需求（通常他們並不缺乏性滿足的對象），而是在滿足性需求的基礎上讓自己的征服感得到充分的釋放。通常情況下，他們不僅想得到美人的肉體，更想得到美人的芳心，因為那才是一種完滿的征服。他們不僅要保住已經屬於自己的女人，更想得到那種經過與他人激烈爭奪然後又屬於自己的女人，因為那是成功男人「胸前的勳章」。為此，他們可以不顧一切，望乎所以。俗話說「色膽包天」，其實，並不是膽變大了，而是喪失了理智，不知道害怕，進而產生了非理性行為。

英雄難過美人關，實質上是其生理因素與心理因素被他人（也是被自己）調動以後，那顆原本很聰明、很好使的腦袋因意識場的狹窄而變得茫然。然後，他們的行為不能自己，或頻出昏招；或為人左右。

4、為什麼初戀最難忘懷

　　歌手劉若英有一首歌〈後來〉，曲調簡單但意蘊深長。俘獲了很多人的心，說來也是奇怪，這首歌的「粉絲」中也包括不少的中年人。作為一首流行歌曲其受歡迎度竟如此之廣，不得不讓人對這首歌刮目相看。

　　「後來我總算學會了如何去愛，可惜你早已遠去消失在人海，後來終於在眼淚中明白，有些人一旦錯過就不在」，在這首歌中，劉若英就用她感性的嗓音緩緩地訴說了一個關於愛情的故事，一個關於初戀的故事。十七歲的相識相知，十七歲年少的倔強，成年以後的追悔感傷，成年以後的遺憾感嘆，給這首歌覆上了一層淡淡的回憶氣息。

　　在一天天長大的過程中，在一天天忙碌的過程中，我們總是以為自己把一些事情放下了。其實我們並沒有忘記過，只是將這些事情零零碎碎地埋在了心底某個地方。就如同那些未曾整理過的散落地置於窗前的紙張。思念就像是偷偷溜進窗的風，瞬間就可以吹起所有零落的紙張。此時，所有的記憶都會變得鮮明起來，所有的回憶都會如潮水般湧起。

　　劉若英的這首歌就是那一陣不小心吹進窗內的清風。這也是這首歌為眾多人所愛的原因。這首關於初戀的歌曲讓許多人又回憶起了十七歲的那些色彩斑斕的日子，回憶起那些日子裡的所有情感。許多人會說，即使初戀一般會無疾而終，但它始終是人生中最美好的回憶。

　　是什麼原因使初戀有這樣的魔力呢？

　　我們先來給初戀做一個界定。初戀一般有兩方面含義：一是指人生的第一次戀愛；二是指戀愛的初始階段，即雙方從進入角色到熱戀之前的這段過程。一般人們生活中所理解的初戀，就是指的第一次戀愛，尤其是它的初始階段。

　　當一個人告別了天真無邪的童年時代，便進入了一個新奇而美麗的世界 ── 青春期。這是一個熱血洶湧的季節。青春期的一個顯著特徵就是性意識的萌動以及對異性產生神祕、嚮往和愛慕的心理。在這個時間段的青年男女之間的悄悄愛意，比較單純、簡單，或者是處在一種「所謂伊人，在水一方」的嚮往期待中，或者是處在「盈盈一水間，脈脈不得語」的空靈境界，對他們來說，愛情還是有距離的「遠方客人」。

　　這個時期的愛，還不能為社會所接受。家長和老師都把中學生談戀愛視為洪水猛獸，對之嚴防死守。但人都有一種好奇探究的心理，他人越是阻止，就越能激起探究欲。這種阻止會使我們產生高度的心理抗拒，而這樣的心態會促使人們做出相反的選擇，即對自己好奇並渴望了解的人或是事物更加熱衷。心理學上對這種現象稱之為「羅密歐與茱麗葉效應」（Romeo and Juliet effect）。

　　心理學家曾做過一些有趣的研究：1972 年德瑞斯考（Richard Driscoll）等人調查了 91 對已婚夫婦和相戀已達 8 個月以上的 49 對戀人。研究的一項重要內容，是考察被研究夫婦與戀人的彼此相愛程度與他們父母干涉程度之間的關係。結果發現，在一定範圍內，父母干涉程度越高，有情人之間相愛也越深。研究後的 6 至 10 個月期間，德瑞斯考等人對這些被研究者又作了調查，試圖了解他們父母的干涉是否改變了他們之間的關係和相愛的程度。結果證明，父母的干涉程度與戀人們的情感變化成顯著正相關，即父母的干涉越大，戀人們的感情也就越深。

神祕的距離感對於進入青春期的男女來說，無疑便是一種隱性的阻止。如果再有家人或者是師長的顯性干涉，就更容易激起一種抗拒的心理。而這種奇妙的距離體驗，在以後的生活中難以再次感受。這是初戀難忘的第一個原因。

初戀時兩顆心靈的第一次碰撞，絕大多數初戀者在心理上都會產生多種奇異而難忘的強烈感受。這可以說是初戀難忘的第二個原因。

青年男女到了青春期，一般都會為自己虛構一個「夢中情人」，創造一個抽象的理想對象，都會在頭腦中形成一個擇偶的「模型」。這個模型可能是很具體的，有時是以一個真實的人為模特，有時是把幾個人湊在一起。並且，都會按照這個「完美的異性模型」，在生活中去尋覓、在人群中去探索。不知不覺，終於有那麼一天，那個朝思暮想的時刻到來了，從茫茫人海中發現了一張似曾相識的面孔，你會情不自禁地驚嘆：「好面熟啊！」這便是你的理想模型──「青春偶像」的活化，眼前的她（他）和自己心目中的審美理想發生了奇妙的吻合。初戀便是異性愛由抽象的意識轉變為現實的開始。

對方越是符合我們心中所勾勒出的理想模型，那麼這種熟悉感就會越強烈就越容易引起自己的好感，促進初戀的發生。

戀愛是對對方的一種無條件的積極關注，初戀尤其如此。此時很容易出現前面所說的暈輪效應。一是很容易只看到了對方的優點，而忽視對方的缺點，甚至把對方的缺點也看成是優點；二是將對方偶像化，對對方的一言一行、一舉一動都盲目崇拜；三是出現一種「愛屋及烏」的感情。連帶著喜歡與這個人有關的人或物。

但是初戀往往又是無疾而終，記憶中的那個有「西施」般品行的人，便成為一個他人永遠也無法取代的人了，甚至變成了與他人比較的

一個標準。這讓更多的人在以後跌跌撞撞的生活道路上，更加懷念當初遇見的那個人。而這個人也並非是最初的那個真實的人，卻是被我們自己偶像化的一個標準。

當然，初戀難忘還有第四個重要的原因。

首先介紹一個心理學名詞「蔡格尼效應」（Zeigarnik effect）。蘇聯心理學家蔡格尼（Bluma Zeigarnik）做了許多有趣的試驗，發現一般人對已完成的、已有結果的事情極易忘懷，而對中斷的、未完成的、未達目標的事情卻總是記憶猶新。這種現象被稱為「蔡格尼效應」。

這種心理現象，可以舉出許多。例如，你在數學考試中要答 100 題，其中 99 題都完成得很好，就是那一道題把你卡住了，沒完成，未得出答案。下課鈴響了，你交卷後走出考場，與同學們對答案，那 99 題都有正確的結果，而那未完成的一題，同學告訴了你答案。從此以後，那未完成的一題被你深刻而長久地記住了，而那 99 題卻被你拋到九霄雲外。今後再考試時，若出現當初你未完成的那一題，你就再也不會做錯，因為它被你牢牢地刻在腦海中了。

未獲成果的初戀是一種 「未能完成的」、「不成功的」 事件。初戀中美好時辰和景象，大多深深地印入戀人的腦海，使他們在一生中都難以忘卻。因而未果性是我們對初戀念念不忘的一個重要原因。

臺灣文學家李敖曾說過這樣一個故事。多年前他的一位朋友去中國探親，行前和李敖說，他想藉此機會會會自己的初戀情人。李敖給他的朋友的建議是千萬別見，見了一定會後悔，但他的這個朋友終於克制不住想見一面的衝動。他按時到了他們當年分手的那個橋頭，在橋的那邊，顫巍巍地走過一個拄著拐杖的老太婆來，他嚇得奪路而逃。他把當時的感覺說給李敖聽，李敖聽了哈哈大笑，並且告訴他，對於初戀情人

最好的態度是「只願來世再見，不願今生重逢」。

李敖的這個故事平淡卻也深刻，向我們提出了一個問題：究竟難忘的是初戀中的那個人，還是初戀的那份酸酸甜甜的感覺呢？其實，人們留戀初戀，往往不是留戀初戀的情人，而是留戀初戀本身的新奇；不能忘懷的不是初戀情人，而是初戀的情感經驗。最後，初戀本身已經漸漸失去了若干具體內容，而變成了美好的永遠的記憶。真正讓人難忘的是那一種情竇初開的感覺，難忘的是初戀的心情。就像是一朵風乾的玫瑰，即使只剩下一堆枯枝，我們也會想起它最初鮮豔欲滴的嬌羞之態。

某位作家曾說：「記憶有時非常脆弱，它僅僅存活在虛幻的記憶之中，一旦帷幕拉起，裸露出真實，心裡的某種渴念便會轟然坍塌，連帶著全部生活都變得不可收拾。說得嚴重一點，那真是幣個世界的傾覆。」記憶既然如此弱不禁風，不如把它塵封，像塵封一罈老酒，獨自享受罷，要知遺憾也是一種美，否則，就要如李敖的那位朋友一樣，重逢之際，記憶中那個十七歲的小仙子早已沒有當初的那種美好，這樣一來，連遺憾之美也不可得了。

結論是：初戀時，我們被催眠了；多少年後我們回想起初戀時分，我們又進入到了催眠狀態。重逢，則可能返回到甦醒狀態。

5、為什麼說「婚姻是愛情的墳墓」

人們常常不無悲愴地大發感慨：「婚姻是愛情的墳墓。」客觀地說，有這種感覺的人不在少數。為什麼？有人說婚後失去了性的吸引力；有

人說見異思遷是人的本性；有人說家庭瑣事使愛情品質下降。林林總總，說法各異，都有一定道理，但都不能完全說明問題。在這一問題上，我們的理解是：從戀愛到婚姻，實際上是從類催眠狀態回歸到了正常的意識狀態。你眼中的世界發生了很大的變化（不是實際情況有多大，而是你的感受發生了很大的變化）。西方有一句諺語說：「我們因為不了解而結婚，因為了解而分離。」還有一位哲學家對年輕夫妻們說過：「你們自以為相互之間在婚前已經十分了解了，其實，你們在結婚以後會發現在枕邊睡的是另一個人。」

隨著婚姻這一法律形態把兩個人的關係固定下來之後，浪漫的愛情必然褪色。那種一見鍾情、銷魂斷腸、如痴如醉、難解難分的狀態，再也不可能持久下去了。取而代之的則是先前從來不會出現的大量家庭瑣事。這些事，既不好玩而又日復一日。如果說，那種浪漫的戀情在結婚的初期還尚未完全消失，但隨著婚齡增長，激情必然會遞減。這個責任不在婚姻，因為這種感情本身的性質就決定了它是不可能持久的，時間久了，奇遇必然會歸於平凡，陌生必然會變成熟悉，新鮮感必然會消退。用我們的話來說，你不可能總是處於催眠狀態，你總是要回歸到清醒的、現實的意識狀態之中的。如果有誰還想延續催眠中的生活狀態、生活方式，只會有一個結果，那就是失望。

有位作家曾在一本書上把戀人比作借來的「書」，令人好奇而動心，於是總想一口氣將它讀完；而把結婚後的愛人比作是自己買來的「書」，想的時候就去翻一下，不想的時候就將它擱置一旁，因為這「書」已經是自己的了。所以這位作家認為愛情生活激情洶湧，而婚姻生活靜如止水。在現實生活中，也有不少人認為，愛情一旦步入婚姻，就會在婚姻中慢慢「老」去，原先的浪漫激情都會隨著時間的推移，被生活中的諸

多瑣事所擾，進而一步一步走向清醒。

再來看一篇網路文章。

我和美月相戀了三年，終於在去年10月走進了「圍城」，我們兩人在戀愛時親密無比，經常看電影、逛公園、說情話、傳訊息，恩愛無比，甜甜蜜蜜，做著所有相戀情侶們做的事情。那時，即使我上班很忙，也會一天抽出時間來煲電話粥，輕聲慢語，叮囑她吃飯、下班回家小心，睡覺關好門窗等等，感覺兩個人在一起有著說不完的話、講不完的事情，覺得這是一種幸福。

在去年夏天，我單膝點地，憑著鮮花和鑽戒，徹底征服了美月，於是我和美月開始張羅著結婚，裝修房子、買家具、拍婚紗照、發請帖、準備蜜月旅行，一切都忙得不亦樂乎，「今年」我牽著她的手踏入了婚姻的殿堂，並許諾「執子之手，白頭偕老」。初入婚姻之門，兩人很是激動，蜜月期情意綿綿，頗有「只羨鴛鴦不羨仙」之感，但是，當婚假休完，我們開始正常上班以後，情形就變了。談戀愛時的浪漫、卿卿我我、郎情妾意，轉化成了鍋碗瓢盆、柴米油鹽醬醋茶這種平淡的日子，又加上我工作很忙，公司離家又遠，每天回來都感覺很累，談戀愛時的那種生龍活虎的精力似乎不復存在了。往往吃過飯，盥洗過後，上床滑一下手機就睡著了；有時興致來了，也會上網打遊戲。美月覺得我對她的愛不像以前那麼多了。有時她問我幾句，我只會回答是與不是，彷彿沒有什麼精神，也不太願意回答。有一次，美月問我：「我們週末回娘家好不好？」我答道：「是！」美月有點生氣了，說：「我問你好不好，你怎麼回答『是不是』，是什麼意思啊？你是不是嫌我煩？哼！我看我們談戀愛的時間這麼短，這麼快給你追到手，你當然不會珍惜。」

當時我聽了，也不相讓，說：「妳不知道我工作很累嗎？一點也不知道體諒我，這些小事，妳安排一下不就行了。」美月聽了，就更加生氣了，於是兩人就吵了起來，之後一段時間我們便陷入了「冷戰」。雖然過段時間就恢復了正常，但彼此心中留下了「心結」，經常會為一些生活瑣事產生口角，常常「冷戰」。我知道我們彼此還愛著對方，但婚姻卻一直在這種危機中過著。

其實，真正的危機不是婚姻本身，而是對戀愛與婚姻這兩個不同階段不同特點的正確認識。愛情是浪漫的，愛情中充滿了激情。但那種銷魂斷腸、如痴如醉、難解難分的狀態，可能持久嗎？也就是說，你會總是處於催眠狀態嗎？不可能，也不好。浪漫式的愛情不可能成為婚姻的基礎，如果婚姻是建立在這樣的基礎上，那就是等於是建立在沙灘上，建立在激流上面，婚姻怎麼可能牢固呢？

如果你願意接受我們的勸告的話，那麼我要說：戀愛時是戀愛時的活法；結婚後是結婚後的活法。戀愛時你不可能清醒；結婚後你也不可能不清醒。這就是現實，你承認也罷，不承認也罷。

在所有日常生活中的類催眠現象裡，愛情中的類催眠現象不敢說它的力度最大，但一定可以說它的覆蓋面最廣。只要是真心談情說愛的人（所謂墜入愛河的人），不可能有完全清醒的，當然完全清醒也就沒有味道了。不僅自己感到沒意思，對方也會感到沒意思。也正因為如此，愛情才會成為文藝作品永恆的主題。為什麼會是這樣的呢？除了我們在前面已作表述的種種心理因素外，還有一個非常重要且不會消失的因素就是「性」。性是包括人類在內的所有動物的本能。從心理學的角度看，它是一種缺失性需求。缺失性的需求有兩個方面的特點，一是如果這種需

求得不到滿足，生理上將無法獲得平衡，心理上也將感受到焦灼與不安；二是這種需求有周而復始的特點。

　　例如我們吃完午飯後的確是飽了，不想再吃了。但到了晚上又餓了，還得再吃。這種需求既與生理有關，又與心理有關。作為一種本能性的衝動，當它與其他心理元素交織在一起，再在環境的催眠作用之下，它的確會表現出一種不顧一切的特徵，出現一系列為愛而顛狂的現象。同樣的道理，在婚後，由於「審美疲勞」的出現，對特定對象的性興趣就會下降，「性趣」的冷卻，有助於相對清醒地、客觀地認知對方，這時就會覺得對方原來並不怎麼樣了，進而導致親密度下降。所以有人認為，婚後五到十年是婚姻的危險期。如果過了這個危險期，愛情將向親情轉變，性的重要性隨歲月的流逝而顯得重要性降低（不能視為是生理功能下降的原因），互相視對方為親人，甚至是自己的一個不可或缺的部分，這時產生的就是另一種新的甜蜜了。

五、教育與類催眠

1、催眠療法在學校中的運用

　　正式的催眠治療在學校教育工作早就有所運用，主要是針對學生的一些心理問題。下面我們就來介紹兩個治療案例。

● 學校恐懼症的催眠治療

　　所謂學校恐懼症（school phobia）係指兒童異常害怕上學，經常以嘔吐、腹痛為理由而請假不上學。即使勉強來到學校，也是沉默寡言，學業成績不佳、任何事情都缺乏主動性，與老師、同學都不能進行正常的社交，被老師和同學視為「怪胎」。據統計，一千名兒童中約有十七名由於過度恐懼而不能上學。這種兒童往往不願離開親人或離開家。因為教師和同學不能隨時滿足他的要求，或以他為中心給予特別的照顧，甚至對他的缺點經常給予嚴厲的批評，這就引起他們強烈的焦慮與恐懼，致使出現某種軀體症狀。對於這種學校恐懼症，一般性的思想教育難以收到很好的效果，過於遷就既是不可能的，同時也無補於他們的心理疾病。利用催眠術的方法，可以使他們的症狀及其精神面貌得到較大的改觀。下面，我們將詳細介紹一則催眠師治療學校恐懼症患者的案例：

　　W是一名國中二年級的男生，據他的老師介紹，W的特點是：自閉、沉默寡言、成績不佳，老師從來沒有聽他說過一句話，所以也不知道他到底有什麼想法或困難。

　　在催眠師與 W 的第一次面談中，催眠師還請來了與 W 相對較親近的的兩位同學 X 和 Y。以 3 人為 1 組，事前沒有告訴他們面談的真正目的，只是說：「我想了解學生的情況，所以請你們來談談。」開頭 3 人都很緊張，催眠師便與他們閒聊幾句，接著說：「既然大家到了圖書室（面談地點是在圖書室），不如讓我們先來翻翻書吧。」這麼做的目的，是為了消除 W 的緊張感。

　　W 稍微猶豫了片刻，看到他的同學已採取行動，便模仿他們，從書架上拿下一本《湯姆歷險記》。雖然動作慢慢吞吞，卻十分有耐心，看得出來，他並不是不喜歡讀書。這種和諧的氣氛持續了 20 分鐘以後，接下來就進行談話。

　　談話不是以單刀直入的方式進行，而是從比較瑣碎、愉快的事情開始，逐漸引了核心話題。催眠師問題：「你們現在開設哪些課程？新生訓練時對學校生活有什麼感想？現在又有開設哪些課程？新生訓練時對學校生活有什麼感想？現在又有什麼感想？你們班級的情況怎麼樣，有哪些優點和缺點？與班上的同學相處如何？目前班上流行什麼樣的遊戲？你也參加嗎？你喜歡從事哪些活動 —— 讀書、遊戲、品嘗美食、其他，情形各如何？你認為自己怎麼樣？對將來的前途有什麼打算？回家後都做些什麼？家庭與家族的情況如何？住宅附近的環境如何？……」由於 X 的湧躍而言，Y 也開始積極的講話，這使得氣氛變得十分熱烈。W 剛開始只是偶爾點點頭，表示附和。後來，在談話進入自由聊天階段時，催眠師間或用目光來鼓勵 W 開口發言。於是，W 也開口講話了，並露出了笑容。由此可見，W 並不是真正一言不發的人，只是對環境、氣氛的要求比較高而已。W 的講話內容可歸納為以下幾點：功課方面雖然缺乏自信，但並非不喜歡。剛入學的時候害怕高年級，現在仍然有一些害

怕，同時也害怕幾位老師。在班上沒有什麼特別親近的同學，但覺得這並沒有什麼不好。最厭惡粗暴的行為，喜歡棒球運動。從來沒有考慮過自己的前途。回家後和弟弟以及鄰居的孩子玩，所以，在家裡不會感到寂寞。住宅附近的環境不錯。

第一次面談結束後，催眠師告訴 X、Y 和 W：「3 個人一起來，可能妨礙個人的行動，所以下一次希望和你們個別面談，這樣談話的時間可以長一些。反正只是看看書、隨便聊聊。可能的話，不妨將平常所做的消遣的事，也和我談談。」經觀察，他們三人都沒有呈現緊張不安的感覺。

第二次面談只有 W 一人。還是先讓他自由地翻翻書，然後對他說：「現在我們一起來做做操，鬆馳鬆馳身心，你會感到十分舒暢，精神也很愉快……好的，現在再讓我們做深呼吸，你會感到更加舒服……」在做操與做深呼吸時，採用適當的語言，將其導入較淺的催眠狀態。接著，要求 W 讀一段書，剛開始的時候，W 只能低聲誦讀，但經催眠師的鼓勵、誘導，聲音逐漸變大，大大方方地讀完一章。讀完後催眠師再進行一系列的暗示：「你讀得很好，原來你的潛能很大，以後在課堂上，你不需要再畏縮，可以積極要求起來讀書，相信你今後獨處時，也能像現在這樣充滿自信，你可以輕鬆地和老師自由交談，也能夠大膽地回答問題，以後你在課堂上不會再膽怯了，能夠充分理解老師的授課內容，即使有不懂的，也會去問，你也不再孤僻了，而會去主動結交朋友。」

像這樣一次 30 分鐘的朗讀與交流之後，按照上一次所約定的，讓 W 談談在家裡玩耍的情況，結果他滔滔不絕、無所不談。第二天老師和催眠師見面時，驚喜地說：「W 已有了很大的改變，今天早上他面帶微笑和我談了好一陣子話。」

　　第三次面談一開始，催眠師就用呼吸法把 W 導入淺度催眠狀態。先令其讀書 10 分鐘，然後與其他人一起進行座談。這次 W 顯得很放鬆，能與其他人自由交談。沒有任何抵抗或害羞的表現。在解除催眠狀態以後，也是如此。

　　三次面談，治癒了 W 的學校恐懼症。後來，他上課能積極發言，甚至自告奮勇要當小老師，課外也能和同學校一起活動、交往。W 的精神面貌為之一變。

● 改變考試怯場的催眠方法

　　對於參加重要考試的人們來說，最為可悲的事情不是題目太難而不會做，而是因怯場未能將本來會做的題目做出來，或是把簡單的題目做錯了。在我們看來，每年的入學考試不僅是對考生知識、能力水準的檢測，也是對其心理素養的檢測。不難想像，那些因怯場而名落孫山的考生心情有多麼沮喪，對其心理上的打擊是多麼的大。這裡，我們想專門介紹一下如何運用催眠的方法，來幫助考生清除怯場心理。

　　首先要申明的一點是，怯場決不是什麼生來就有的東西，也決不是不可以改變的。盡人皆知的世界級影星瑪麗蓮·夢露，令億萬觀眾如痴如醉。這不僅是由於她有傾城傾國之色，還因為她的表演真切、自然、瀟灑，充滿了自由感。然而，鮮為人知的是，在她成名前的幾年，也就有了好幾次參加電影拍攝的機會。但她卻發揮不好。每當她開始講臺詞，或面對攝影機的時候，她就感到恐懼，渾身發抖，無法自然地說出臺詞和做出動作。夢露很具魅力、又有很好的表演素養。但是，任何一位導演都無法讓這位怯場的演員好好地演出。

　　後來，一位醫生把夢露介紹到催眠師那裡。這是一位富有經驗的催

眠師，他認為這種怯場的表現是由於缺乏自信和自卑感嚴重所產生的。很可能是小時候在學校出演話劇或參加聯歡會表演時忘了臺詞、怯場的經驗有關。經分析，夢露的情況也與之相類似。於是，催眠師對她進行了催眠治療。經過 8 次治療以後，夢露的怯場表現消失殆盡，後來在一部影片中擔任重要角色，一舉成名。催眠術對怯場心理的療效，由此可見一斑。

在對中學生進行的心理健康調查中發現：其緊張、不安的傾向，在一年之中有好幾次急劇上升和下降的趨勢。峰值狀態的時間是在期中考試和期末考試的時候。對於即將面臨學測的學生，這種傾向表現更為嚴峻。誠然，怯場是在考場上出現的問題，但是，與升學考試有關的心理問題，並不是到考場上才產生的。只不過是在考場上表現得最為突出，危害最大罷了。

當考生為準備考試而開始用功的時候，會因強烈意識到考試對自己的意義，擔心、害怕失敗而產生不安感。尤其是期望值較高，更使得考生產生強烈的緊張感和焦躁不安的心情，以致無法將注意力集中在課業活動上。理解力、記憶力也隨之減退，自信心喪失，學習效率也在不知不覺中下降。自信心和效率的下降更增添了他們的緊張與不安。倘若老師和家長的期望值和要求也很高的話，緊張與不安就更為劇烈。隨之而產生一系列生理上的變化，如頭昏腦脹、嗜睡、噁心、嘔吐、腹瀉等病態現象。此外，在消化系統、循環系統以及身體的其他機能方面，也會出現不適應的感覺。到了臨考前的幾天，這些現象會愈演愈烈。有些考生，在考試前的幾天，精神就崩潰了，一上考場，則如附入五里雲中，不知東南西北。在昏昏糊糊的狀中，勉強應付完考卷。產生怯場的另外一個外部因素是，由於有些人缺乏科學知識，許多老師和家長在送考生

的路上總是喋喋不休地對考生說：「不要緊張！不要緊張！」事實上，這種消極的暗示格外加劇了考生的緊張心理，進一步誘發了怯場的可能性。

如何消除怯場心理？我們認為，這需要從兩個方面著手。其一，意識到這一問題的存在及其危害性。要採取合理的讀書方法，做到有張有弛。利用休息、娛樂、運動、音樂以及心理學家的諮詢指導，防止緊張與不安的產生，或消除業已產生的緊張不安感和自信喪失，從平時就做起，這樣效果就比較好。也許有人認為，高考前那麼緊張，哪有閑功夫做這些事，這就大錯特錯了。上述調節只有更有利於學習效率的提高。正所謂一石二鳥，何樂而不為呢？

其二，運動催眠暗示療法來幫助消除怯場心理。如果怯場的症狀較輕，可以採用自我催眠的方法。這需要在平時就曾進行過自律訓練法的練習，並能進入自我催眠狀態。當進入考場，坐在椅子上後，一般離考試開始還有幾分鐘的時間，就可以閉目或半睜半閉地實施自律訓練，逐步獲得沉重感，安靜感特別是額部的涼爽感。然後，再進行自我暗示：「我現在心情很平靜、非常鎮定……馬上考試就要開始了，我一定能夠處於最佳狀態……一定能夠發揮出最高的水準……思路很清晰，記憶力也十分高漲……肯定是這樣的、不會錯的……」暗示完畢，睜開眼睛以後，便目不斜視，全身心地投入到考試之中。

如果怯場心理嚴重，在考前就先後出現了嚴重的緊張與不安感，同時伴有虛脫、焦躁、失眠、白日夢以及其他身心失調症狀。光靠自我催眠法可能無濟於事。此時，便要請催眠師實施他人催眠法了。針對怯場心理的特點，在將受術者導入催眠狀態之後，最為適宜的方法可能就是放鬆法了。

　　為了保證日常生活中工作、學習等活動的順利進行，人們需要維持一定的緊張度。但由於外在的物理刺激、社會環境刺激和內部生理刺激的影響，人們往往陷於過度緊張的狀態。為了解除這種過度緊張狀態，而保持恰當的緊張水準，我們應必須使整個身心處於放鬆狀態。身心放鬆以後，就會產生一種不需要對周圍刺激或心理壓力直接起反應的分離狀態。能夠基本脫離被環境或事物影響到的狀態，而能以客觀、堅決的態度、冷靜地觀察周圍的食物。此外，對自己本身所處的狀態或對自己內心的感受性也會增高。不言而喻，進入這種狀態後，怯場現象便會自行消失了。

　　無論是在什麼樣的場合下實施放鬆法，首先要讓受術者採用最舒適的姿勢。有些人喜歡仰臥、有些人喜歡坐在椅子上，有些人則是站立著比較好。接著，要求受術者將全身各個關節部分放鬆，或臥，有些人喜歡坐在椅子上，有些人則是站立著比較好。接著，要求受術者將全身各個關節部分，尤其是將頸部、肩部、肘部、手腕、手指、腳踝、腰、足、足趾……等關節為中心的肌肉活動一、兩次，以取得基本的放鬆感。然後，將受術者導入催眠狀態，受術者進入催眠狀態後，遂進行各種方法的放鬆訓練。

◆呼吸法

　　要求受術者將呼吸的時間盡量放慢與拉長，並將注意力高度集中於呼吸活動上，漸漸可進入放鬆狀態。

◆沉重感的暗示

　　要求受術者的四肢、眼皮、肩部部位放鬆，然後給予沉重感的暗示，並要求受術者反覆體驗這種沉重感。當受術者真切地體驗沉重感時，也就進入放鬆狀態了。

◆想像法

暗示受術者「你的身展現在飄浮在半空中，好像踏在軟綿綿的雲端上一樣」，或是「你全身好像被溶解、消失掉一樣，腦海裡一片空白，什麼也不去想……」要求受術者去想像這樣的情境，也會促進受術者全身放鬆狀態的出現。

◆思考預演法

在透過一種或數種方式使受術者的身心鬆馳下來之後，就可以用思考預演法將其帶入「考場」，預演他在考場中精力集中，精神振奮、思路敏捷、心無旁顧的情景。最後再作催眠後暗示，告訴他們今後只要跨進考場就能夠如何如何，而絕不會如何如何。一般說來，經過數次催眠治療之後，怯場心理就能夠予以消除。

2、成績不好的原因就是笨嗎

由於職業的緣故，經常有親朋好友帶著孩子來找我，當然，多數是成績不好的學生。他們的家長希望能從我這裡得到行之有效的指導性意見。而我的工作程序是：首先進行智力測驗，看看這孩子智力是否有問題。如果智力沒有問題，再檢查非智力因素、讀書習慣、讀書方式、學習環境、師生關係、家庭關係，找到最關鍵的因素後，再提出指導方案。

有一次，一個孩子由家長帶到我這裡來，照例還是先做智力測驗。測

驗做完得出結果後，我告訴孩子和他的家長，你的智商是 110，已達到中上水準。我是很平靜地說出結果，豈料在他們一家三口中引起巨大的震撼。

孩子已經漲紅了臉，聲音都有點斷斷續續：「叔叔，是真的嗎？」

「真是這樣嗎？老師，不會錯吧？」他的父母也發出興奮地疑問。

「我所使用的是世界上最權威的《魏克斯勒成人智力量表》，至於我的操作水準我一點也不懷疑。」

「可是老師和我爸我媽一直說我笨。」

「那是老師說孩子笨，我們才這麼說的。」

一家三口的興奮之情溢於言表。然後我又根據孩子的具體情況作了一些指導。後來聽說，這孩子的成績有了較大的提升。他的父母還特意上門對我表示感謝。

對此，我深感欣慰。欣慰之餘又引發思索。是我的指導那麼有效嗎？應該不是。那又是什麼原因呢？經過一段時間的思考，我終於悟出了個中原由：那是因為這孩子小學剛上學時，成績一直跟不太上，老師對於成績不那麼好的孩子的最通行的解釋就是一個字「笨」。因為這種解釋可以完完全全地把教師的責任推得乾乾淨淨。家長對老師的話奉若聖旨，再看到孩子成績是不怎麼樣，也跟著叫嚷孩子「笨」，於是，來自權威（教師、家長）的暗示把這孩子給催眠了。自己也認為自己笨了。至於學習情況的好轉，主要原因不是我的指導有立竿見影之效，而是我使用的權威性的測驗工具和我這個多少也有點權威性的人所構成的暗示更為強大，他再也不認為自己笨了，他覺得自己回歸到自己本來應有的位置上了，讀書便更有信心，更為努力，遇到困難也不再那麼畏縮了，成績當然會上去了。

我的職業是心理學教師，所教的主要課程之一是教育心理學。在我的教學、研究中，在我與中小學生以及老師的接觸中，不止一次地觀察

到這樣的現象：一個學生，如果他（或她，下同）是被老師、同學、家長以及自己認定為是成績好的學生，他在做作業時，也不都是信手拈來，每道題都會做。他也會遇到各式各樣的困難。在面對難題之時，他的反應可以是，我怎麼可能不會做？我不會做不是太丟臉了嗎？我可丟不起這個臉。於是，他奮力攻關，終於把題目做出來了。這樣他得到的結果有三：一是解決了當前的課題；二是相關的學科能力得到了提高；三是在更高層次上建立起自己的自信心。相反的情況是：一個學生，如果他是被老師、同學、家長以及自己認定為是成績不好的學生，是壞學生。他在遇到一道難題時，也不一定就是不會做，但他稍遇困難就會收手。他的本能反應是：我是笨學生，難題不是我會做的事，何必去做那徒勞無功的事呢？他所得到的結果也有三：一是解決不了當前的課題；二是相關的學科能力得不到提升；三是本來已經受到傷害的自信心又一次受到打擊，日後，學習的動力更為下降了。這不能完全把責任推到他們身上，沒人願意去做那些明知自己做不好的事。

在教育實際中，這樣的類催眠情況會很少嗎？恐怕不會！當然，教育中的類催眠現象其效應也有正向的。但鑑於教育工作的特殊性，從理論上講不允許有負向效應的出現。應該是對每一個孩子負責，即使是對大部分孩子負責了，也是失敗的教育。所以，我們非常有必要研究教育中的類催眠現象，讓其正效應充分發揮，讓其負效應盡少出現。再有一點需要說明的是：就催眠施術最適宜的年齡來講，青少年是最佳受術者，他們最容易進入催眠狀態。對於催眠師來說，這當然是個好消息，而對於教育工作來說，教育者的每一個舉措都要慎之又慎。有時，悲劇就是在不經意之間由教育者導演出來的。當然，運用得當的話，也能收到事半功倍的效果。

3、耐人尋味的比馬龍效應

在古希臘神話中有這麼一個故事：故事的主角是賽普勒斯國王比馬龍。相傳，他性情孤僻，喜歡獨處，但擅長雕刻。他用象牙雕刻了一座他所神往的美女像。在塑造這一雕像的過程中，他傾注了自己的全部心血和感情，禁不住對這尊美麗的少女雕像產生了愛慕之情。他瘋狂地愛上了自己所創造的作品，為此吃不下飯，睡不著覺，終日以深情的目光望著雕像，幾近病態。此事感動了天神，遂將少女變成了活人，讓這對幸福的人終成眷屬。

這顯然是一個神話傳說，但在現實生活中，就有因期望而使「雕像」變成「美少女」的例子。

美國著名心理學家羅森塔爾（Robert Rosenthal）和雅各布森（Lenore Jacobson）從這一神話故事中受到啟示，精心設計了這麼一個心理學實驗：1968 年的某一天，在一所小學裡，從一至六年級中各選三個班的學生進行了一次煞有其事的「發展測驗」。然後，羅森塔爾和雅各布森將一份學生名單交給了有關教師，並以異常肯定的口吻說名單上的孩子都有優異發展的可能。名單中的孩子有些確實很優秀，但也有些平時表現平平，甚至水準較差。對此，羅森塔爾解釋說：「請注意，我講的是發展，而非現在的情況。」鑑於羅森塔爾是這方面的專家，教師們從內心接受了這份名單。然後，羅森塔爾又反覆叮囑教師不要把名單外傳，只准教師自己知道，聲稱不這樣的話就會影響實驗結果的可靠性。八個月後，

他們又來到這所學校，對十八個班進行複試，結果他們提供的名單上的學生成績有了顯著進步，而且情感、性格更為開朗，求知欲望強，勇於發表意見，與教師關係也特別融洽。

難道羅森塔爾和雅各布森真的有如此高水準的識人之術？非也。原來，這只是他們進行的一次期望心理實驗。他們壓根就沒看什麼「實驗結果」，所提供的名單純粹是隨便抽取的。但所有這些教師並不知道。受羅森塔爾的影響，教師們認為這些學生很有發展的潛能，因而寄予他們更大的期望。雖然教師們始終保守著這張名單的祕密，但在上課時，他們還是忍不住給予這些學生充分的關注，透過眼神、笑容、音調等各種途徑向他們傳達「你很優秀」的資訊，實際上他們扮演了比馬龍的角色。學生潛移默化地受到影響，他們變得更加自信、自愛、自尊、自強，變得更加幸福和快樂，奮發向上的激流在他們的血管中洶湧，結果真的得到很好的成績。

羅森塔爾就借用希臘神話中王子的名字，將這個令人讚嘆不已的實驗命名為「比馬龍效應」（Pygmalion effect），在學術界亦稱為「羅森塔爾效應」（Rosenthal effect）或「期望效應」（expectancy effect）。

在這一實驗中，教師被心理學家羅森塔爾和雅各布森催眠了，然後，這些被催眠了的教師又去催眠他們的學生。於是，耐人尋味的「比馬龍效應」悄然而生。

我們不要將「比馬龍效應」作為故事一讀了之。如果你是教師、家長，應該反省一下自己，對自己的學生、孩子進行教育的時候，可曾發生過類似的情況？如果發生過，對他們的期望是正面的，還是負面的？

教師可能與不經意間對學生來一句「你真笨！」

家長也許在自己孩子在場時對別人說：「我們家孩子不行。」

這些可能都不是真話，說過也就算了。可是孩子也許不這麼認為，他們覺得大人說的話，特別是老師說的話從來都是絕對真理。

比馬龍效應至少可給我們以下啟示：

第一，我們對人的看法，無論是正面的或是負面的，都會對對方產生影響，對方的行為結果也越來越接近這種看法。因此，要想使一個人發展更好，就應該給他傳遞積極的期望。任何的讚美、信任和期待都會給人一種能量，促使人改變原有的行為。當你獲得別人的信任、讚美時，你便會感覺獲得了一種社會支持，獲得一種積極向上的動力，從而增強了自我價值感，變得有自信、自尊，並盡力達到對方的期待，以免令對方失望，從而使得這種社會支持得以維持和連續。同理，當我們（尤其是長官、老師、長者）對他人持有負面期望的時候，同樣的效應在作用也會發生。某老師對一個調皮搗蛋的「壞孩子」說：「你這個小流氓，今後肯定是個坐牢的人才。」說不定這孩子以後真的犯了罪，被判了刑。那老師還有點沾沾自喜「我的話沒錯吧，我早就這麼說過的！」殊不知，在這孩子走向罪惡深淵的道路上，這老師還真的是出了一把力，儘管他自己並不知曉。如果這老師那天認識到了這一點，定會不寒而慄。

戰國名將管仲在做齊國的宰相以前曾經負責押送過犯人。與別的押解官不同的是，管仲並沒有親自押送犯人，而是讓他們按自己的喜好安排行程，只要在預定日期趕到就可以了。犯人們感到這是管仲對他們的信任與尊重，因此，沒有一個人中途逃走，全部如期趕到了預定地點，由此可見，積極期望對人的行為的影響有多大。

第二，在羅森塔爾和雅各布森的實驗中，教師產生期望的原因不僅僅來自於了解學生存在潛在的發展可能性。而且還包括多方面的原因，

例如：身體的特徵（教師對有魅力的和討人喜歡的孩子懷有智力高和成績好的期望），學生的性別（對女孩文科的成績期望高，對男孩理科成績的期望高），社會經濟地位（家庭職業和社會地位的偏見）等等。究竟對哪一個原因最敏感，不同教師因其個性和過去的經驗不同而有所不同。另外，以什麼形式表達自己的期望（有意識的還是無意識的），也因教師而異。與此同時，對教師行為的哪個方面反應最敏感，還受到學生的個性以及在班級中的立場的不同而不同。

　　由此可見，比馬龍效應的有效發揮還必須注意兩者之間的微妙默契。應當根據自己的個性特點以及和對方的關係，提出自己的期望，同時這個期望要符合對方的個性特點，使對方能夠樂意接受。

4、自我效能感與習得性無助感

　　亞洲人常掛在嘴邊說的一句話就是「我不行」。也不是不想成就大事，但一遇到困難，一個念頭就出現在腦海中了：唉，這件事恐怕不是我能做的，算了吧！

　　但看到別人「行」的時候又每每不服氣，「那小子又不怎麼樣，他竟然能成功？上天啊，祢真不公平，這種好事怎麼就輪不到我頭上？」

　　如果說，我們在許多時候，不能到達成功的彼岸，不能躍上事業的巔峰，是因為自己耽誤了自己，這話你信嗎？

　　這裡想跟大家介紹兩個心理學概念 —— 自我效能感（self-efficacy）與習得性無助感（learned helplessness）。

自我效能感由加拿大著名心理學家班杜拉（Albert Bandura）率先提出，它是指人對自己是否能夠成功地進行某一成就行為的主觀判斷。這種主觀判斷由兩種期待：結果期待與效能期待構成。結果期待是指對自己行為與行為結果關係的推測。如果預測到某一特定行為將會導致特定結果，那麼這一行為就可能會被啟動、被選擇。比如說，某學生認為上課注意聽講就能得到好成績，那麼他就會去認真聽講。效能期待是指人們對自己能夠進行某一行為的實施能力的判斷，也就是說，是否確信自己能夠成功地完成某一預期行為，並取得令人滿意的結果。當確信自己有能力進行某一活動，便會產生高度的自我效能感。由此可知，自我效能感是指一個人在進行某一活動前，對自己能否有效地作出某一行為的判斷，也說是人對自身行為能力的主觀推測。請注意，這是一種主觀推測，它不一定與自己的客觀上所擁有的能力完全相匹配。但有一點是可能肯定的，如果你自己都不相信自己，認為自己做不好這件事，這件事會做得很圓滿的可能性不會很大。

雖然我們沒有清晰意識到，但實際上客觀存在的一個事實是：當我們在接受一個任務或者遇到了困難時我們常常會問自己「我能否勝任這項工作？」「以我的能力能應付眼前的困難嗎？」對於這種自我判斷的問題的回答即展現了一個人的自我效能感的高低。而一個人的自我效能感的高低決定了其對成功的難易程度的看法。

班杜拉等人的研究顯示，自我效能感具有以下功能：

- ⊙ 它影響著人們對活動的選擇。自我效能感高的人傾向於選擇富有挑戰性的任務，接近自身能力極限的工作，而自我能感低的人則相反。
- ⊙ 它影響人們在困難面前的態度。自我效能感高的人勇於透過堅持不懈的努力可以克服困難；而自我效能感低的人在困難面前則常常退縮、膽怯、輕言放棄。

⊙ 它影響活動時的情緒。自我效能感高的人熱情洋溢、情緒飽滿富有自信；而自我效能感低的人則充滿恐懼與焦慮。

⊙ 它影響人們的注意指向。自我效能感高的人能將注意力和努力集中於情境的要求上，集中於活動本身；而自我效能感低的人將潛在的困難看得比實際上更嚴重。他們將更多注意力轉向可能的失敗和不利的後果，而不是如何有效地運用其能力實現目標。

自我效能感低下的極致狀態就是習得性無助感。它是指個體在接連不斷地受到挫折，便會產生無能為力、聽天由命的心態。美國心理學家賽里格曼（Martin E. P. Seligman）等人對這種心理現象進行了實驗研究。

他們在實驗中先是將狗固定在架子上進行電擊，狗既不能預料也不能控制這些電擊。在這之後，他們把狗放在一個中間用矮板牆隔開的實驗室裡，讓牠們學習迴避電擊。電擊前 10 秒室內亮燈，狗只要跳過板牆就可以迴避電擊，對於一般的狗來講，這是非常容易學會的，可是，實驗中的狗絕大部分沒有學會迴避電擊，牠們先是亂抓亂叫，後來乾脆趴在地板上甘心忍受電擊，不進行任何地反應。賽里格曼認為，這一實驗結果顯示，動物在有了「某些外部事件無法控制」的經驗之後，會產生一種叫做習得性無助感的心理狀態，這種無助感會使動物表現出反應性降低的消極行為，妨礙新的學習。後來，以人為受試者的許多研究也得到了相似的結論。

讀完這個實驗，你應該有一種恍然大悟的感覺了吧？原來有些時候我們總認為自己不行的原因，並不是來自於我們所經歷的種種挫折以及失敗，而是經歷了這些事件之後我們所產生的心理暗示、心理壓力，影響了我們的自我認知，於是對自己的能力、意志力等人格特質產生了懷疑。往往這種懷疑會使我們盡量的迴避與外界接觸企圖減緩自卑的壓

力，時間長了，這種逃避心理會使我們遇到事情不敢積極面對，而只是消極退縮，而這種退縮正好驗證了自己一開始的「預言」——我不行。

在生活、學習、工作中，我們一定要給予自己積極的心理暗示，要相信自己的能力，要多回想自己成功的經歷，要能夠看到與自己的水準差不多的示範者取得的成功，這樣都可以提高我們的自我效能感。當面對困難、挑戰的時候，一定要不斷的對自己說：「我一定能做好！」當你真正具備了這種積極健康的心態時，當你能夠從容的分析客觀世界時，漸漸的，你會發現成功真的沒有我們想像的那麼難，成功正在向自己慢慢靠近。羅斯福曾經說過「我們唯一該怕的是『恐慌心理』」。正是這種對成功的恐慌心理使得許多人對成功望而卻步。

特別提醒：自卑感的產生不是來自於各種「事實」或者「經驗」，而是來自於對這些事實和經驗的分析和評價。在教育中，這個觀念應當灌輸給學生們，並達到真正內化的水準。對於提高學生的學業成績來說，這比請家教、上補習班要有效的多。

我們應當時時告訴自己學生或孩子：

我不可能什麼都行，也不可能什麼都不行，在一個特定的領域、在一個特定的時間、在一個特定的條件下，我就是行，比任何人都行。

我這一次不行，並不意味著我下一次不行，更不意味著我永遠不行。

我現在不行，並不是因為我的潛能不行，而是由於努力不夠，堅持下去，繼續努力，我就能做到。

上帝給予我們的時間與智慧足夠我們成就一番事業，我們完全可以有很大的作為，取得很大的成就，可以擁有我們想擁有的一切——一切皆有可能。

人們常說，懷才不遇是人生的悲哀。其實，更可悲的悲哀是自己的潛能得不到充分釋放，而且不是他人，是自己在壓抑自己。

5、大幅度提高成績的超級學習法

如何大幅度提高學習的績效？這大約可被視為困惑人類幾千年的一個世界級難題。在這一難題面前，人類更多地表現出的是無奈。大部分人認為是沒有什麼好方法的，唯一的選擇只能是自己多辛苦。俗話說：「書山有路勤為徑，學海無涯苦作舟。」如今的基礎教育界，已經把這兩句話演繹到了極致，說今大的華人中學生是最辛苦的人，估計不會有多少人反對。他們心力交瘁已經很悲慘了，但更悲慘的是好像也沒有得到相應的回報。

能不能夠使學習變得輕鬆、愉快，而效益與效率又很高呢？肯定會有人說，你這是又要馬兒跑，又要馬兒不吃草，怎麼可能呢？

有人卻不信這個邪，他偏要來做做這「不可能的事」。這個人就是保加利亞著名心理學家格奧爾基·洛扎諾夫（Georgi Lozanov）。

● 學習效率的倍增器

1960 年代中期，保加利亞 15 個男女知識分子，年齡從 22 歲到 60 歲不等，被集合在暗室學院溫暖明亮的教室裡。這個學院座落在索非亞一條綠樹成蔭的街道旁。他們被告知說，有一種高效率學習法，可以記住大量

資訊,而且比其他方法省力得多。他們將參加這個他們並不喜歡的試驗。

「肯定是毫無結果的。」當他們在柔軟的椅子上坐下時;一個女醫生抱怨地對一個建築師說。有一個工程師,幾個教師和一個法官也在議論,「我們還是趁早散夥吧,這完全是浪費時間。」總之,沒有人抱多大希望。老師進來了,似乎連她本人也不相信出現奇蹟。

不管怎麼說,試驗開始了。學員們翻閱著面前的資料,老師開始用各種語調讀法文片語,接著播放莊重的古典音樂。15 個學員這時都仰靠在椅背上,閉上眼睛,使自己進入記憶增強狀態或稱為超級記憶狀態。老師不斷地重複著。有時她用公事公辦的口吻,好像命令他們完成什麼任務,有時用輕柔的耳語口吻,有時又突然大聲用生硬的口吻。

太陽西下了,老師還在用特殊的節奏讀著法文單字、習慣語和課文。最後,她停下了。但是,還沒有完,他們還得進行一次測驗。學習過程中,他們的焦躁心情平息下來,不那麼緊張了,他們的肌肉也放鬆了。但是,對能否得到一個像樣的分數,他們還是不抱多大希望。

最後,老師說話了:「全班的平均分數是 97 分,你們今天學會了300 個法文單字。」

300 個!在幾個小時就學了一種語言十分之一的常用詞彙。而且又是這麼輕鬆,男女學員興高彩烈地走出了學院,個個覺得自己比原來高大了許多,好像他們剛剛經歷了一次不尋常的遭遇。

通常這種課程,人們每次可學會 50 到 150 個新的資訊。對於這種方法的創始人洛扎諾夫來說,這次試驗證實了一些他原來懷疑的事實:人的學習和記憶能力是無限的。洛扎諾夫和他的同事們把這種方法稱為:「開發大腦的儲備。」對於那些參加試驗的人來說,他們好像突然得到了一大筆遺產。他們現在開始用不同的眼光看待自己了。他們對自己和自

己的能力有了一個全新的概念。

洛扎諾夫公開宣布，他可以用暗示法提高人的記憶力百分之五十以上。不久，他又宣布，用這種無緊張學習法，學生們在一個月內能夠學會一種外語，而且在一年以後仍然能記住大部分學過的東西。這種方法無論對老人或年輕人，聰明的人或遲鈍的人，受過教育或沒有受過教育的人都同樣有效。這種方法還可以同時增進人體健康，治療由於緊張造成的各種疾病。

是真？是假？是一場學習的革命？還是一個彌天人謊？

一個專門調查洛扎諾夫暗示學習法的委員會成立了。委員會的成員們聚集在索非亞一家旅館的大房間裡，他們決定試一試這個聳人聽聞的學習方法。他們坐在舒適的椅子上，房間光線柔和，播放著平緩的音樂。這裡完全不像是一個進行嚴肅調查工作的場所。

教師告訴他們：「放鬆，什麼也不要想。在我唸資料時，請注意聽音樂。」

第二天，儘管委員會的成員認定他們什麼也沒有學到，他們還是驚奇地發現他們記住了許多東西。在測驗中，他們可以自如地讀、寫和說昨天兩小時課程中學到的 120 多個單字。用同樣的方法，他們又輕鬆地學完了語法，幾個星期以後；這些原先堅決認為這種無緊張學習法不會有效的人，已經能夠比較流利地講一門他們原先不懂的外語了。

1966 年，保加利亞教育部正式成立了洛扎諾夫學院作為研究暗示學習法的中心。這個學院擁有 30 多位教育、醫學和工程方面的專家，它用暗示法教普通班級學生，同時做各種生理和醫學方面的研究，以圖找出高速學習和超級記憶的原理。之後，在蘇聯、在美國亦有不少相類似的超級學習法的實驗與實踐，大都也得到良好的效果。

● 超級學習法的基本原理

　　人們對洛扎諾夫崇拜不已，但他自己堅持認為並沒有什麼神奇之處，他僅僅是運用了一種科學的方法把人類本來就存在的潛能呼喚出來了而已。他說：超級學習法並不能給我們什麼新東西，而是給我們一件我們本身已有的東西 —— 我們自己。這正是它的力量所在。從某種意義上講，超級學習法是用減法來做加法。其學習程序就是幫助消除恐懼，糾正自己歪扭的形象和建立學習能力自信心。這些方法要擺脫束縛自己的桎梏，解放我們的個性。

　　如今，有一個觀念幾乎已得到學術界的一致首肯，那就是人類的潛能比人們現今業已表現出來的能力要大得多。在這一問題上如果說有分歧的話，那只是量上的差異。有些學者認為：人類的潛能大約釋放出百分之五；有些學者認為：人類的潛能僅僅釋放出千分之一。總之，人類的潛能是一個遠未被開放的、取之不竭、用之不盡的巨大寶藏。

　　世界人類心理學聯合會主席簡·休斯頓（Jean Houston）博士說：「我們僅僅才開始發現，大腦的能力實際上是無限的……」

　　數學家喬爾·哈姆金斯（Joel David Hamkins）博士說：「意識的潛力是最後一個離開人類最近而尚未被探索的領域，一片尚未被開墾的處女地。」

　　理察·李奇（Richard Leakey）博士在研究人類的歷史以後認為，人類的潛力「幾乎是無限的」。教育專家喬治·倫納德（George Burr Leonard）從教育學的觀點出發總結說：「對於所有實踐的目的，大腦的基本創造能力也許是無限的。」

　　舉一例說明之吧，科學家已經探明，人類的長時記憶能力幾乎是無限的，它的儲存量可達美國國會圖書館藏書量的五十倍，約五億本書的

資訊量。而人類現今頭腦中儲存的資訊量與可能儲存的資訊相比較，用滄海一粟來形容，大約沒有半點誇張的成分。

正如洛扎諾夫所言，他並沒有做什麼點石成金的事，他只是把人們自己已有的東西部分地激發出來了而已。當然，這說起來很輕鬆，現真正實現卻是經過了一番艱辛的歷程。為創立超級學習法（暗示學習法），洛扎諾夫和他的同事們從許多學科中涉取營養。這些學科包括：大腦瑜珈法、睡眠學習法、生理學、催眠術、自然發生學、心靈感應、戲劇學等等。他把這些學科中那些可資利用的要素提取出來，加以整合，把他的發現總結成為 個統一協調的學習法。這種學習法由兩部分組成：一部分是發展人們在完全清醒的狀態下進行超級記憶的階段；另一部分就是與前者相適應的新的教學方法。教學要包括各種心理療法，諸如自我形象療法和肯定療法。這種學習法應能夠改善人的整個性格。它的特點應當是消除緊張的學習狀況。這種學習法不應當給人帶來疾病，相反會治療疾病。這種學習法，主要將已轉換的意識狀態用於學習、治療和發展人的直覺力。這種把大腦引向超級記憶和高速學習的技巧，也可以把人引向超感覺力（ESP）和自我控制。

至於激發的方式，具體表現為下述幾個方面：

◆ 其一，他把學習由痛苦的勞作轉化為愉快的享受

人們從剛剛懂事起，社會便會對他們進行這樣的教育：人要學文化，不學文化就會是一個無用的的人。與此同時，社會還告訴人們，學習是一種艱苦的勞動，不苦是學不到任何東西的。學習要「頭懸梁、錐刺股」，要「三更燈火五更雞」。你是不是苦了，等於你是否已經高度投入的指標，也可以預估出你的學習將會得到一個什麼樣的結果。一言以蔽之，學習與痛苦有著必然的連繫，於是，當人們在學習中如果感到還

不是那麼苦的時候，就會萌生一種深深的自責，甚至是一種犯罪感。因為，學習者意識到，這種狀態不僅難以使自己功成名就，還會被打上懶惰的烙印。

多少年來，這種觀念早已印刻在人們的腦海裡，融化在人們的血液中，落實在人們的行動上。沒有人想到是否還要對這一觀念作一番檢驗，因為對它的懷疑本身就是一種褻瀆，一種罪過。

奇怪的是，另一與之相悖的觀念，也是為世人所認可的，那就是在痛苦的狀態下做事情，其效益與效率比之在輕鬆愉快的狀態下要差，而且要差許多。不過，很少有人把這兩件事情連繫在一起思考。

洛扎諾夫一直在思考一個問題，人類現在已經能夠進行麻醉手術、減痛分娩，是否有什麼方法能夠解除人們學習的痛苦呢？如果人們能夠在愉快的氛圍中學習，那將是一番什麼樣的景象呢？

另外，洛扎諾夫還發現，制約著人們學習效益與效率的另一個重要因素是普遍存在著的對自身學習能力的自慚形穢。

由於先前經驗，特別是不斷地遭到的失敗的經驗，人在感情上會接受一種對自己學習能力過低的估計，從而缺乏信心。多年來，父母、兄弟姐妹、老師、朋友以及其他的權威人士的評論會把一個人束縛起來，使得他認為自己不夠聰明，自己的能力只限於一個領域。例如，有些家長總是對孩子說：「你啊，在算術上確實毫無出息」，這個順從的孩子也許會把這個否定的暗示接受下來，並且還會證明如此。從此，學數學就成了令他頭痛的事情，且考試不及格、相關能力測驗成績差。與小朋友的智力存在差異。這一切都會加強人們害怕學習的心理。當然，這種自我責備的看法顯然會進一步的減少成功學習的機會。

有鑑於此，洛扎諾夫決心一定要尋求一種方法 ── 讓人們在愉快中

學習，並讓人們的學習效益與效率大幅度提高。

於是，重新感覺學習中固有的樂趣就成為超級學習法的重要宗旨。兒童自然地享有這種樂趣，假如他們不享有這種樂趣，他們就不會去學走路，學說話，學吃飯。超級學習法要達到知識的減痛分娩，消除緊張、憂慮和煩惱。使學習真正成為一種樂趣，而不是一種負擔。洛扎諾夫說：「我們教過的學生告訴我們，那一段學習時間，是他們一生中最快樂的時間。」許多國家關於暗示學習法的大量報導中，「樂趣」、「解脫」、和「毫不緊張」等字眼一直在不斷出現。

在採用超級學習法的課程中，你總會聽到人們說學習是一種樂趣。那些參加過超級學習課程的人紛紛反映，學習一段時間以後，就開始感覺良好，包括對自己和對其他人的看法。

另外，洛扎諾夫認為，歷史和社會在不斷地對我們的能力進行暗示，這些暗示從根本上低估了我們能夠做到的事情。從我們生下來的那一時刻起，我們就開始從周圍得到種種暗示，我們應當怎樣行動，我們應當是什麼樣子。洛扎諾夫把克服限制我們自己和能力的這些先入之見的過程叫做「消除暗示」，他指出了在進行快速學習和開發大腦儲備時，人們應該如何去克服各種心理障礙。

有時，缺乏信心是由環境的改變引起的。即使是那些看起來學習得比較輕鬆的人，也會遇到一些使他們傷腦筋的課目。而超級學習法有一些內在的東西，可以幫助入戰勝擔心，緊張和焦躁。一旦緊張消除了，學習就會變得容易起來，因為他不再受束縛了。一次成功會帶來更多的成功，不用多久，人們就會開始對自己的學習能力有信心了。超級學習法也經常使用予以肯定的態度作為其訓練方法的一部分，自我建立的積極的肯定，只要運用得當，就會有助於消除障礙和增加信心。

這裡，請大家不要產生一個誤解，認為超級學習法是一種懶漢學習法。在超級學習法中，再也沒有勤奮這兩個字了。錯！在運用超級學習法時，人不是不勤奮，而是更加勤奮了。但那是人在最經濟合理地使用身體裡的能源。假如許多能量消耗在壓抑、緊張和煩惱方面，留下來供學習的能量就不會多了。比如在學習彈鋼琴或跳水，如果人們逐漸去掉那些不必要的顧慮時，演奏或跳水就會顯得毫不費力，因為他的每一個動作都是有效的。

◆其二，他讓學習在放鬆狀態下進行，從而使效率倍增

心理學的理論推導與洛扎諾夫的實驗研究都顯示，如果人們能夠在在放鬆狀態下進行學習，效率與效益將會倍增。

洛扎諾夫發現，當人們的身體處於一種放鬆狀態時，人們有可能達到超級記憶狀態，要比平常學習快好多倍。當身體的節奏平靜時，大腦的效率就會提高。

洛扎諾夫給面對考試心有餘悸的學生進行暗示法治療，學生的記憶力顯著提高了，而緊張程度降低了。一個參加學習的工人說，經過暗示法的訓練後，他可以只看一遍，就把一首詩完整地背下來。而過去他的記憶力總是不好。他說：「洛扎諾夫博士在我身上創造了奇蹟。」

超級學習法是整體教育的一種形式，它要求身體和大腦同時協調工作。它的基礎理論是當身體處在一個更有效的水準時，大腦將能更迅速和更輕鬆地學習。生理學家們報告說，當人們使肌肉的緊張狀態放鬆之後，他們將更牢靠地記住他們所學的東西。如果我們能夠訓練自己的心臟在我們思維時跳得慢一些，這將使大腦的工作大為輕鬆。芭芭拉·

布朗（Barbara B. Brown）博士在《新頭腦，新身體》（*New Mind, New Body*）中說：「較慢的心跳會使大腦效率快速提升。」

總之，在進行學習活動時，學生的身心越放鬆，則效果越好。

◆其三，音樂是進入放鬆狀態的技術路徑

在承認了放鬆對於學習活動的諸多好處之後，接踵而來的問題是，一個人怎樣才能達到這種放鬆狀態而不必處於似睡非睡的狀態？一個人怎樣才能在完全清醒的狀態下做到這一點呢？經過不懈地努力，洛扎諾夫發現：適當的音樂可以作為幫助學習者進入放鬆狀態，進而挖掘人的大腦潛力的有效路徑。

洛扎諾夫用音樂幫助記憶的方法開始進行小規模的試驗。他首先透過自我形象療法，以消除學生們的心理障礙，樹立學習的信心。他說：人一直在受到壓抑，好像人們只能學這麼多東西，只能學這麼快。因此也就決定了人取得的成績和能夠做到的事情是非常有限的。他解釋說，學習的第一步就是要衝破思想上的束縛，這樣才能學得快，記得多，才能解放人的學習潛力。

洛扎諾夫教學生們做深度放鬆體操來消除緊張，然後教他們做呼吸體操來集中注意力。接著，由一位教師給這個班的學生講授語言課。課堂上播放超級記憶音樂，並運用那些「暗示」的因素，諸如變換的大腦狀態、音樂和節奏。學生們聽著莊嚴的、專門用來放慢大腦和身體節奏的音樂，身體及大腦就全部放鬆了。在音樂聲中他們聽著用慢速和嚴格的節奏讀出的詞彙和片語。

第二天，這些學生進行了測驗，他們基本上記住了昨天所學的東西。在所有時間他們的大腦都處於清醒狀態，他們已成為了自己記憶力

的主人。他們不必進入睡眠或催眠狀態去學習這些東西。這是一個重大的突破，在此之前，人們在清醒狀態下從來沒有實現過超級記憶。

保加利亞人給他們的學生進行了沒有音樂的課程，在課堂上只讀出有節奏的資料，學生們雖然也學到了很多的東西，不過他們訴苦說感到疲勞，緊張和壓抑。所以，在超級學習法中音樂的作用就是給人一個「聲波資訊」，用以消除艱苦的大腦工作所帶來的緊張，音樂可以幫助人內在的集中注意力。由於音樂的高度整體結構性質，使得大腦的冥想狀態井然有序。在整個的聽音樂階段，學生始終有控制力，高度機敏、清醒，知道周圍進行的一切，甚至能觀察出所讀資料的微小變化。

與音樂相關的另一個技術細節就是節奏。

美國的廣告公司做了大量的研究，研究音樂和節奏是怎樣影響人的。結果發現，說話、音樂和鼓點的節奏為每分鐘 72 下時最容易於使人受到影響。一個 72 拍的商業廣告節目常常會把人「暗示」到產生頭痛、心悸的症狀，而那種正在宣揚的產品正好能治療這些症狀。

在超級學習法中，掌握好節奏，是一個非常關鍵的問題。保加利亞人在讀資料時，是每 8 秒鐘一個單字，為什麼不是 10 秒；也許他們是想和音樂的節奏協調起來吧，因為音樂的節拍通常不會是 10 的。

這種方法的美國使用者們發現，每 8 秒鐘和每 12 秒鐘重讀資料，都會獲得較好的記憶效果。這些方法實際上是採用擴展時間感覺。在 1950 年代，兩位醫學博士，古博和艾瑞克森探索了一種類似的節奏方法，他們採用每分鐘 60 拍的節拍器和 10 秒鐘的活動週期，這種節拍明顯地降低了人身體和大腦的節奏。聽這種節拍器的響聲時，處於催眠狀態的人

主觀上覺得它的節奏了比實際的時間要慢得多，對他們來說，時間事實上已經擴展了。例如，為了使一位服裝設計師能在很短的時間設計一件服裝，催眠專家告訴她，她可以用一個小時的時間來完成這項工作。結果她只用了幾分鐘的時間就做完了這件事，但她自我感覺用了一小時。這從某種意義上說，她已經超脫了時間。用這種方法使她超脫了一件工作需要多少分鐘或一小時才能完成的暗示。由於這種超脫，她竟然具有了如同那些奇異速算家一般的超級能力，洛扎諾夫的創舉就在於把這種節奏法應用在人的清醒狀態。

洛扎諾夫發現，節奏可以幫助記憶。但是，一個阻礙發展超級記憶力的絆腳石卻出現了，有節奏的單調的重複使人們感到厭煩。重複幫助了記憶，卻也阻礙了記憶。為解決這個問題；洛扎諾夫和他的同事們在有節奏地讀資料時，使用了 3 種不同的語調：

⊙ 正常語調（陳述式的）；

⊙ 輕聲耳語（平靜，含糊；似是而非的語調）；

⊙ 大聲命令（帶有盛氣凌人的口吻）。

讀每一個單字的語調和單字本身的意義毫無關聯，這種語調和內容奇怪的結合所造成的「驚詫」可以幫助打破節奏所造成的單調，這些語調還具有一定的心理治療效果。

有趣的是，本書把超級學習法歸之於「類催眠」現象，可是洛扎諾夫反覆聲稱超級學習法不是催眠術。洛扎諾夫精通催眠術，也承認超級學習法的創立部分得益於催眠術，可他為什麼又要與催眠術「劃清界線」

呢？原因在於，他著重強調的是催眠術與超級學習法是處於不同的意識狀態。前者是處於無意識狀態，後者是處於意識狀態。洛扎諾夫是立足於催眠法而決心使人處於清醒狀態但又能獲得催眠法的益處。實際上超級學習法正好是我們所說的「類催眠現象」的最好例證。

6、學校中的其他重要暗示源

學校中還有一些以類催眠為機制的重要暗示源，這裡且作介紹。

● 人文環境

某地有所很著名的中學，曾出過一大批政界、學界、商界等各界名人。在它的校園裡，置放著三十多個燈箱廣告。這並不稀罕。幾乎稍微像樣點的學校裡都有這樣的設施，裡面都是中外名人的名言、格言。但這所中學的燈箱廣告裡的名言、格言全部出自於本校校友，而且是清一色的中研院院士。這給學生心靈上的震撼力可是太大了。分析本校學生看到這些燈箱廣告後的心理反應，大致有三：其一，敬佩感！其二，自豪感！其三，在心底會湧現一種衝動 ——「彼能，我何不能」？學習的動力油然而生，自信心被提升到一個較高的境界。

當然不是所有的學校都有這樣的遺產可以繼承，但由此可見一個問題，那就是學校的文化建設不是面子工程，很有它的實際意義。作為學校的管理

者，要在這方面多動點腦筋。我還看過一個新辦校的校舍，他們把校園內的幾條道路分別命名為「臺大路」、「清大路」、「成大路」。學生每天都要在這幾條道上走好多次，這路名是否會對其產生某種暗示作用呢？是否會對其學習行為產生某種影響呢？我想，誰也無法完全否定這種影響力的存在。

● 校風與傳統

一所名校的產生是需要假以時日的。金錢可以即刻蓋出漂亮的房子，購置一流的教學設施，但堆砌不出一所名校。因為，一所名校必備的條件之一就是厚重的文化積澱——校風與傳統。這種校風與傳統以潛移默化的方式深深地影響著他們的教師與學生，人們常說的「臺大人」、「清大人」，著重的意思並不是指他們的工作地或學籍在那裡，而是指他們的人格，他們的行為方式甚至語言風格與其校風、與其傳統一脈相承，也就是說，個人特質具有濃烈的學校風格。

這種影響的實現路徑是什麼呢？的確有直接的宣傳與教育。幾乎所有的學校都將其校風大書於校園之內。但是，真正發揮巨大影響力的大約不是這些標語口號，而是學校的教育理念、教師的教學風格、學校考核學生的方式與標準、直至學校的建築風格等等。這些因素使得生活於其中、工作於其中、學習於其中的學生時時受其薰陶、受其暗示，天長日久，「某校人」便出爐了。

● 同學

現在許多家長，包括有錢的，也包括沒錢的，都常常會不惜重金為孩子選擇一所好的學校。對於「擇校」現象，人們的評價莫衷一是。在

理論層面評價時，反對者居多；在實際操作層面上，屈從者居多。也就是說，在談到別人家孩子的時候，認為這麼做不對也不好；到了自家孩子時，儘管心裡不太願意，但最終還是這麼做了。我們也不贊成花大把的錢去「擇校」，不過我們認為既然這麼多人都這麼做，肯定有理由。這理由是什麼呢？有人說好學校師資好、設備好。我們不同意這種說法，至少不能完全同意這種說法。如果要找理由的話，我們認為有一個理由比較站得住腳，也符合實際，那就是好學校會一個比較好的學習氛圍，這個氛圍主要來自於同學。我的孩子高中考入一所很著名的中學，上了幾天，回家時對我說：「唉，晚自習想找個人說話都找不到，都在忙看書。」

這使我想起了「孟母三遷」的故事。

故事是這樣的：

孟子小時候，父親就死了，母親仉氏守節。居住的地方離墓地很近，孟子學了些喪葬、痛哭這樣的事。母親想：「這個地方不適合孩子居住。」就離開了，將家搬到街上，離殺豬宰羊的地方很近，孟子學了些做買賣和屠殺的東西。母親又想：「這個地方還是不適合孩子居住。」又將家搬到學宮旁邊。夏曆每月初一這一天，官員進入文廟，行禮跪拜，揖讓進退，孟子見了，一一記住。孟母想：「這才是孩子居住的地方。」就在這裡定居下來了。

這就是俗話所說：「一方水土養一方人。」用我們的語言來表述：由於人類天生具有模仿學習的本能傾向，一個人所處的環境：包括自然環境、人造自然環境以及人文環境，對人的行為，具有巨大的暗示影響力。雖然這種影響力似乎是看不見、摸不著、聽不到。

　　心理學的研究顯示：在童年期，對人影響最大也最有力的是他們的父母與老師。到了少年期尤其是青年期以後，影響最大也最有力的不是父母與老師了，而是同伴。對於如今的中學生來講，同伴主要是同學。如果同學都是志存高遠，全身心地投入到學習活動中，他也會受其環境氛圍所感染、所暗示，從而悉心學習；如果同學中以上網、談戀愛者居多，而讓他一個人卓爾不群、遺世獨立，心無旁騖地在學習，這種情況會有，但肯定不多見。

　　這裡我們還想說一下與此相關的另一個情境。

　　有一個情況大約是事實，那就是知識分子家庭的孩子，其學業水準普遍要高一些。如何解讀這一現象呢？有人說，知識分子聰明，他們的孩子也聰明。這不對，實際情況是大部分人的智力水準都差不多，都是「中人之智」；還有人說，那是家長教育程度高，可以輔導孩子。這也是一個誤解。我在大學工作，學校裡能夠直接輔導孩子的人實在不多。那是什麼原因呢？我們認為，最主要的因素是這些家庭有一個相對良好的環境氛圍。比如說吧，到了晚上，父母親或在讀書、或在寫作，在這種環境氛圍的作用下，孩子也能很安心、很專注地讀書。如果父母親在打麻將，然後讓孩子到房間去做作業，可能是將物理環境控制得很好，不會有麻將聲傳到房間，但孩子會安心讀書嗎？在這種情況下，成人尚不能自持，何況心理上還不成熟的孩子？

　　荀子曾說過：「蓬生麻中，不扶而直；白沙在涅，與之俱黑。」意指環境完全左右人的行為，就像生長在麻叢中的蓬草，會長得很直，失去原來的形貌；而混在黑泥中的白沙，也會變成濁黑色。環境暗示的確是強有力的，對於學生來說更是如此！

　　有兩個事實是教育界人士普遍認可的。一是智力與學業成績的確存在著正相關。研究證明、實踐也顯示，一個人的智力狀況制約著他掌握知識與形成技能的快慢、深淺、難易與鞏固程度。這也就是說，沒有一定的智力水準做保證，要想取得很好的學業成績是一件很困難的事。二是智力水準並不直接決定一個學生的成績。我們就曾看過智商高達 142 的一個孩子，學業成績卻很不理想。更為重要的一個事實是，世界上絕大多數人的智力狀況其實都差不多，都是屬於「中人之智」。而在這一龐大的人群中，學業成就、事業成就卻表現出巨大的參差不齊。個中原委，到底是什麼呢？我們說，任何一個複雜的現象都是多因素共同作用的結果。其中一個非常重要而且常常為人們所忽略的因素就是有些人的潛能得到了比較充分的釋放（但沒人能達到最大值），而有些人卻白白浪費了自己的潛能。這種浪費與社會有關，與學校、教師有關，與家長有關，也與自己有關。整體而言，各式各樣的消極暗示構成重重障礙，致使潛能的幼芽或早期就被扼殺；或後來得不到茁壯成長。如果說什麼是教育最大的失敗，這就是教育最大的失敗。對於一個孩子來說，環境設備稍差並不是最關鍵的，而氛圍風氣的惡劣才是最可怕的。許多家長對前者往往很重視，對後者卻不以為然，甚至助紂為虐。對孩子來說，這可能是最大的悲哀。

　　教育，其實並不能直接給予孩子知識或能力，而是幫助孩子得到知識、形成與發展能力。在這裡，一個良好的環境氛圍（主要是指心理氛圍）可能是最重要的。上面所提及的種種例證（無論是比馬龍效應還是超級學習法），本質上說都是經由暗示而實現的環境氛圍對人所造成的影響，進而出現種種迥然有異的結果。如果我們的學生（孩子）是因為

天資魯鈍而學業成績不良，我們無話可說，因為基因是沒辦法改變的，
至少在現階段是如此；如果情況不是這樣，而是由於種種消極暗示，或
者沒有給予足夠的積極暗示而導致潛能得不到較好的發揮，豈能不後悔
不迭？

六、群眾行為與類催眠

　　人們期盼和平、寧靜，但這個世界的每一個角落總是不免會出現大大小小的騷亂；人們當然傾向於尊重事實、崇尚真理，但謠言甚至是荒誕不經的謠言在特定的時刻卻能蜚短流長、頗有市場；至於恐慌中的病態表現，那當然更不是人們的初衷，但卻不期而至。更值得玩味的是，上述種種行為，在其作為個體獨處之時，大多不會發生，而在許多人結合為群眾之時，它就出現了。

　　為避免歧義，我們得先從心理學的角度對「群眾」作出界定。

　　法國著名社會心理學家古斯塔夫·勒龐（Gustave Le Bon）是這麼說的：「心理學的群眾表現出最突出的特點是：無論其生活方式、職業、性格或智慧是否相同，他們已成為群眾這一事實使他們具有一種集體心理。這種心理決定他們按照一種與其在獨處狀態下很不相同的方式去感受、去思考、去行動。只有在個人形成群眾的情況下，某些思想、情感才會產生，或轉變成行動。心理學的群眾是一種由各不相同的分子組成的臨時存在物，是臨時結合起來的。這完全象構成生物體的細胞透過重新組合而形成一種新的生物體一樣，其新的生物體表現出來的特點與各個細胞各自擁有的特點完全不同。」

　　這種「新的生物體」脾氣古怪、難以讓人捉摸，它做出什麼樣的事情來也不要為之吃驚。這又是為什麼呢？古斯塔夫·黎明解釋道：「它可以透過各種途徑使一個人進入一種特定的狀態。在這種狀態下，因為他已經喪失了自己有意識的人格，所以會服從那個剝奪其意識的操縱者的所有暗示，並做出與自己性格和習慣完全矛盾的事情來。最細緻的觀察似乎證明，當一個人沉浸於群眾行為中一段時間之後，或者因為受群眾產生的吸引力的影響，或者由於我們尚不了解的其他某種原因，他很快

會發現自己處於一種特殊的狀態，這種狀態非常類似於被催眠者發覺自己受催眠者操縱的那種痴迷狀態。在被催眠的狀態下，由於大腦的活動性被麻痺了，被催眠者往往成為其脊髓的無意識活動的奴隸，催眠者對其可以隨意操縱。此時，被催眠者的有意識的特性完全消滅了，意志和洞察力失去了。所有的情感思想都沿著催眠者決定的方向轉變。這樣，我們就明白了，有意識人格的消失、無意識人格和占主導地位、觀念和情感透過暗示與感染在同一方向上發生轉變，以及將他人的暗示觀念立即轉變為行動的傾向等等，都是構成群眾和個體具有的主要特點。這樣，這種個人已不再是他自己了，他已經成為一部不受自己意志控制的機器。」

　　總之，群眾行為是自發產生的，相對說來是沒有組織的，甚至是不可預測的，它的發展趨勢沒有計畫，它依賴於參與者的相互刺激。群眾行為包括瘋狂舉動，一時的狂熱，群眾性的歇斯底里，叛亂以及宗教復興。

　　由此我們可以確認，群眾行為，尤其是那些極端的、非理性的群眾行為，實際上是類催眠狀態下的行為表現，也就是說是在意識被剝奪狀態下的行為表現。若以意識水準的標準去衡量它們，是不可理解的；若以催眠狀態下的標準去衡量它們，結論只有兩個字 ——「正常」。

　　下面，讓我們先來觀察幾個群眾行為的典型例證，接下來再對其具體原因詳加剖析。

1、難以想像的瘋狂

● 暴力事件：無理由而生

　　一輛豐田轎車將行人撞傷，雙方發生爭執，車上人員下車將行人毆打致傷，引起部分市民不滿並打 110 報警。接獲報案後，派出所立即派人趕赴現場，及時將行人送往醫院急診室就診，並將肇事者連人帶車帶到派出所接受調查。目前，行人已轉到該院住院部接受進一步的觀察治療。

　　據現場目擊者稱，肇事者被帶到派出所後，部分圍觀群眾跟隨到派出所進行對峙，並愈集愈多。聞訊趕來的警察局局長出面安撫民眾，但效果不佳。18 時左右，一些好事者開始推砸肇事車輛，將豐田轎車砸得面目全非並掀翻。18 時 50 分，現場圍觀群眾逾萬人，部分不法分子開始點燃轎車，並向著火的車輛扔入鞭炮，引起騷動。19 時，不法分子又瞄準了一輛停放在派出所門前的警車，將警車推堵到派出所門口，一邊點燃車輛，一邊燃放鞭炮，頓時濃煙四起，現場混亂開始升級。指揮部派保警維持秩序，但圍觀群眾太多，場面無法控制。19 時 05 分，不法分子開始襲擊現場員警，6 名員警被石塊砸傷。趕來滅火的消防車，不但消防栓被搶，車子也被推離現場十餘公尺。19 時 25 分，派出所電源被切斷，不法分子向室內扔放鞭炮，開始打劫並縱火。19 時 40 分，停放在路上的一輛宣傳車和一輛警車同時被點燃。20 時 03 分，不法分子開始圍攻附

近的超市，他們破門而入進行哄搶。3個多小時以後，超市被洗劫一空。至23時許，現場仍聚集2,000餘人。

車禍的苦主只有一個，算上他們的家屬親友吧，再多也不會過百人。這其中會有一些不法分子趁機破壞搗亂，這也是極少數。絕大多數參與鬧事的人，通常稱之為不明真相的群眾。他們既無直接利益相關，也沒有破壞搗亂之故意，為什麼也要跟著起鬨呢？常理、常情是不能解釋的。有一種說法是內心對社會不滿情緒的藉機發洩，這能夠部分解釋上述現象，但還不能從根本上解釋上述現象。因為，發洩之時，人們至少還是有自我保護的意識，也就是說，使自己免受傷害是基本底線。上述行為，已經觸犯了法律、法規，對自己構成傷害的可能性已經出現了，為何還要冒天下之大不韙呢？

1969年7月14日黃昏，薩爾瓦多空軍向其鄰國宏都拉斯發動突襲，消息傳出，全世界為之震驚，而引發這場戰爭的原因居然是小小的足球。

1969年6月，第13屆世界盃足球賽預選賽正在激烈地進行著，同組的薩爾瓦多和宏都拉斯兩隊，按規定要透過三戰兩勝的比賽來獲得進軍墨西哥的入場券。當時兩國正因邊界爭端和非法移民問題而關係緊張。薩爾瓦多有300萬人，其中竟有27萬人僑居宏都拉斯謀生，給僅有270萬人的宏都拉斯造成了巨大的社會壓力。就在這種緊張的氣氛中，雙方在綠茵場上的比賽開始了。

6月8日，在宏都拉斯首都德古西加巴的加爾波體育場舉行了雙方的第一場比賽。就在賽前一天，為了幫助本國球隊獲勝，大批宏都拉斯球迷聚集在客隊下榻的賓館前，不斷向賓館投擲石塊，還燃放鞭炮、猛按汽車喇叭，巨大的噪音使客隊隊員根本無法入睡。結果在比賽中，薩

爾瓦多隊完全在狀態不佳狀況下出賽，主隊卻在數萬名觀眾的助威聲中以 1：0 取勝。

面對這一結果，4 萬名偷越國境線前來宏都拉斯觀戰的薩爾瓦多球迷怒不可遏，一些情緒激動者甚至衝入賽場毆打宏都拉斯球員和烏拉圭籍主裁判，現場一片混亂。宏都拉斯當局出動大批軍警，動用高壓水龍頭沖散鬥毆的球迷，好不容易才平息了騷亂。不料正當宏都拉斯舉國歡慶時，另一起慘劇又發生了。

原來就在比賽結束後，一名 18 歲的薩爾瓦多少女無法接受本國球隊敗北的事實，傷心過度開槍自殺，這名女孩的死使薩爾瓦多人既悲痛又憤怒，薩爾瓦多媒體開始討伐宏都拉斯政府。在為這名女孩舉行的葬禮上，薩爾瓦多總統及部長們走在用國旗覆蓋的靈柩後面，參加比賽的薩爾瓦多國家隊隊員也跟在政府要員的後面。儀隊是總統衛隊，整個安葬過程還透過電視向全國進行直播，場面非常悲壯。一家報紙寫道：「這個年輕的女孩，不忍心看到自己的祖國跪倒在別人的面前。」

葬禮結束後，無數薩爾瓦多球迷以「受害者」的身分聚集在總統府前，聲稱如果政府不出面解決問題，他們就靜坐示威。在壓力之下，薩爾瓦多政府下令向邊境調集軍隊，不甘示弱的宏都拉斯政府也屯兵邊界。不過經國際足聯的緊急斡旋，雙方保證仍按原計畫在薩爾瓦多首都聖薩爾瓦多進行第二場比賽。

6 月 13 日，宏都拉斯國家隊飛往聖薩爾瓦多。客隊球員一下飛機，就發現到處是情緒激動的球迷。球員們在薩爾瓦多警察的保護下匆匆進入飯店。第二天，膽戰心驚的宏都拉斯隊外出訓練時，再次遭到薩爾瓦多球迷的謾罵和人身攻擊，最後還是在警察的護送下才得以安全返回飯店。當天中午，上萬名薩爾瓦多球迷湧上街頭，開始了更為狂熱的遊

行。他們包圍宏都拉斯隊所住飯店，有些人把準備好的臭雞蛋和死老鼠扔進宏都拉斯隊員的房間裡，有些人甚至高喊：「衝進去，將可恨的宏都拉斯隊打成殘廢。」

6月15日比賽當天，能夠容納近7萬人的「白色花朵」體育場座無虛席。在比賽中，瘋狂的薩爾瓦多球迷高唱著國歌，揮舞著「踢死宏都拉斯足球隊」的橫幅。宏都拉斯隊乘坐著裝甲車進入賽場，即便這樣，他們仍遭到薩爾瓦多球迷投擲過來的諸如臭雞蛋、癩蛤蟆甚至死青蛙的襲擊。在按慣例舉行升國旗儀式時，宏都拉斯的國旗竟被一塊破布代替，其國歌也受到侮辱。下午4時，比賽在薩爾瓦多球迷聲嘶力竭的呼喊聲中開始。令主隊球迷興奮的是，薩爾瓦多隊最終以3：0大勝對手。但賽後，雙方球迷再度發生衝突。100多輛汽車被燒毀，隨隊觀戰的幾十名宏都拉斯球迷被打傷住院，另有兩人被活活打死。

在相關方位調停下，雙方在墨西哥城舉行了第三場比賽，薩爾瓦多以3：2險勝宏都拉斯，得到世界盃入場券。面對這一結果，宏都拉斯憤怒了，開始對僑居在本國的薩爾瓦多人大肆迫害，許多無辜者遇害。不久，宏都拉斯又驅逐2萬名薩爾瓦多僑民，並宣布薩爾瓦多駐宏都拉斯大使為「不受歡迎的人」。6月27日，兩國宣布斷絕外交關係。

面對宏都拉斯政府的動作，薩爾瓦多也開始採取對應措施。7月14日，薩爾瓦多發動突然襲擊，從而拉開了「足球戰爭」的序幕。4天後，在國際社會的調停下，薩爾瓦多同意簽訂停火協定。儘管這場富有戲劇性的戰爭僅持續了100個小時，但雙方死亡人數仍達3,000人，經濟損失超過5,000萬美元。由於兩國的武裝衝突，迫使中美洲共同市場陷入癱瘓，雙方的貿易完全中斷，邊境衝突不斷，航空飛行也中斷十年之久。

不就是一場足球比賽嗎？不就是一場人類自己發明的自娛自樂的遊戲嗎？無論從那個角度來看，都不值得如此大動干戈。死去的 3,000 人，是十足的冤魂，失去的 5,000 萬美元，對於一個並不富裕的中美洲小國是個不小的數字。憑什麼？為什麼？在理性的層面上，我們無法找到令人信服的解釋。

● 恐慌與謠言互動

恐慌與謠言恰如一對形影不離的攣生兄弟，恐慌滋生謠言，謠言助長恐慌，它倆好比是相聲中的捧哏與逗哏，讓人們的情緒失控、讓人們的思維變形。在社會心理學家看來，恐慌是社會大眾在社會危機狀態下，面對現實的或想像的威脅做出的不合作和不合理的心理與行為反應。引發恐慌的直接動因每每是某種聳人聽聞的謠言，它可能會使沒有心理準備的大眾陷入迷惘、危機和驚恐狀態。再加上相互之間的感染和刺激使這些恐懼情緒急速上升，直至成為群體性的恐慌大發作。謠言是在社會大眾中相互傳播的關於人或事的不確切的資訊。心理學學者章曉雲對謠言的產生進行了分析，她認為，謠言也是一種資訊，賦予與現實有關的某人或某事一些新的因素，目的是為了使人們相信。謠言的興起首先是存在一項擾亂人心的事實。譬如「COVID-19」的大範圍流行本身是一項事實，該病毒屬於一種新生的傳染病毒，對人們的生命造成了威脅，因此大眾處於極度的恐慌之中。在這種情況下謠言的產生是很自然的事情。謠言能夠吸引人們的注意力。在大家不斷交流資訊的過程中，人們總是試圖將七零八碎的片斷像拼圖遊戲一般把它們拼湊起來，資訊越不全，人們越是不知不覺地斟酌其含義。於是，只有最令人滿意的解釋在流傳，人們也只記得最令人滿意的解釋。就謠言的來源看，無意間

聽到的資訊也可以成為謠言而傳播；無惡意發表的未經證實的資訊也可以成為謠言；人們的想像和對資訊的誤解也是謠言的源泉。就謠言的傳播過程看，也有兩個特點，一是開始容易停止難，如果沒有迅速的、全面的、有邏輯力量與權威性的正確資訊，蔓延開來以後，要想終止它就會很困難。二是流傳速度之快匪夷所思，雖然沒有借助現代傳媒，卻也一點不比現代傳媒遜色。

其實，什麼事也沒有；一切都源自於一場謠言。當然也無法找到謠言的源頭，因為這很可能是「集體創作」的結果。

● 病態的心理、行為反應

有一種社會病叫「時狂」。

時狂是時尚這一越轉越快的漩渦的中心，是時尚發展的極端形式。有人把時狂稱之為「一種激動群眾的介入方式」。這時，參與者的身心投入已達到了亢奮不已的地步，情緒與注意已完全捲入到某一事物與行為之中。社會心理學家羅斯（Edward Alsworth Ross）指出，時狂與暴眾心理十分接近，是一種典型的缺乏制度性的集群行為方式，並且極有可能造成嚴重的社會後果。

西元 1634 年間，不知是什麼原因，荷蘭人突然對鬱金香產生了濃厚的興趣。於是，這花頓時身價半倍。社會上各色人等都紛紛投資生產鬱金香及其球根，賣房賣地者不計其數，也的確有一批人從中發了財，發了大財。當這股狂潮到達頂點的時候，鬱金香球根的價格已等同於同樣重量的黃金。隨即而來的情況大家也想像得到，最後也是由於傳聞而使鬱金香的價格暴跌，許多人頃刻之間成為窮光蛋。

病態的群體瘋狂不僅會引發人們心理上的種種歧變，甚至還會引起

生理上的異常反應。

1962 年 6 月，北卡羅萊納紡織廠有 59 名婦女，聲稱她們被蟲子咬了以後而得病，只能待在家裡。有些受害者甚至住了院。其症狀是神經緊張、噁心、虛弱無力、麻木和刺痛。最初，有十個婦女回報了這種神祕疾病的症狀。幾天之內，這種病便蔓延到其他 49 個人。受害者抱怨說，病是由一種「蟲子」引起的。據說這種蟲子是由英國運來的一船紡織品裡帶來的。被召來調查這一事件的醫務人員和昆蟲學家對受害者和這家工廠作了檢查，並沒有發現任何可能引起這些神祕的症狀的因素。11 天後，這些症狀又像出現時那樣突然消失了，婦女們又回到了自己的工作崗位。最後，醫務界的權威認為，這種症狀是由於焦慮不安和緊張造成的。

這件事情發生後，有兩位社會心理學家訪問了這家工廠的工人，有受害者，也有非受害者。社會心理學家把這種疾病的突然蔓延歸因於「歇斯底里傳染症」。他們解釋說：「這是一組在住戶中擴散的症狀，而這症狀在這些住戶所處的環境中，沒有明顯的起因能給予解釋」。研究人員發現了兩種有趣的模式，一個是「蟲子」首先襲擊社會孤獨者，他們在工廠裡交往不多，在同事中朋友甚少。研究人員說，這些孤獨者首先被襲擊，是因為他們對於諸如昏厥之類的異常行為幾乎沒有社會約束力和控制力。這種「蟲子」透過孤獨者的少數幾個朋友，很快傳給了別人。研究人員發現，小圈子裡的幾個朋友有一個回報了症狀，其他人也很快回報了症狀的發生。

另一個有趣的模式涉及到由於工作而造成的緊張和壓力，看來只是那些處於緊張狀態的人成了「蟲子」的受害者。緊張的原因包括工作時間過長以及因此造成的家庭責任的忽視，因病休息了一兩天後，他們便

能夠減輕或者延緩這種緊張。於是，「六月虱」為他們待在家裡提供了一個很好的藉口。

這些調查結果從下列幾個方面得到了證實：首先，緊張使某一集體的成員非常容易相信稀奇古怪的傳說和謠言；其次；在朋友之間蔓延要比在陌生人之間快得多。最後，感染或行動在那些具有共同信念、態度的價值的人中間迅速蔓延。

總體而言，群眾行為，尤其是那些偏離常態的非理性行為，是催眠現象在社會生活中的演繹，是人們的意識被剝奪後的行為反應。這些行為反應具體的心理機制與特徵又是什麼呢？探明這一問題，無論是對防止這些行為的發生，還是在發生後有效地去應對它，都是很有必要的。

這就是下面我們要做的事。

2、模仿：群眾行為的基本形式

人類的許多社會行為都是模仿性的。例如，兒童在幼年時期，模仿他們的長輩，在成熟的過程中，他們的大部分行為是受周圍人行為的影響。例如，在公眾場合，我們看見別人站著，我們也就站著，人家鼓掌，我們也跟著鼓掌，甚至別人打哈欠，我們也打起哈欠來。實際上，我們模仿各種行為，有好的，壞的，還有無動於衷的。我們甚至接受別人的影響而捐款給慈善事業，這只是因為別人在捐款。我們可能對別的種族、族群持有偏見，因為我們的家庭和鄰居的行為帶有偏見。曾看過這麼一張照片，在馬路的人行道上，一對青年男女在行走，小男生的手

摟著他女朋友的肩；在他們的身後，有兩個小孩也在走路，小男孩也把他的手摺在小女孩的肩上。如果說，前一對青年男女的動作是表現一種情愛、性愛；後面這兩個小孩的動作恐怕並沒有那麼多豐富的內容，就是一種簡單的模仿而已。

　　加拿大著名心理學家班度拉認為，人類的社會性行為的主要學習管道就是模仿。社會心理學家塔德（Gabriel Tarde）說：「社會就是模仿，而模仿則是一種催眠術。」他還提出了模仿律，包括三條次定律：一、下降律，即下層階級具有模仿上層階級的傾向，比方說，時尚這種社會現象其基本的傳播形式就是一種自上而下的越來越廣泛的瀑布式傳播。二、幾何級數律。即在沒有干擾的理想狀態下，模仿行為將以幾何級數的速度成長。當一種新的行為被另一個人模仿後，就形成了兩個模仿源，這兩個模仿源再各自被一個人模仿，便形成了四個模仿源；如此類推，將發展到 8 個、16 個、32 個……時尚、謠言無一不是以這種滾雪球的方式擴散的。三、先內後外律，即個體對本土文化及其行為方式的模仿與選擇一般總是優先於外域文化及其行為方式。

　　模仿的最突出的特點就是無理由、非理性。當一個人去模仿另一個的行為之時，他根本沒有經過理性的思考，甚至全然不知道行為的目的與意義，他的自我意識已經喪失，只具備行動能力而不具備思考能力。

　　為什麼人類會做這種不假思索的事情呢？究其根本，是因由人類的集群性而派生的從眾本能所至。

　　從眾，也是社會心理學家非常感興趣的一個研究領域。

　　1952 年，美國心理學家所羅門‧阿希（Solomon Asch）設計了一個實驗，研究人們會在多大程度上受到他人的影響，從而違心地進行明顯錯誤的判斷。他請大學生們自願做他的被試，告訴他們這個實驗的目的

是研究人的視覺情況的。實驗六人一組，其中 5 人是跟阿希串通好了的假受試者（即所謂的「托兒」），只有一人是真正的受試者。

阿希要這 6 人做一個非常容易的判斷 —— 比較線段的長度。他拿出一張畫有一條分隔號的卡片，然後讓大家比較這條線和另一張卡片上的 3 條線中的哪一條線等長。每組實驗判斷 18 次。事實上這些線條的長短差異很明顯，正常人是很容易作出正確判斷的。

然而，在兩次正常判斷之後，5 個假被試異口同聲地說出一個錯誤答案。於是，真受試者開始迷惑了，他是堅定地相信自己的眼力呢，還是說出一個和其他人一樣、但自己心裡認為不正確的答案呢？

結果，平均有 33% 人的判斷是從眾的，有 76% 的人至少做了一次從眾的判斷，而在正常的情況下，人們判斷錯的可能性還不到 1%。當然，還有 24% 的人一直沒有從眾，按照自己的正確判斷來回答。

這就是在從眾現象研究中，最為經典的「阿希實驗」。

「從眾」是一種比較普遍的社會心理和行為現象。它是指人們在真實或臆想的群體壓力下，放棄自己的意見而採取與多數人相符行為的現象，通俗地解釋就是「隨波逐流」、「人云亦云」；大家都這麼認為，我也就這麼認為；大家都這麼做，我也就跟著這麼做。從眾心理的產生無外乎受到兩種心理現象的支配：好奇心和群體壓力。美國作家詹姆斯·瑟伯（Grover Thurber）有一段十分傳神的文字，來描述人們因好奇心而產生的從眾心理：

某日，在一條大街上，突然一個行人向東跑起來，也許他猛然想起了一個約會，急著去應約吧。隨後一個賣報的孩子跑起來了，又一個急匆匆的紳士也跑起來了，大概他們都有要緊的事要辦。接下來的事情就

有點不可思議了，十幾分鐘以後，這條大街上所有的人都跑起來了。而且人們嘴裡還不斷地喊著什麼，嘈雜的人群中，有時可以聽清人們在說「上帝」、「大堤」。大街上的人越來越多，剎那間幾千人像潮水一樣恐慌地湧向東方，沒有人知道究竟發生了什麼事。從人群的喊叫聲中可以知道，「決堤了」，「向東」，「東邊遠離大河」，「東邊安全」。路邊有的人不明白怎麼回事，問正在跑的一個人：「發生什麼事了」，得到的回答是：「別問我，問上帝去！」

這就是受好奇心支配的從眾心理，讀起來有點好笑，但現實生活中確實存在這樣的事情。開始是一兩個人由於自己的某種原因跑起來，不一會兒，所有的人也跟著跑起來了，但後來跑的人都不知道發生了什麼事情，他們跑是因為看到別人在跑。

此外，群體壓力也是從眾心理的一個決定的因素。俗話說，「木秀於林，風必摧之」，「槍打出頭鳥」，在一個群體中，誰作出與眾不同的判斷或行為，往往要承受著被其他成員孤立，甚至受到領導的懲罰等心理壓力。

「從眾」現象有時發生，有時不發生；有時發生的力度大，有時發生的力度小；在有些人身上發生的多，在有些人身上發生的少，這又應歸之於什麼原因呢？關於這一點，心理學中也有相關研究，並總結出以下規律：

◆ **群體規模**

群體規模愈大，贊成某種意見的人愈多，群體對個體的壓力也就愈大，個體就愈是容易表現出從眾行為。反之，群體的規模愈小，從眾行為則表現得愈小，或曰力度愈低。

◆ 群體凝聚力

群體凝聚力愈強，群體成員的一致性愈高，從眾傾向就愈強烈。相反，如果是一個鬆散的群體，彼此意見分歧大，從眾行為就會大大下降。

◆ 個人在群體中的地位

成員在群體中的地位往往決定其從眾的程度。地位較低的群體成員，時常感覺到高地位者施加給他們的從眾壓力，並願意聽從權威者的意見，而忽視一般成員的意見，表現出從眾。高地位者擁有的權利，酬賞從眾者而處罰歧異者，使群體成員產生畏懼感而從眾。另外高地位者都比較自信和能幹，經驗豐富，能得到較多的資訊，他們的意見經常成為群體的主導意見，而使其他成員產生從眾，自己並不從眾。

◆ 群體中其他成員的影響

當群體中出現「反從眾者」時，則他人的從眾行為大為減少。「反從眾者」的出現可以大大緩解成員所面臨的從眾壓力，隨著心理壓力的減輕，從眾頻率隨之下降。

◆ 主體認知

首先表現在主體與群體的認知差距方面。當主體認知個人與群體差距較小時，不會感到太大的群體壓力威脅，容易從眾；差距很大時，則易使人懷疑群體反應的正確性，而不從眾；中等程度的差距給個人造成的從眾壓力最大，從眾的可能性也最大。其次，主體對從眾行為後果的評估，非自我價值捲入的情況下，受群體壓力而表現出從眾，因為此時從眾而作出的個人犧牲較小；當高度的自我價值捲入，從眾行為的可能性也隨之減少。

◆個性特徵

主體的智力狀況、性格因素、社會讚譽需要、心理健康等特徵與從眾行為密切相關。智力較低者，接受資訊能力較差，思維靈活性不夠，自信心較低，易產生從眾行為；有較高社會讚譽需要的人，比較重視社會評價，希望得到他人的讚許，因此也容易表現出從眾傾向；高焦慮者從眾性較強。

3、感染：循環反應的心理機制

你一定知道細菌感染、病毒感染是怎麼回事。但你聽說過心理感染嗎？

所謂心理感染（或稱情緒感染），即指人們於不知不覺之中，情緒與行為受到他人的影響，支配，而放棄原有的考慮。打算，直至自己心目中的行為規範，價值觀念。這種影響不是從理性知覺通道輸入的，而是透過情緒行為的暗示效應，於無意識中接受的，正因為如此，它的力量十分巨大。從心理感染的來源看，它也是一種群眾性的模仿。也就是說感情或行為從一群人中的一個參加者蔓延到另一個參加者。社會感染吸引了和感染了個人，他們中許多人原來是無動於衷的，是分離的旁觀者和觀眾。一開始，他們也許只是對某種特定的行為感到好奇，或者只是感到有幾分興趣而已。當他們被激動的情緒感染之後，對於正在發生的行為便更為關注了，就更傾向於參加進去了。

　　心理感染會把一群人的情感統一起來，使個人放棄平常抑制其行為的社會準則，於是，個人行動便主要由自己的情緒發動。情緒感染在下述情況下容易發生，所有參與者都有相同的態度、信念和價值，它們促進個體之間的模仿過程。

　　當所有參與者的注意力集中到一個特定的人或事物上面時，情緒感染便加劇了。例如：在宗教復興的集會上，成員們被一個有力的宗教領袖深深打動了，於是所有的參加者便同時對宗教領袖所說的話作出回應。在這種條件下，個體成員對任何種類的情緒暗示都易於接受，從而使他們象周圍人一樣去行動。

　　讓我們看幾個實例：

　　楚漢戰爭末期，漢軍設十面埋伏之計，將項羽困在垓下。但是，劉邦面臨著一個嚴峻的問題──困獸之鬥，往往十倍地凶狠，所以自古攻城都是網開一面。而劉邦既不想放虎歸山，也不願過多地消耗實力，怎麼辦？擅長「運籌於帷幄之中，決算於千里之外」的張良想出一條妙計，讓已投降的楚軍在月色中齊色唱起楚歌。楚軍聞之，不禁勾起思念故地、家人的無限鄉情，再也無心戀戰。漢軍乘勢猛攻，大獲全勝，逼得項羽自剄於烏江。

　　商店裡擺著一件新產品，許多人在疑惑，是否購買，還拿不定主意。這時，一個人買了，三個人買了，五個人買了，最後竟排起了隊。

　　幾個膽小的女生晚上走在鄉間的小道上，其中一個女孩突然恐懼地說「我看到一個模糊的影子，不知是壞人還是鬼？」這情緒頓時傳染給同伴。另一個女孩說：「欸，我好像也看見了。」前者的恐懼程度也隨之而增加，就這樣循環往復，互為回饋，恐懼感逐漸增強。同樣，群體中的狂熱情緒、衝動甚至喪失理智的行為，也就是這樣產生的。

　　從理性上來講，楚軍不會願意自動放下武器，束手就擒；第一個買新產品的人也未必慧眼獨具，有關於該商品的豐富知識。再傻、再笨的人也不會主動跟著人學得精神病。事實上這些人無形之中被人或環境支配了，足見這股看不見的力是很強大的。

　　心理傳染的最重要的手段之一是「循環反應」，這是一個由別人的情緒在自己身上引起同樣的情緒的過程，它轉過來又加劇別人的情緒。比如，一個人能在一群人中掀起憤怒或恐懼的高漲，這一群人的行為也將加劇他原來的情緒，甚至還會激起他更強烈的感情爆發。然後，這種被加劇了的感情傳遍整個人群，激起他們更加強烈的反應，直到他們達到狂熱的程度。此外，個人在有壓力的集體情境中感受到不能不行動，但又缺乏指導行為的規範。這時，一個人突然的舉動可能就成為其他人行動的規範。這就是「緊急規範理論」。

　　當然，不是所有的人，或者任何人在任何時候、任何情況下都會接受心理感染。個性特徵、習慣愛好、價值觀念、具體情境、當時的心情、心境都會對是否接受心理感染、以及感染的程度如何有重大影響。歸納一下，大約以下幾種情況最易接受感染。

　　在具有共同的世界觀、信仰、態度的人們中，一言以蔽之，在高度心理相融的群體中，情緒和行為的擴散顯得更快些。例如，在一個思想、意志高度統一的集體裡，一個人，特別是領袖人物的情緒和行為，會使得其他人不假思索，毫不猶豫地接受感染。因為，他們自覺不自覺地認為，這個人的利益就是我的利益，這個人的目標就是我的目標，跟著做，沒錯。

　　獨立性不強的人，也就是容易受暗示的人，容易接受心理感染。這個道理也很簡單，由於自己無主見，因而抱定一個宗旨，隨波逐流！在他們的頭腦中有一個堅定不移的信念，跟著大多數人同一方向一定不會

錯，即使錯了，反正上當的也不是我一個人，既不會受人嘲笑，自己也心安理得。

緊張、恐懼的情景會使得群體成員易於接受暗示。某地在地震過後，有些謠言、傳說簡直荒誕到了極點，但仍然不乏相信者，並深深地受其感染。這是由於恐懼與緊張使那些本來就缺乏科學知識的人，對事物的認識更加糊塗，更加缺乏批判性。

外向性格的人比內向性格的人接受感染的速度更快。我們知道，內向性格的人，其注意力總是集中於自己的內部心理世界，對別人的情緒、行為不象外向性格的人那樣善於模仿。因此，即使是接受感染，在速度上和強度上也要略遜一籌。

心理感染在朋友中比在陌生人中傳播速度更快，感染力更強。如果從理論上來說的話，那說是社會心理學家所說的「自己人效應」。

讀到這裡，讀者可能會有一個誤解，認為心理感染不是好東西，它總是引起人們的恐懼、狂熱的情緒，盲目、衝動的行為。其實不然，如果運用得當，它可以成為激發人的力量的一種強大的動力，與單純的說教相比事半功倍。當然，這股力如果運用不當，破壞力也是很可觀的。

4、去個性化：我不再是我

記得筆者剛上大學之時，看到系上有位教授溫文爾雅，一派儒士風度。後來聽人說，別看他現在這樣，年輕的時候混黑幫打起人來凶悍得很。但我怎麼著也想像不出他打人的樣子。到底那一個他是真實的他呢？

後來我終於明白了，兩個「他」都是真實的「他」，只不過一個是具有個性的「他」，另一個是去個性化的「他」。

去個性化（deindividuation）是指在群體的作用下，個人的自我約束減輕，責任感意識下降，而產生單獨活動時不會出現的行為。去個性化的程度，在各個群體中是不同的。一般說來，組成群體的成員愈多，去個性化的程度就愈高，當去個性化的程度越高時，群體成員的行為也愈自由，也就愈不加約束，所造成的破壞性也就愈大。

對去個性化現象首先進行研究的是社會心理學家費斯汀格（Leon Festinger），後來，津巴多（Philip Zimbardo）又進一步深化了這方面的研究。他的研究側重點是去個性化在那些極端否定性的行為如敵對和偷竊方面是如何表現的。他的理論假設是：去個性化是一種過程，在這個過程中，一系列先前的社會條件在人們對於自我的他人的知覺中（發生了）變化，從而導致了正常情況下受約束行為的閾限降低。

津巴多設計了一個以女大學生為受試者的實驗。實驗中把學生分成若干小組，每組由四個女學生組成。他告訴她們說，她們正在參加一項關於人類移情作用的研究，要求她們對隔壁房間的一個女學生施行電擊。學生可以從一面單向鏡裡看到實驗目標。實際上，目標受試者並未受到電擊，但是她們的哭喊、痙攣的痛苦的面部表情看起來卻十分真實，以至於使折磨她的人認為，她們的「電擊」正使她蒙受很大的痛苦。實驗者安排的四個女學生組成的各個小組在下述兩種條件下施行電擊。第一種條件，女學生穿上寬大的實驗室工作服，用頭巾包住面孔，相互之間不作介紹，在實驗人員對她們解釋這項研究的流程時，也不稱呼她們的名字。此外，這種實驗在半黑暗中進行。這種環境叫做「去個性化環境」。這顯然是為了降低個性及其責任性。

另一種條件與之相反，它強調個性。由四個女學生組成的各個小組成員都穿她們平時的服裝，掛上寫著名字的標籤。在給她們講解要領時，研究人員有禮貌地用她們的名字稱呼她們。房間裡開著燈，照得很亮，小組的成員互相看著很清楚。在這第二種條件下，每個受試者的個性都著重作了記錄。實驗結果顯示，去個性化小組的成員對受害者施行電擊的時間幾乎是有個性小組的成員施行電擊時間的兩倍。

津巴多的實驗中還有一個耐人尋味的變數，那就是在真正實施電擊之前，每個受試者要聽錄音，錄音是津巴多跟兩個目標受試者五分鐘的談話。這兩個目標受試者的人格有很大不同。一個看起來就是舉止文雅、助人為樂的女人，據她說，她的工作是教育智力低下的兒童，同時還資助她的未婚夫攻讀醫科；另一位是個使人討厭、以自我為中心的，並且是個十分愛挑剔的女人，還有種族主義傾向。按常理說，後者可能會受到更多的電擊，而前者有可能得到人們的寬容。但實際情況並不是這樣，在去個性化的條件下，不管是討人喜歡的，還是受人討厭的目標受試者，都被施行了長時間的電擊。這些可愛的、平時態度溫順的女孩子用電流刺擊別人，幾乎一有機會就不放過，有時，時間達到了她們被准許的最大範圍。而在有個性的小組中，兩個目標受試者則被這些女大學生們區別對待。

為什麼好人變壞了？為什麼善良的人變惡了？

根據學者們的總結。去個性化產生的原因有這麼兩條：

◆匿名性

匿名因素是產生去個性化現象的誘因。由於匿名，使人們難以辨認個體的真實姓名和身分。當群體成員認為自己是群體中的匿名者時，他會產生一種誰也不知道他是誰，以及他在幹什麼的想法，就會產生一種

類似於安全感的心理體驗，他就會任意行動，為所欲為，不受規範的約束，做出平時不敢做的事情來。

◆ **責任分散**

這是產生去個性化的另一原因。一個人單獨行動時責任是明確的，這就使個體不得不考慮行為的後果，以及必須承擔的責任，即所謂「一人做事一人當」。而當群體行動時，每個個體的責任似乎被分散了。因為錯誤人人有份，責任大家來承擔，個體甚至可以把責任推給別人，這就是所謂「法不責眾」的心態。

我們認為，去個性化現象更為本質的原因還是意識的喪失，至少是意識場的高度狹窄，即處於被催眠狀態的結果。這時，因為我不再是我，完全淪為了環境動物。環境給予什麼樣的暗示，就出現什麼樣的行為。當他們從催眠狀態甦醒之後，個性重新恢復，他又是一個正常人了。

要之，心理學中所界定的這種群眾行為從某種意義上來講是很可怕的。因為，一群喪失理智的人聚在一起，又相互感染、相互強化、相互激勵，做出好事來的可能性不能說沒有，但卻不大。如果這其中真有一些別有用心的人在鼓吹，危險性就更大。對於政府相關職能部門來說，遇到這種情況會感到很為難。是下手好呢？還是不下手好呢？似乎都不好。為此，我們的建議是，遇到群體事件要儘早、盡快干預。不能等到了燎原之勢再動手。其次，對於謠言、流言要迅速、全面、客觀地公布事實真相。任何一點的遮掩都會引發更大、更多的謠言與流言。最後，不要把參與者簡單定性為暴徒、壞人，那會引發他們更大的反感，從而表現出更可怕的過激行為。

七、邪教與類催眠

1、慘絕人寰的瓊斯敦事件

1978 年 11 月 18 日，一宗駭人聽聞的事件迅速傳遍全世界。

一個名叫「人民聖殿教」（Peoples Temple）的美國教派的 900 多名信徒，突然在該教派設在蓋亞那首都喬治城附近的一個營地裡集體服毒自殺。整個營地只有五人倖免於難，其中三人是被派出執行任務的。另兩個是行動不便和耳聾的老人，由於被別的信徒忘卻而倖存。

「人民聖殿教」是由一個名叫瓊斯的美國人在 1963 年前創建的。

吉姆‧瓊斯（Jim Jones），1931 年出生於美國印第安納州的的林恩。其父在瓊斯很小時就死了。瓊斯長大後對其父既陌生也無好感，因為他得知其父曾在當地參加過三 K 黨，而且是骨幹。在他的心中，這始終是個創傷。後來在他對人談論起他父親時總用十分輕蔑的口吻稱之為「卑鄙的種族主義鄉巴佬」。瓊斯自小深受其母內塔的影響。內塔是個極富同情心又極虔誠的人。雖然她生活很艱難，每天在工廠工作很長時間以維持全家的生計，但她總樂於幫助窮人和弱者。她每星期都要帶著小瓊斯進教堂。內塔喜歡看《國家地理雜誌》，喜歡幻想，並相信靈魂轉世。她相信她前世曾在亞馬遜河航行過，還把這些都編成故事對小瓊斯講述。她深信神蹟奇事，常把夢境作為一種預兆。她曾告訴兒子瓊斯，她常夢見他將來肯定成為偉大的人，將為窮人和弱者奉獻一生。這些思想對瓊斯有著十分深刻的影響。使瓊斯既對窮人頗具同情心，又相信自己將成為像耶穌那樣的偉人。

　　1953 年瓊斯在印第安納波利斯附近的貧民區建立了一所小教堂,定名為「國民公共教堂」。瓊斯以其出眾的口才和特有的宗教狂熱吸引了許多窮人,特別是黑人。他在教堂中著重宣傳的是耶穌基督對窮人的愛心和為窮人施行的各種神蹟奇事。並在自己的教堂中,讓黑人和白人共同祈禱,這在 1950 年代的美國,尤其是在較保守的印第安納波利斯是較為罕見的,因為那時仍實施著種族隔離。由此該教堂被一些白人種族主義者視為眼中釘,多次遭到破壞,迫使他們多次搬遷。1960 年瓊斯在德拉瓦街蓋了「人民聖殿純福音堂」。這可以視為人民聖殿教的雛形。

　　他於 1965 年底帶領了 30 名最忠誠的信徒來到舊金山北面的偏僻山岡「紅杉谷」,開始過起公社式的集體生活。不久,瓊斯在這裡的傳教活動又得到很大的成功,很快有幾百名信徒跟隨他。1967 年他們在其中的一個山岡上蓋起了自己的「人民聖殿基督堂」,人民聖殿教正式形成。

　　人民聖殿教之所以能吸引如此多信眾,一方面與瓊斯個人的魅力與口才有密切關係,也與他們的傳教方式不同於傳統宗教,給予人新鮮感有關。他們經常成立巡迴傳教團開車深入到各大城市的貧民區,熱情地邀請那些被社會遺棄的最底層的人和黑人參加他們的福音布道會,向他們提供各種救濟活動,瓊斯把教會變成了福利教會,在教會中實行再分配。在聖殿外工作的會眾必須交納收入中很大部分,有時高達 25%,對有些富裕信徒甚至要求他們把自己的財產轉讓給聖殿。聖殿則提供 24 小時的社會服務和會眾的全部需求,包括免費住宿、吃飯、托兒、醫療,甚至還為信徒提供學費。凡進入聖殿中的信徒除老年人、幼童和身心障礙者外都有工作。因此信徒無須為自己的生計煩惱。這對信徒,尤其是貧困信徒無疑就有了安全的保障。由此它對窮人特別有吸引力。瓊斯在聖殿教內營造一種和睦的家庭氣氛,凡進聖殿的人都一律以兄弟姐妹相

稱。而瓊斯是他們當然的「父」，瓊斯的妻子就是聖殿的「母」。這種家庭氣氛對遭社會遺棄的人，或單親家庭的成員而言十分重要。這也是他們教派中這類人較多的原因之一。

聖殿舉行的禮拜儀式活潑生動，教會中用流行歌曲的曲調代替傳統的讚美詩，用樂隊代替風琴。再加上在教會中團結融洽，不分種族、貴賤的平等氣氛對追求自由的人很有吸引力。

凡此種種，人民聖殿教在 1970 年代上半年發展很快。他們在社會上頗有影響，許多政界人物為拉選票都要爭取他們的支持。瓊斯本人也成為舉足輕重的人物。1975 年他被「美國生活基金會」選為美國「百名優秀牧師」之一。與此同時，舊金山市市長還任命他為該市住房管理機構主席。次年他被《洛杉磯先驅調查報》提名為「本年度的人道主義者」。隨著政治上名氣的增大，聖殿的財源也滾滾而來。不僅有信徒的各種奉獻，還有大量的各種募捐，錢財之多往往使瓊斯本人都始料未及。

瓊斯隨組織的發展而權力欲極度膨脹。教派內的民主氣氛愈來愈少。他把自己從以前的上帝的代言人的地位變為聲稱自己就是上帝本身。他是信徒的「父」，是他們的「主」。任何人不得違背他的意志，否則就是叛徒。教會中每個信徒的發言都充滿對他的讚美和歌頌之詞。原來他所宣傳的「愛」也為愈來愈嚴格的紀律和懲罰所替代。

他聲稱聖殿教反對種族主義的魔鬼、飢餓和非正義，經常宣傳「世界末日」即將到來和核子戰爭恐怖，鼓吹自殺才是「聖潔的死」。他以經辦農業為名，帶領教徒到荒野、叢林中過著脫離社會現實的生活。1974 年該教派的信徒首次來到蓋亞那，1975 年在蓋亞那西北部地區占據了數千英畝土地，把該地定名為瓊斯敦。1977 年人民聖殿教分成幾批全部搬遷至蓋亞那。「教主」瓊斯也來到蓋亞那。在他的蠱惑下跟著他到蓋亞那的有 1,200 人。

這個教派的教徒是一些對生活感到絕望的人和得不到社會幫助的人、吸毒者、老年人和孤獨的人。他們對社會現實不滿，對前途感到渺茫，對核子戰爭恐懼異常。不少人受虛無主義思想影響，認為人生無常，活著是一種痛苦。因而他們入教之後，經常議論自殺。「聖殿教」的「教主」在蓋亞那還舉行過「集體自殺演習」。他們的教規極其野蠻。信徒入教之後，從經濟、信仰到肉體都受教主支配。信徒常受到毆打、鞭笞和種種精神折磨。小孩違犯教規，也要受罰，就連只有 4 個月大的嬰兒都要挨打，甚至可能被投入水中溺斃。瓊斯總是微笑著注視人們遭受體罰。

而瓊斯則極其專橫，生活腐朽透頂。在蓋亞那，他對信徒實施的統治更為嚴厲。為確保他的統治，人們不僅要從事十分繁重的體力勞動，而且從學齡兒童到老年人都要參加他建立的各種政治教育班，聽他沒完沒了的說教。他還用性作為控制信徒的手段。任何一位犯錯的男信徒，不管是什麼錯誤都要被批判為「對性生活比對革命更關心」。瓊斯聲援女性用拒絕性生活的方式去懲罰男性。相反，對那些合瓊斯意的男性，瓊斯則讓一些女信徒去陪睡，以示嘉獎。瓊斯本人在這方面則更加肆無忌憚。他想要到手的女信徒，如若不從，他便指使手下採用各種手段，包括使用鎮靜劑等方法使女方失去自衛能力以滿足他的淫慾。為防止人們逃跑，他更是無所不用其極。如設置武裝崗樓、沒收護照等辦法。

這一教派因此受到了外界的抨擊和信徒親屬的控告。以斯托恩（Timothy Stoen）為首一些叛逃者組成的「相關親屬委員會」於 1978 年 4 月 11 日向報界發表了措辭強硬的宣言中所指出的那樣，瓊斯「窮凶極惡殘酷無情地漠視人權」，使用「肉體和心理兩方面的威壓手段進行思想訓練運動，以沒收護照和公社周圍設置崗哨的辦法防止社員離開瓊斯敦，以及剝奪社員私生活的權利，剝奪言論、集會自由」。

　　經過「相關親屬委員會」的不懈努力，終於得到國會部分議員的重視。1978 年 11 月 1 日，眾議院民主黨議員里奧（Leo Joseph Ryan, Jr.）通知吉姆‧瓊斯，他將訪問瓊斯敦。11 月 14 日，議員從華盛頓出發，同行的有不少記者，包括幾位非常優秀的名記者，還有「相關親屬委員會」的 6 名代表。17 日，議員在蓋亞那首都喬治城會見了瓊斯的律師和代表。經過反覆交涉，終於獲准前往。里奧一行乘坐兩架租來的小型飛機飛往距瓊斯敦還有幾英里遠的凱土馬港村，再由那兒坐瓊斯敦派來的卡車，前往瓊斯敦。

　　瓊斯敦為議員等人舉辦了歡迎會，表演文藝節目。議員會見了吉姆‧瓊斯，記者們也在場。吉姆‧瓊斯臉色難看，很警惕，並說自己將死於癌症。議員按「相關親屬委員會」開列的名單找到近 30 人談話。沒有人表示不滿，也沒有人願意離去。

　　議員一行被要求回凱土馬港過夜。然而，就在汽車臨行前，有人偷偷塞了張字條，請求議員帶他們回美國。

　　這時有人來報告，又有一些人要求離開。瓊斯沮喪道：「讓他們走，讓他們都走。走的越多負擔越輕。都是謊話，一走了通通都說謊話。每個人都有走的自由……」議員安慰瓊斯，「這麼大個公社，走 20 來人，沒什麼。」

　　臨行了，瓊斯的年輕助手突然用刀逼住議員。律師等人趕緊把他拉開了。里奧一行急忙帶上那十幾個勇於要求離開的人，乘車奔往凱土馬港。

　　在他們等待登上飛機的時候，瓊斯開來一臺卡車，上面有六名槍手。這些人猛烈開火，議員里奧和兩位最出色的記者等 5 人當場死亡，另有 12 人受傷。

風聲鶴唳的瓊斯敦，在夕陽照射下有些異樣。

高音喇叭中傳來吉姆‧瓊斯的聲音，要求所有人到大帳篷緊急集合。衛兵荷槍實彈地站在會場周圍，監視著人們的一舉一動。約兩公斤氰化物被倒進一個裝滿自製果汁的大鐵桶。瓊斯以不容置疑的口吻說：「大家都必須死。所有的人，一個也不能少。如果你們像我愛你們那樣愛我的話，大家就一起殉道……」

教徒們排起長隊。死神正向他們走來。

第一個走上前來的是一位年輕的母親，懷裡抱著她可愛的孩子。

第一個喝下毒果汁的是那還沒懂事的孩子！

不用他動手，人們一個接一個地按照他的吩咐喝下了那桶有劇毒的果汁。

大多數人心甘情願地跟隨他去死，但也有不少人並不想這樣去死，但迫於強大的壓力，被迫服毒自殺。少數不願自殺的信徒被強迫服毒，有的被開槍打死。瓊斯最後也飲彈自盡。在臨死前瓊斯一再對哭喊的人群說，死亡只是暫時的休息，他們很快便能在另一個世界相見。多數人也確實相信他們的「父」所說的一切。

營地之中，屍體狼藉，慘不忍睹。

在瓊斯敦慘案發生後不久，又有些倖存者自殺，跟隨瓊斯而去。有些叛逃者全家被暗殺，更多的人則像做了場惡夢，身心受到極大的摧殘。

更可悲的是，從刑事偵查的角度來看，這 900 多個信徒中的絕大多數的確是「自殺」，而非他殺。美國的法院等權威機構也只能認定是屬於「自殺」。11 月 29 日，集體自殺的最後一批屍體已從蓋亞那運回美國。法律界、外交界、心理學家以及家屬們都在深思這一令人費解的問題。

他們想得到這樣一個答案，為什麼一位奇怪的加州人的 900 多追隨者會在南美洲的叢林中進行集體自殺？

真的是自殺嗎？每一個稍有頭腦的人都心知肚明。

這是全人類的悲劇，也是全人類的恥辱。人啊！你何以枉稱萬物之靈？

如果追尋這場悲劇的製造者，那當然是瓊斯；如果追尋這一類悲劇的製造者，他們共同的名字就是邪教。

所謂邪教，是指不利於人類發展的宗教和其他迷信團體。有人把邪教不利於人類發展的行為或現象歸納如次：

- 與人類為敵，試圖毀滅人類。他們利用人發展需求的異化，激發人的非常規的創造毀滅欲。即使是強迫別人、傷害別人、約束別人、讓別人痛苦，也說是為別人好。

- 危害社會穩定，與政府對抗或與其他國家地區開戰，或以消滅其他宗教或教派為己任。崇尚暴力。激化矛盾，鼓動渲染人的好戰天性。

- 殘酷迫害持不同意見者，造成傷亡。不是持信仰自由的原則，對不同意見者，擔心其對自身在教眾中權威地位的威脅，往往以異教徒的名義進行迫害。

- 以犧牲他人或集團作為實現教義的手段。

- 以自殘或自殺來實現宗教追求。或者教義中有相關描述。

- 教義以及行為展現的冷漠和自私。

邪教的可惡大多數人已經明白。但令人們百思不得其解的是，它究竟有什麼魔力能使信徒們如痴如醉、如夢如狂，置自己的正常生活而不顧；置自己的家人而不顧；置社會的基本道義而不顧；甚至置寶貴的、

只有一次的生命而不顧。如果不能破解其原理，預防它的滋生，拯救受迷惑的信徒，直至以法律武器與之作抗爭時，就會顯得乏力不從心。

它賴以滋生與發展的原理到底是什麼呢？我們可以回憶一下在「非專業催眠大師」一章中介紹一個人物——懷達。一個良家婦女，在被他催眠之後，整個精神都為他所控制，整個行為也為他所控制，他可以要求她做任何事，而她卻沒有半點的反抗。為什麼？她被深深地催眠了，她的意識已完全被剝奪，她好比是一個機器人，而遙控器在懷達手中。邪教之於信徒，就如懷達之於 E 夫人。它們的原理一脈相承，方式也如出一轍。可以這麼說，邪教就是以催眠的方式把信徒導入意識高度恍惚的深催眠狀態，進而剝奪其的意識、喪失其個性、混亂其思維、激化其情感，所有這一切的方向是對教主、對教義產生無條件盲從，最終為教主的個人私欲服務。如果你曾經看過處於催眠狀態尤其是深催眠狀態的人會有那些行為表現，你就不難理解那些深受邪教毒害的人們的所作所為。另外，據我們所知，有些邪教教主就曾很用心的研習過催眠術。這也就是我們在前面提及的，催眠術中如果為邪惡的人所掌握，對他人、對社會是十分危險的。事實上邪教中就有人直接運用催眠術來達到他們的罪惡目的的。

劉哲的文章〈巴黎驚演系列催眠謀殺〉生動而詳盡地描述了太陽聖殿教的教徒以催眠術為工具殺人劫財。

1990 年秋季一個炎熱的夜晚，巴黎戴高樂國民運動場。起跑線上，正準備做第二次加速練習的女運動員已經各就個位。教練瓦羅拉告訴隊員，只要他一敲三角鐵，隊員們就必須集中最後的力量加速。

教練發令過後，隊員起跑了。離終點線還有十幾公尺遠，瓦羅拉一揚手，三角鐵隨之發出清亮的脆響，隊員們紛紛提速，一一衝過撞線。

可是，第三跑道上的辛蒂衝線後依舊在飛速奔跑，她的速度越來越快，似乎有某種力量在牽扯著她。突然，「喀嘣」連著幾聲悶響，辛蒂一下倒在地上，接連翻了幾個滾，不再動彈了……當市警察局的西蒙·埃薩爾探長聞訊趕來的時候，可憐的辛蒂早已經停止了呼吸。驗屍報告沒有顯示辛蒂服用過任何藥物。

1991 年 2 月，來自瑞士的加特和露絲準備在自由廣場上舉辦他們的婚禮。婚禮舞會開始前，司儀為了能引起人們的注意，在麥克風前用銀匙敲了一下手中的香檳酒杯，大家安靜下來，準備聽新郎說些什麼。

可是，剛才還風度翩翩的加特此時卻突然傻了似的，兩眼發直，嘴裡喃喃自語。加特走上講臺後，猛然拽住自己的領帶，把它纏在自己的脖子上，開始使勁地拉扯。隨著「嘎吱」的加力聲，加特兩眼上翻，口、鼻噴出血來，然後一個跟蹌摔在地上。尖叫聲頓時響成一片。

西蒙覺得辛蒂和加特的死都太離奇了。一年後，第三起案件發生了。

1992 年 9 月 27 日，加拿大的蓬特以旅遊者的身分來到巴黎。4 天後，蓬特死於一場神祕的車禍。據肇事卡車司機介紹，他是被卡車活活撞死的，誰也不知道他在什麼時候跑到了車尾被撞上。

西蒙突然想到辛蒂在撞線前曾經聽到教練敲擊三角鐵的聲音；加特在準備講話前，司儀曾經用銀匙敲碰酒杯；卡車司機曾經軋飛過一根鋼管，鋼管撞到水泥牆上，發出清脆的響聲。這其中有什麼關聯嗎？

西蒙回到警察局後，打電話給他熟悉的一位醫生：「會不會有讓人一聽見就想自殺的聲音？」那位醫生一愣，隨即以嘲弄的口吻說：「你是希望新發明一種武器嗎？」西蒙只好把這三個案子一五一十地告訴給那位醫生。醫生沉吟了一會，用猶豫的語氣跟西蒙說：「我個人認為，這些

可憐的人可能是受到了催眠。對他們催眠的人也許會把某種聲音當做鑰匙，這是心理學的術語。指的是在施行催眠術的時候，對受術人進行暗示思維開始和結束的信號。」

「你能幫助我調查這幾個案子嗎？」

「我可以向你推薦一位這方面的專家。他就在巴黎，名叫茹雷，歐洲一流的心理學專家，精通催眠術。」

西蒙馬上打電話給茹雷，茹雷很痛快地答應了，並請西蒙次日下午來診所與他會面。

第二天，西蒙探長如約來到茹雷的診所，走道兩邊的玻璃櫥窗裡擺滿了各式各樣的體育獎盃和獎牌，最新的一枚是去年國民運動會的男子800公尺中長跑亞軍獎牌。

「我喜歡體育，尤其是長跑。」不知什麼時候，茹雷出現在西蒙身後。「哦，是的。」探長連忙表示敬意。

「這是基督賦予我的力量。」茹雷謙虛地說。西蒙心裡忽然一動。基督教教民在表達類似感激的時候，通常會說「這是上帝賜予的！」這位醫生的信仰顯然不是簡單的基督教。

走進會客室後，西蒙簡單地介紹了案情。聽西蒙講述完，茹雷馬上表態：「這些人來自不同的地方，又發生在不同的時間，我不能肯定他們是被催眠後自殺的。沒有誰會無緣無故地給這完全不相干的幾個人做深層暗示。」

回到警察局後，西蒙突然意識到，要是這幾個人相干呢？西蒙跳起來，飛一般跑向巴黎警察局中心電腦資料室。這裡是世界最大的檔案資料庫之一。

西蒙先調出辛蒂的資料，總共16頁，最後一頁標注一欄中一行字引

起了他的注意：1985 年加入「太陽聖殿教」。西蒙又調出加特的資料，在最後一頁同樣的位置，赫然列印著：1986 年加入「太陽聖殿教」，不同的是，加此標注的是國際刑警組織法國分部。西蒙從電腦網路上直接進入加拿大的皇家騎警資料庫，找到蓬特的資料，果不其然，蓬特也是「太陽聖殿教」的信徒。

西蒙下意識地在電腦上輸入茹雷的名字，在長達 30 頁的記述裡，竟然有一半是內政部關於他和一名為迪曼布羅的人組織從事「太陽聖殿教」活動的紀錄！

茹雷自己參加了去年的國民運動會，辛蒂遇害的時候，茹雷很可能就在一旁。加特的婚禮是在自由廣場舉辦的，那裡是公共場所，而且茹雷很有可能就在賓客之中。蓬特也是「太陽聖殿教」信徒，那他來巴黎和茹雷見面也是可能的。

但是，茹雷為什麼要殺害他們呢？1993 年初，在西蒙的一再請求之下，局長專門為他配備了幾位犯罪心理學專家。一段時間的工作過後，西蒙的幾位助手肯定了他的判斷。但最使西蒙為難的是證據。

西蒙大膽地決定去茹雷的診所，尋找線索。

1993 年 4 月 24 日午夜，西蒙獨自從茹雷診所的庫房溜了進去。在辦公室靠窗的一角，有一個加保險鎖的鐵櫃，西蒙取出特製的鑰匙，輕輕打開櫃鎖，裡面是一疊疊的文件。西蒙從中找出「名單」和「傳真」兩本檔案夾。

西蒙根據案件發生的日期，抽出了相關的十幾份傳真，迪曼布羅告訴茹雷，辛蒂、加特和蓬特打算退出「太陽聖殿教」並索要他們交納過的巨額教費，為防止祕密洩露，應該馬上送他們到「天狼星」去。西蒙知道，「送到天狼星去」的意思就是要殺死這幾個打算退教的信徒。

1993 年 4 月 29 日，在西蒙探長的一再要求下，法國重罪法庭頒發緊急逮捕令，逮捕涉嫌三宗謀殺案的主凶呂克·茹雷和約瑟夫·迪曼布羅，後者就是「太陽聖殿教」的「教主」。

29 日下午 3 點，當全副武裝的警察闖進茹雷的診所時，這裡已是人去樓空。西蒙立刻向法國內政部申請在全國範圍內通緝茹雷和迪曼布羅。

1994 年 3 月 5 日凌晨，瑞士弗里堡州突然發生火災。消防隊員在兩座山區別墅中找到 25 具燒焦的屍體。所有的成年人均係太陽聖殿教成員。法醫的檢驗報告證實，他們在死前均被注射了致命的毒藥。經瑞士警方確認，在 25 具屍體中有太陽聖殿教的核心人物 —— 約瑟夫·迪曼布羅夫婦和他們的兩個兒子。然而，茹雷和太陽聖殿教帳戶上的受害者捐獻的 3,780 多萬法郎的鉅款卻消逝得無影無蹤。

6 月 27 日，有人在格勒諾布爾發現了茹雷的行蹤。當天晚上 10 時，西蒙帶著數十名警察包圍了茹雷藏身的戲院。

走進空蕩的戲院，西蒙停住了腳步，在舞臺昏暗的燈光照射下，一個巨大的背影正對著他。茹雷帶著詭異的笑容轉過了身，對著西蒙低沉地說道：「來吧，親愛的探長。這一次我是決逃不出你的手掌心了。」見狀，西蒙伸手攔住身後的同事，他自信地掏出手銬和配槍，緊盯著茹雷走上了舞臺。

見西蒙走近，茹雷的表情漸漸變得僵硬起來，那雙深棕色的眼睛發出無比邪惡的光芒，「探長，看著你腳下的舞臺，它正托著你向上，這種力量將把你帶入天堂，來吧……」猛然間，茹雷掏出一隻金屬打火機，隨著「叮」的一聲脆響，西蒙愣住了神。伴著茹雷的喃喃低語，西蒙竟不由自主地抬起槍口向著自己的太陽穴指去……

　　一同執行抓捕行動的刑事心理警察部的一名專家意識到西蒙被施心理暗示，著急地叫出了聲：「西蒙，那是個圈套！」情急之下，他揚起槍托砸向戲院牆壁上的玻璃燈罩。

　　所幸，碎玻璃落地的清脆響聲終於驚醒了正準備扣動扳機的西蒙，他把槍口對準了茹雷，「想不到解開殺人暗示的鑰匙就這麼簡單。準備接受審判吧，人渣！」

　　見狀，茹雷的嘴角顫抖起來，他眼中的光芒黯淡了下去。警察們蜂擁而上，將這個窮凶極惡的偽君子按倒在地……

2、實施精神控制的技術路徑

　　據估計，目前世界上各式各樣的邪教組織有上萬家之多。他們的教主有各式人等；他們的教義更是光怪陸離。但在實施精神控制的技術路徑上，卻表現出驚人的相似！主要手法，有下述幾種：

● 神化教主

　　如果有誰想做一名邪教教主，那麼他需要做的第一件事，也是最重要的一件事就是要神化自己。千萬別不好意思！倘若你平易近人，跟大家像兄弟似的，那就談不起來了。倘若你吹噓自己時還有點心虛，那你的追隨者既不會多，也不會死心塌地。那些混出點模樣來的邪教教主們深知這個道理，他們在吹噓自己之時可以說發揮出了最大的想像力。

「人民聖殿教」的吉姆‧瓊斯先是自稱是「上帝」的代言人，後來覺得還不夠，乾脆就自稱自己是「上帝」，是全體教徒的「父」和「主」。每個信徒都要以他的意志為中心。瓊斯喜歡聲稱他是在另一個星球上出生的，具有「超人」一樣的神力，什麼事也別妄想瞞過他的眼底。會眾對他心存畏懼，有人說：「教主有像照相機一樣的記憶力，你幾年前同他談過的話，他能一字一句地背出來。他能拿出一份文件從頭到尾看一遍，再一字不差地背給你聽。」

「大衛教派」（Branch Davidians）的弗農‧豪威爾（Vernon Howell）將自己改名為大衛‧考雷什（David Koresh），聲稱自己不僅是復活的耶穌，而且地位比耶穌還高，是解放人類的象徵。

「奧姆真理教」的麻原彰晃稱自己具有超能力，是全人類的「救世主」。麻原利用一切機會編造謊言，宣揚他的超自然能力，把自己打扮成「神」的形象，加強信徒對他的崇拜。說他在喜馬拉雅山得到「佛祖真傳」，所以不僅具有空中懸浮，而且具有傳心術（心靈感應）能力，他許諾凡是加入奧姆真理教的信徒都可以向他學習這些能力。一次，麻原在參觀埃及金字塔的時候，對信徒們說：「這座金字塔是我很久以前設計的，我憑追溯以往的特異功能，知道我自己的前世是埃及宰相……」麻原彰晃擁有「尊師」、「最終解脫者」、「教主」和「代表」四個正式稱號。因此，奧姆真理教的信徒們對麻原的崇拜達到了痴迷的程度。曾經在奧姆真理教中作為核心幹部的一位信徒說道：「在奧姆真理教中，只要是為了麻原彰晃，就是殺人也會有功德的，因為對於被殺的人來說，是不讓壞事繼續反覆……」

「太陽聖殿教」的茹雷（Luc Jouret）自稱是上帝派來的人，是耶穌的再生，是耶穌基督第三次轉世的化身。他的追隨者們則自稱是「耶穌的僕從」。信徒們對「教主」茹雷狂熱地崇拜。一位女教徒後來回憶說：「信

徒們對茹雷的崇拜已經到了著魔的程度，他們認為茹雷是新的救世主，只有他才能拯救全人類和全世界。」

有一位與上面幾個人比起來也毫不遜色。他說自己「法身」無數，「法身」無處不在，可以出入多層空間，可以對練習者加以「保護」並監控每個人的思想言行。順之者昌、逆之者亡，絕對服從是唯一出路。他與佛祖同日誕生，是「佛祖轉世」；是比釋迦牟尼、老子、孔子、耶穌都要高明的「唯一的」救世主，具有「四大超能力」，可以「把整個人類超度到光明世界中」。他的吹噓中比上述幾位更有創意的是：他的親生父母都是他創造的，真是夠狠的！

善良的人們也許會發問，吹牛吹得這麼不著邊際的，會有人信嗎？

會有的，當然不會所有的人都信，但肯定會有人信。究其原因，對神靈的畏懼與崇拜，是人類的遠古情結。人類的科學與文明儘管已經發展到了很高的水準，但這一情結還是揮之不能去。在《崇拜心理學》中，對神靈崇拜情結有這樣一段解讀「神靈崇拜心理強化了人類應付人生問題的能力，在遭逢苦難、焦慮的危機之時，對神靈的崇拜可以撫慰人類的心靈，給予安全感和生命意義。它能把人引向解脫苦難的境地，到達虛幻的幸福彼岸」。

此外，神靈崇拜還具有心理慰藉的作用。「心理慰藉，也稱為『幻想補償功能』。從廣義上講，任何一種有助於排解人的消極體驗和克服內心衝突的影響，都可以稱之為『安慰』，而神靈崇拜的特殊性在於，使人們接受神靈觀念，把面對的矛盾衝突轉移到現實生活之外，以期得到神靈的救助，從而擺脫困境，使心靈得到安慰。」

綜上所述，在人們的無意識中，渴望有一個超自然、超能力的神的存在，在自身無法面對生活中的現實問題時，能從那裡得到救助，獲取

力量。這個神在現實生活中當然是找不到，那種愈是虛幻的東西就愈是具有誘惑力。這時，人們的心態不是怕「玄」，而是怕不「玄」。這便是邪教神化教主的技法具有潛在市場的基礎。

把自己吹得神乎其神的另外一種實際需求是，人為製造自己與信徒之間的距離。崇拜者與被崇拜者之間一定要有距離。沒有距離就不會產生權威。甚至是兩者之間都不能具有可比性。你會崇拜一個身邊的熟人嗎？你會崇拜一個各方面都和你差不多的人嗎？不會，他們沒有那麼大的誘惑力。只有一個你遙不可及的偶像，才會發出萬丈光芒，才能奪目耀眼，才能使你心馳神往。

教主被神化後的直接效應就是權威的產生。對於一切以影響人為目的的活動中，權威的作用怎麼估計都不過分。在催眠活動中，催眠師的權威性對催眠的效果以及受術者進入催眠狀態的速度與品質都有著巨大的影響。一個學生曾經問我：「老師，我幫人做催眠用的方法與你一樣，為什麼我就是不能成功呢？」他話中的意思是我有什麼獨門祕訣沒有告訴他。其實，是他的年齡、他的身分在受術者面前權威性不夠，才是他施術效果不佳的真實原因。催眠師與那些神比起來，又何足掛齒？所以，神的形象、神的權威一旦在信徒心目中被塑造起來，就什麼貨色都能賣得出去了，什麼歪理邪說都有人信了。

1999 年 11 月 2 日，美國聯邦調查局國內反恐怖部門經過 9 個月的調查，搜集了大量相關情報，寫成並公布了一份名為《麥吉多報告》的資料。《麥吉多報告》總結了邪教的一些特點，如邪教教主引誘信徒在生活的各方面都毫無保留地依賴他做出決定，教主透過向追隨者灌輸而使他們相信，他有特別的天才、智慧和知識；邪教組織的教主大都是自封的，是神所授予的；教主一般都要求信徒將全部的愛、奉獻精神和忠誠集於

教主一身；教主在組織內實行獨裁統治，並有意識地將信徒與外界隔離開來，使信徒逐漸喪失辨別能力，進而對其絕對服從。

● 嚴密的組織

所有有點規模的邪教組織都有一個共同的特點：即組織嚴密、等級森嚴、信徒受到絕對控制。

太陽聖殿教的組織結構就極其嚴密。以教主為尊，思想行為受教主操縱。成員個個匿名，內部等級森嚴，神職人員與信徒之間等級分明。整個組織自上而下以「聯合政體」的方式組建。下設總部、分部和支部。教會要求信徒必須接受教主的絕對控制，自己的財產、事業、愛情等各個方面都必須向教主報告。教主對信徒有生殺予奪之權，輕者任意體罰他們，對背叛者甚至可以暗殺。

「上帝之子」（Children of God, COG）的組織架構是：最高機構稱為「皇室」，對外則稱之為「世界服務中心」。伯格自封為「國皇」和「神」。在「皇室」下設有參謀、首相、部長、總監督、監督、總區牧、區牧以及牧長。最基層的組織是「家庭」。每個「家庭」都有負責人，稱為「牧長」。「家庭」與「家庭」之間經常舉行活動，他們相互探望並聚會。如每三個月，在同一地區的幾個「家庭」的成員就要聚集在一起，有時還舉行區域性的和全球性的活動。

大衛‧伯格（David Brandt Berg）對「家庭」的每個成員都實行非常嚴密的控制，並對其一舉一動作出了具體的規定。比如，每個「家庭」成員都要按時起床，按時用餐。在吃早飯時，也有人念《聖經》。家務事是分工做的，如有的專門看孩子。在「家庭」中，母親不管自己的孩子，孩子由專人看管。

在「家庭」中，只許看電視中的政治新聞，如戰爭、暗殺、槍擊等，以示世界末日的到來。電視節目是限制看的，由「牧長」有選擇地錄影後，才給「家庭」成員看。內容主要是反對美國的片子和關於《聖經》的故事。

在「家庭」中，人人均無隱私可言，一切活動都是集體的行動，如一起學大衛‧伯格寫的「摩西書信」，相互交流學習心得，然後還要向牧長報告。他們外出傳教也是成群結隊。晚上睡覺前，還要讀《聖經》或「摩西書信」。從來沒有什麼人身自由。

在「家庭」之上是「殖民地」。伯格透過總部控制分散在世界各地的成員。他定期發放的「摩西書信」就是控制成員的最好方法。

奧姆真理教內部有嚴密的組織機構，其設置類同日本的政府機構。麻原本人是「神聖法皇」，下轄 21 個省廳等機構。它們是法皇官房、法皇內廳、東信徒廳、西信徒廳、諜報省、自治省、防衛廳、建設廳、治療廳、文部省、郵政省、厚生省、科學技術省、車輛省、勞動省、大藏省、流通監視省、商務省、外務省等。每個機構都設有長官，如麻原之妻松本知子是郵政省長官，麻原長女是流通監視省長官，三女兒是法皇官房長官。大藏省長官是石井久子，她也是麻原的貼身女祕書，掌管著奧姆真理教上千億日元的資產。

奧姆真理教成員內部有嚴格的等級職稱，設有如下等級：麻原教主→正大師→正悟師→師長→大師→師→沙長→沙門→在家信教者。教內還執行教名制，只有稱得上是麻原高徒的人才擁有教名。例如，郵政省大臣松本知子的教名是「雅索達拉」，意即「佛陀之妻」；諜報省大臣井上嘉浩教名為「阿南德」，意即「佛陀的弟子」。這種等級制和教名制便於麻原嚴格控制信徒。

組織結構的嚴密與等級的森嚴是意味深長的。對於邪教組織尤其是教主而言，其益處有三：

其一，從非教徒到狂熱的教徒的歷程中，對於邪教組織而言，人身控制是精神控制的前提與必要條件。當人身是處於散漫、自由狀態時，人們的注意力就很難集中於一點，於是精神也很難被一個特定的、尤其是古怪而荒誕的思想所左右、所控制。邪教組織很清楚這一點，把組織搞得十分嚴密，成員的人身自由被限制，十分有利於歪理邪說的灌輸。有些邪教組織甚至把成員們圈到一個與世隔絕的區域，還有些邪教組織偶爾放成員回家，還得有其他人跟著，都是為了實現全方位的人身控制，進而實現全方位的精神控制。

其二，邪教組織大多等級森嚴，組織結構呈「金字塔」狀，坐在「金字塔」頂端的就是教主。這麼做的目的有二：一是最有利於教主的個人權威，二是讓各層級的管理者有自豪感以及權力欲的滿足，使之更為賣力地傳播教義，並按教主的意願組織行動。

其三，嚴密的組織有利於團隊的形成、群體壓力的產生。一個團隊的形成少不了嚴密的組織形式，否則就缺乏凝聚力。沒有凝聚力就無法產生群體壓力。群體壓力對於邪教組織來說可是太重要的。如果沒有它的存在，其邪理歪說就沒辦法灌輸。大多數邪教的教義，正常人聽了都覺得可笑，都對這些荒誕之說還有人相信感到百思不得其解。其實，那些信徒也不全是弱智，他們中也有一些人對教義的可信性產生過懷疑。可是，當他們在一個組織嚴密、凝聚力極強的團隊中時，情況就有所不同了。

關於此，社會心理學家有專門的研究。群體都要求其成員共同遵守一定的行為準則，而對於群體行為準則的共同遵守，也是群體內大多數

的意向或願望。群體大多數成員的意見會產生一種無形的力量，它使群體內每一個成員自覺不自覺地保持著與大多數人的一致性，這個力量就是群體壓力。群體壓力與權威命令不同，它不是由上而下明文規定的，也不是強制個體改變自己的行為。而是透過多數人一致的意見，形成壓力去影響個人的行為。群體壓力雖然不具有強制的性質，但它對於個體來說，卻是一種難以違抗的力量。因為當一個人的意見與群體內大多數人的意見與行為不一致時，就會感到緊張，這種緊張來自於對偏離群體的恐懼。每個人都有歸屬於一定的群體的需求，而偏離大多數人的意見，則意味著對這種歸屬感的威脅。

所以，如果一個人不願意處於孤立的境地，他就會在群體壓力面前，順從大多數人的意見。比如，在一個討論會上，與會者自由地發表自己的意見，個人對於和自己不同的主張此時還能耐心地聽取，慢慢地大家的意見歸納為兩派：一派屬多數，一派屬少數。討論繼續進行，少數派仍然堅持自己的意見，但大多數人已不再聽取少數派對自己意見的合理性解釋，而是勸他們放棄自己的主張，接受大多數人贊同的意見。如果少數意見書堅持者仍然固執已見，不肯妥協，那麼大多數人便會失去甚至是好言相勸的耐心，開始攻擊其「執迷不悟」、「破壞合作」、「對群體缺乏忠誠」等。如果這時候少數派還堅持自己的意見，那麼大家便採取斷絕溝通的方法，將少數意見的堅持者孤立起來。此時，對於這個群體來說，你已不是其中的一員了。當你再說些什麼時，已經沒人理會了。這樣你對別人就不能產生任何影響了。此時，你就達到了群體對付其背離者（不從眾者）的最後階段，你被開除了。

請注意！這裡所描述的情境是正常人在正常的環境中。對於邪教的教徒而言，其壓力不知道要大出多少倍！

　　一位幡然悔悟的邪教教徒說： 在參加這些活動的過程中，我們就形成了一個與主流社會隔離的小團體，我們在這樣的團體中才覺得特別有吸引力，因為我們其實是逃避了社會現實，認為現實社會有各種矛盾和衝突，有利益之爭，而我們「不與他們混在一起」，自己覺得很高尚。教義為我們提供了一種虛幻的滿足感。正是這種虛幻的安全感和滿足感，象強烈的麻醉劑，使我們越來越上癮，以至最後無法自拔。

　　我們每天不停地、反覆地、多種形式地學那些經文。如果誰對那些經文有疑惑、甚至是一時不能全面理解、全盤接受。那麼此人就會被團體內認為「心性」沒修好，還有「常人心」等等，那麼這個人在團體中必定受到指責和排斥，這往往給他們帶來巨大的心理和精神壓力。

● 恫嚇

　　心理學的研究業已顯示：高度的恐懼喚起，對於改變人的認知與態度是有很大作用的。當人們感到恐懼以後，會產生兩種心向：一是趨向於集群，試圖依靠群體的力量去抵禦所恐懼的事件。某諮商心理研究所所長說：「『鬼』是人類自己製造出來的，反映了人最原始的心理需要。如果人類沒有恐懼，人類將不必群居，在靜僻的山村的夜晚，繪聲繪色地講出一個鬼的故事，大家會因恐懼和刺激緊緊地抱在一起，這會營造出一個相互關切、相互幫助、相互支持的群體氛圍。原始部落借助於防禦『鬼神』而萬眾一心。對鬼的恐懼實際上產生了強化『人際關係連結』的效果，從這個意義上說，對鬼的恐懼是人類的集體無意識。而『鬼』不過是一個象徵，代表死亡以及可能引起死亡的威脅力量；對『鬼』的恐懼實際上象徵了對死亡以及與死亡有關的某種威脅人類生存的力量的恐懼。」二是尋求依賴，如果這位被依賴者具有超強能力的話（這種超

強能力不一定是他實際具有，只是你認為他具有），更會對之敬仰不已、直至痴迷。

正因為如此，幾乎所有的邪教教主都會對他的教徒們危言聳聽。最常用的一招就是宣揚「世界末日」即將到來，而唯一能夠拯救他們的人就是教主。這種恫嚇可以摧垮教徒們最後一道心理防線；可以泯滅教徒們還殘存著的些許意識，從而完全像一個木偶人似地為教主控制。如果想要躲過劫難，就要聽命於他，就要把今世生活、財富乃至生命都毫無保留地交給他來支配。

太陽聖殿教的主要信念之一是所謂末日信仰。茹雷到處宣傳世界將面臨滅頂之災，只有參加他的教派才能倖免。他的信念是：「現在世界上所發生的災難絕非偶然，我們正在走近《聖經》啟示錄中那樣恐怖的世界末日。」茹雷斷言：世界末日到來的徵兆已經無處不在，如臭氧層被破壞、愛滋病的傳播、全球性種族衝突的爆發，如此等等。只有參加太陽聖殿教才能擺脫末日的災難，因為太陽聖殿教能提供給信徒必要的超凡能力。他創建太陽聖殿教的目的，就是為了給相信世界末日即將到來的人建造一艘「諾亞方舟」。他們說，末日來臨之前，新教徒與異教徒將發生最後的一次大決戰，因此我們要拿起戰鬥的武器。茹雷和迪曼布羅（Joseph Di Mambro）大講魔火將燃、災難將發生、森林將毀滅、地球將爆炸，並要求信徒做好「以身殉教」的準備。茹雷對信徒們說：「死是生的一個重要階段，是在另一個世界的生。」

世界正面臨著末日之劫，太陽聖殿教的信徒們為了避開這個大劫之日，相繼離開地球，奔向他們的「聖地」—— 天狼星。茹雷多次向信徒們宣稱，世界末日即將來臨，唯一的解脫之路就是在他的幫助下，奔往天狼星。

接下來，就是一起又一起的慘案的發生。

1994 年 10 月 3 日，在加拿大距蒙特婁市 50 英里處莫林高地的一座寬敞的別墅裡，同時發現了 5 具屍體。其中有一個僅僅 3 個月的男嬰，4 個成年人都穿著紅色和金色的長袍，佩戴著雙頭鷹圖案和太陽聖殿教的 T·S 徽章，他們的頭朝向室內懸掛著的教主茹雷的畫像。他們都是被刺死的。

在瑞士，薩爾旺河畔的格朗日村的 3 處別墅燃起大火。警方在廢墟中找到了 25 具燒焦的屍體，其中有 5 名兒童，最小的只有 4 歲。法醫的檢驗報告顯示，所有死者在死前都被注射了一種強烈的迄今尚未查明的毒藥。警方還發現有人是被手槍擊斃的，但是只發現了 3 支步槍和 52 個子彈殼，而沒有找到用來殺人的手槍。在這裡還發現了慘劇策劃者迪曼布羅的屍體。

奧姆真理教的麻原也把發布預言作為控制信徒、發展組織的主要手段之一。他在創立奧姆真理教之後就預言，第三次世界大戰馬上就要爆發，「世界末日已經逼近」；「世界最終戰爭要爆發，肯定在 1997 年至 2001 年之間」。麻原宣稱：「在廢墟上，讓我們共同建立屬於我們自己的天下 —— 奧姆王國。」1990 年 4 月，麻原預言「奧斯丁彗星將飛臨地球，日本就因此而沉沒」。教團的核心幹部成員經常向信徒們發布教主的預言，如說富士山幾天後會爆炸、東京將發生大地震、日本海面將上升、城市將被淹沒。麻原的預言落空之後，他們就強調這是因為教主的法力在發揮作用。麻原極富鼓動性地說：「信徒們，覺醒並協助我的時機握在你們手中，我正等候你們成為我的雙手、我的雙腿、我的頭腦，助我完成我的拯救世界的計畫。讓我們同心協力來完成它，雖死無憾。」

這裡，問題又來了。按照正常思維，在教主的預言日期到來之前，

相信他們的話，還不能算是全無理由，但在教主預言發生災難的時間過去以後，而什麼也沒有發生，怎麼可能還會去相信他呢？

事實是，還有人信。這又作如何解釋呢？

美國社會心理學家費斯汀格等人曾做過一項專門研究，他們對相信世界末日即將來臨的一個小群體進行了觀察。這個小群體的領袖預言，這個事件應該在某個特定的日子裡發生。於是這個小群體就避開人們的注意悄悄為「世界末日」作準備。費斯汀格認為，這是說明產生認知不協調情境的一個最好例子。這群人對於自己的這一信念堅定不移，而那一預言又根本不可能成為現實，於是，這兩者之間便發生了差異。正如費斯汀格所指出的那樣：「如果你真的相信，現存的世界即將滅亡，第二個世界即將出現的話，那你就不會正常地生活下去了。對於你來說，物質財產沒有意義了，工作沒有意義了，你只為第二個世界的到來做準備。」

當被預言為世界末日的那一天到來而且已過去的時候，這個群體的成員才的的確確地感受到了一種高度的不協調。他們後來的行為也證明了這一點。假定他們感受到了高度的不協調，那麼為了減少它，他們都做了些什麼呢？首先，他們決意堅持他們關於世界末日的信念。於是他們不得不想方設法來證明他們放棄工作和財產的正確性。為了使他們的認知協調節器起來，他們決意創造一種新的認知來糾正舊的認知：他們的領袖又給世界的末日規定了一個新的日期。這次他們不再保守祕密了，相反，他們深入社區四處傳播這一思想以求得人們對這一信念的支持。由此看來，如果未被證實的期望對於一個從來說相當重要，那麼他更容易做到的並不是首先承認這一期望的錯誤性，而是力圖使其他人相信這一期望的基本正確性，藉以堅持自己的信念。

　　對於費斯汀格的解讀，我們認為還得再加上一點，那就是這批人自身的狀態。對於處於催眠狀態的人來說，建立或放棄某個觀念依據不是事實而是控制者的指令。你與之爭辯是沒有意義的，因為你與他根本不在一個系統中對話。

　　邪教組織中恫嚇的另一種表現形態就是對教徒本身實施的。這種恫嚇的主要內容有：如果你出現與教義不一致的思想，你將陷入萬劫不復之地；如果你接觸社會、接觸家人、接觸常態文化，你的思想將處於危險的境地，因為家人、朋友和同事都是自己修煉路上的魔鬼，社會文化更是異端邪說；如果你無法修煉成正果，在末日來臨之時，你就沒有生路可言；如果教主不救你，再也沒有什麼人能夠救你。你還別想裝！因為教主佛法無邊，無處不在，無時不在，隨時都在監視信徒的一切思想和行為，從來就沒有什麼能夠逃過教主的耳朵和眼睛。

　　於是，終日生活在恐懼中的教徒感到，生命中的最後一線希望，也是僅存的一線希望就是緊跟教主。雖然那只是幻覺中的一根稻草，但那是唯一的稻草。

　　要說邪教中只有恫嚇而毫無溫情，那也是不符合事實的。會眾之間兄弟姐妹相稱，彼此給予情感支援，教主無時無刻不在「愛」著大家，各種形式的「家庭」、不間斷的交流與聚會，對新成員的倍加呵護……如此等等，不一而足。不過，所有這一切不是對恫嚇的補償，而是另一種與恫嚇產生互補作用的精神控制手段。恫嚇與溫情，如鳥之雙翼、車之兩輪，在不同的時間、地點、條件下交替使用，而目的只有一個，那就是全方位的精神控制。

● 隔離

沒有一個邪教組織提倡思想的多元化；沒有一個邪教組織不是傾其全力阻止其他文化的的侵入。如果說，人類文明的代表之一是以開闊的胸襟相容多種文化的並存；那麼邪教的代表之一就是堅決排斥除自己之外的任何文化形態的存在。這麼做是源於一種實際需求，因為只有如此歪理邪說才有生存空間。

由這一理念派生的技術手段就是隔離。邪教組織對教徒的隔離也是全方位的。

隔離包括身體的隔離與精神的隔離。

人民聖殿教的瓊斯就把他的教徒們帶往異國他鄉。

奧理真理教麻原還讓信徒們與世隔絕，在遠離鬧市的道場或者藏在密室裡修煉。他還要求信徒主動離開父母，和家庭決裂，就算是一家入教，麻原也會拆散他們去不同的地方，讓他們無父無母，沒有朋友，只能依賴麻原一個人。

冉有就是把你的生活安排得滿滿的，沒有娛樂，沒有假期，沒有個人嗜好，年復一年，日復一日，整個生活空間全部為邪教教義所充盈。讓你沒有與外界接觸的機會與可能。

這就是身體的隔離。

更為廣泛的是精神的隔離。

譬如，有些教派的教義中明文規定除接觸本教派的經文，並要求信徒每天要反覆背誦、體悟。不許成員接觸除本教派教義之外的任何外界資訊，非「教主」的話不聽，非「教主」的書不讀，非「教主」讓做的事不做。心無旁騖、法不二門。

　　奧姆真理教教徒，必須熟讀麻原彰晃出版的教會刊物，其內容都是宣傳麻原的教義、神蹟的。看完書還要看與麻原有關的錄影帶，信徒必須獨自留在僅能容一個人的電視室內專心看帶，不准休息。麻原要求信徒勤修他的神功，要他們戴上充電的頭套，說這可以增加腦電波，加快煉到神功的最高境界。

　　關於資訊隔離對人的影響力，一位二戰期間長駐柏林的美國記者曾說過這麼一段話：「我本人不久前就有這種體會，在一個極權國家裡，一個人是多麼容易聽信說假話的和受檢查的報刊與廣播啊。雖然我不像大多數德國人，我每天可以看到外國報紙，我經常收聽英國廣播公司的廣播和其他外國廣播。但由於職務關係，我每天必須花許多小時流覽德國報刊，收聽德國廣播，跟納粹官員談話，到黨的集會上去旁聽。我驚奇而且往往是大吃一驚地發現，儘管我有很多機會知道事實真相，儘管我從根本上就信任從納粹方面得來的消息，但是多年來一再聽到捏造的和歪曲真相的報導，自會使人留下一種印象而常常受其迷惑。要是沒有在極權國家住過多年的人，就不可能想像，要避免一個政權的不斷的有意的宣傳的可怕影響，有多麼困難。在一個德國家庭，或者在辦公室裡，或者有時候在一家飯館裡、啤酒館裡、咖啡館裡，跟一個陌生人的偶然交談中，我常常會從看來是受過教育的和明白事理的人嘴裡聽到最蠻橫武斷的主張。顯然，他們是在重複他們從廣播中聽到的或者從報紙上看到的荒唐意見，在這種情況下，就會看到一種極為懷疑的眼色，一種黯然震驚的神情，好像你褻瀆了上帝一樣。於是你就會了解到，想要跟一個頭腦已經變樣的人接觸，是沒有什麼用處的，因為他認為凡事就是像希特勒和戈培爾悍然不顧事實地所說的那樣。」

3、被催眠後的信徒們

深受邪教教義毒害的人們，就像喝醉酒的人一樣；就像吸毒的癮君子一樣；就像是處於深度催眠狀態的人一樣，自我已全然喪失，表現出一系列偏離常態的心理與行為。其主要表現如下：

● 心理需求扭曲

應當說，人本主義心理學家馬斯洛對人類需求的描述還是符合大多數人的實際情況的。他把人類的需求分為五種，即生理需求；安全需求；愛與歸屬的需求；尊重需求；自我實現的需求。這五種需求是分層次的，只有在低一級需求得到滿足的基礎上，高一級需求才會產生。邪教教徒的心理需求則是被徹底扭曲了。他們的心理需求既沒有層次感，也缺乏多樣性。其心理指向是唯一的，那就是實現教義。他們沒有正常人對學習、工作和生活的熱情和需求，生活中最重要的事就是實現那虛幻且荒誕的教義，除此之外生活中的一切對他們都不重要。正常人生活中對國家、社會和家庭的責任感以及親情、友情和愛情都不再是他們的追求，而且還會被他們看作妨礙自己的絆腳石。甚至把自己的親人也看成「魔」，殘忍地殺害親人而毫無惋惜悔過之情。

● 高度的迷狂狀態

人們在描述邪教信徒時，用「痴迷」二字，是十分準確而傳神的。這是因為，邪教信徒已經喪失了作為一個成熟的個體而自己做決定的能力。他們不能也不敢反思邪教組織和邪教教義的可疑及矛盾之處，喪失了去外部尋求新的資訊及新的支援的機會、能力甚至意願，他們成了邪教組織自覺自願的奴隸，依賴邪教組織安排自己的日常生活，指望邪教組織給自己指點迷津，在自己不虔誠、不努力、犯錯誤時將陷於深深的自責，並出現自我懲罰的傾向；在自己的表現符合教義，在內心體驗與教義相一致時，便產生自豪感與崇高感，並適時對自我進行正強化。任何外部的勸說，哪怕是在邏輯上無懈可擊也難以動搖他們的信念。

● 認知能力極度低下

認知是人們態度的基礎，是行為的指南。當一個人的認知能力極度低下時，他的整個心理系統就不可能健全。這就好比是，一個智力落後的人，就談不上意志力堅強；個性特徵完善，情緒表現得當。邪教教徒由於已身陷迷狂狀態，直接導致了他們的認知能力極度低下。

長期的邪教生活及精神控制，使他們的注意很難從一個興奮點轉移到另一個興奮點，對於通常能引發人們注意的事物與事件也不能集中注意，所以對外部世界不能產生清晰的反映；他們的感知覺頻頻出現幻象與錯覺；他們的記憶出現部分喪失或者錯誤；他們的思維已喪失了進行複雜理性思考的能力，大部分信徒開始無法忍受模糊的與灰色的地帶，他們需要簡單的價值判斷：「是或否」、「對或錯」，就這些也往往需要由教主來告訴他們正確答案。用不可理喻來界定他們的狀態可能是殘酷

的，但卻是真實的。

他們喪失了現代文明社會的一些最基本的價值觀，如：實踐是檢驗真理的唯一標準；世界不能用單一的標準去衡量；每個人都具有相同的人格上的尊嚴；人必須掌握自己的命運，沒有任何人有足夠的權威使自己盲目地、完全地把自己的生命、把自己的一切交付給他人。

如果上述觀念還略嫌複雜的話，一些最基本、最簡單的常識：比如人不可能不生病，生病了必須打針吃藥。他們都難以接受。在他們的認知範疇裡，「真正修煉的人是不會得病的，也不會遇到什麼危險」，而且「練功人的功自動就在消滅病毒和業力，即使得了病也不用打針吃藥」，「吃藥是把業力壓回去，就不能夠清理身體，因此也就不能治病」。他們有病不上醫院治療，不打針不吃藥，單純靠練功治病，延誤了病情，甚至失去了寶貴的生命。並且死到臨關頭還不知道是為什麼死的。

● 行為極端

當一個人的精神被邪教控制之後，行為將趨於極端，就會做出常人難以置信的事情來。他們可以視親人如路人甚至仇人；他們可以把自己多年的積蓄毫不猶豫地拿出來奉獻給教主；他們可去殺人、去放火；你告訴他（或她）這不合情理，他（或她）漠然視之；你告訴他（或她）這將受到法律的制裁，他（或她）慷慨就義。一個好端端的正常人，變成走火入魔的「瘋子」。如此瘋狂的行為，作何解釋呢？

許多邪教教徒說，一旦接受了邪教的教義，就無時無刻不感到一種巨大的精神控制，行動猶豫，言語小心，甚至思想也得不到自由，一切都像處在教主的監視之中。據精神病專家分析，正常人如果長期處在精神高度緊張與壓力之下，處在敬畏和恐懼之中，難免會出現精神崩潰，

染上病態的執著和瘋狂。這股瘋狂勁也「寫」在了他們的臉上。有人觀察到，邪教信徒說話的語氣和韻律都發生了變化，變得激動、高亢或莊嚴、緩慢。邪教成員的表情也變得更緊張，眼神也更明亮，或者變得很冷酷、很淡漠。總之，邪教信徒似乎無端地覺得自己高尚、偉大或者憤世嫉俗了。

● 空虛的精神世界

　　精神空虛是當人的精神需求得不到滿足時表現出的信仰危機、社會歸屬和社會親和心理的缺失、對現實生活挫折感的加強及獨立思考能力的喪失。在這種情況下，人很容易接受和尋求那些比較玄虛和遠離社會生活實際的異端邪說來填補精神的空白，從而為邪教的產生和蔓延、為邪教教主實施精神控制提供了生存空間和機會。統計資料顯示，大部分進入邪教組織的人都是因自身的精神空虛而身陷其中的。

　　瑞士教派問題專家邁耶（Jean-Francois Mayer）所說的：「信徒們最令人驚訝的特點是：他們都是受尊敬的人，過著正常的生活，但卻不知為什麼聽信茹雷的『超自然的預言』上了賊船。」譬如，太陽聖殿教的信徒們大都是些有錢有勢、有頭有臉、教育程度高、職業穩定、社會地位也比較高的人。這些成員除物質方面的豐裕外，另一共有的特點就是精神上或者心理上的苦悶失落。他們過著「雙面人」的生活，白天和正常人一樣工作上班，但業餘時間卻離群索屬，獨來獨往。心理上的空洞使他們把希望寄託在教主身上，他們瘋狂地崇拜教主，從物質至精神都給自己套上了沉重的枷鎖。邪教教徒中的另一部分人則是生活中的失意者，同時他們也無力、也不想與命運抗爭。於是，希圖藉虛幻的邪教填補自己空虛的心靈。不可否認，邪教教義與教主的確對人的心理能產生

麻醉功能，但麻醉以後所產生的是更大的空虛，怎麼辦？以更極端的教義再來麻醉。恰如吸毒的人一樣，因空虛而吸毒，因吸毒而產生快感，快感過後是更大的空虛，更大的空虛只能用純度更高、劑量更大的毒品來解決，就這樣，循環往復、愈演愈烈。

4、教主，你怎麼活得那麼精采

如是我們與那些信徒們去爭辯他們的教義，估計多數情況下是無功而返。沒準他們還會說你境界低，不開竅。但有一個現象不知信徒們作何解釋？有何感想？那就是教主們讓別人做清教徒、苦行僧，但一個個從不虧待自己，他們都是活得很滋潤。我們看不出來他們有什麼超能力，到是看到了他們的超級享受。

麻原彰晃說自己是神，不求名，不求利，實際上他卻醉心於名利。1990 年他率領 24 個信徒以真理黨的名義參加日本眾議院選舉，希望藉此進入政壇並吸引更多的信徒。事與願違，麻原他們使盡渾身解數也未能當選。選舉失敗後，麻原轉而全心全意的搜刮錢財。麻原欺騙信徒們說，要想淨化心靈，只有貢獻出他們的財富，此外別無他法。他要求信徒入會後定期捐款，甚至將所有財產、物業奉獻給教會。麻原還要求信徒買他的書、T 恤及錄影帶。他的頭髮 3 根值 3,000 日元，他用過的洗澡水一公升值 6,000 日元，這些都是信徒必買的物品。至於麻原的鬍鬚、指甲，一樣有錢就有貨。

到 1995 年，奧姆真理教已在日本設立了 25 個分部、100 多個據點，麻原也因此聚斂了大量錢財。他在日本設立了醫院、餐廳、電腦公司等，在富士山腳下的上九一色村麻原建有一個莊園，內有農場、工廠等。在莫斯科，麻原購買了一個電臺時段，向當地及日本傳教。此外，他還擁有多部高級轎車和直升機。在他策劃東京地鐵毒氣之後，警方搜查他住所時，在其保險箱內發現了 7 億日元和 18 公斤黃金。

茹雷、迪曼布羅等太陽聖殿教頭目生財有道。除了加入教會要收相當數目的會費外，他們還利用教徒們的敬畏盲信等心理弱點詐騙了巨額財富，供他們大肆揮霍。瑞士一對夫婦入教後變賣了自己的農場，把所得 15 萬英鎊全部交給茹雷支配，茹雷用這筆錢買了一座廟宇和一處農莊。加拿大企業家羅伯特·奧斯地古易捐助了 200 萬法郎給教會。而克勞斯太太為了能在「宇宙婚姻」中和丈夫再次結合，據說交給茹雷 100 萬美元。瑞士企業家加米爾·比勒為太陽聖殿教的事業花費了近 4,000 萬法郎。在迪曼布羅的精心策劃下，信徒們捐贈的上億美元鉅款被存入世界各地的銀行，供教內首領揮霍。教會還在加拿大、澳洲、法國、瑞士等地購置多處房產，大肆建造多座豪華別墅供教內高層人物享受。

教會首領們的私生活十分放縱。一位前太陽聖殿教教徒說，金錢和美色是呂克·茹雷的至愛。他說：「每次舉行宗教儀式前，為了給他增加精神力量，他都要挑選一位女性和他發生性關係。他從未結婚，但擁有很多女人——他一天換一個女人。」茹雷和迪曼布羅都是偏執又狂妄自大。這位教徒說，「只要是他（迪曼布羅）讓信徒們相信的，他們就必須相信，只要是他讓信徒們去做的，他們就必須去做。如果他命令一位女『騎士』和他發生性行為，她會絕對地服從。」如果他認為某某夫妻的婚姻「有違天意」，他會馬上橫加干涉，立即終止他們的婚姻關係。

每個星期日的情形：幾千名黑人和白人教徒將教堂擠得水泄不通，常常是人們爭相跑上寬闊的講經臺發言，大談「人民聖殿」教的理想和教主創造的奇蹟。教主瓊斯也出現在臺上，他臉色蒼白，頭髮烏黑發亮，穿一身深色西裝，配了一件淺色襯衫，笑容滿面的臉上架著一副茶色眼鏡。他首先猛烈地抨擊舊金山市的納粹黨。講話在雷鳴般的掌聲中結束後，一個禿頂的矮子便開始尖聲喊叫起來：「現在該輪到我們盡義務了！請大家把錢包打開！為聖殿捐款會對你們有好處的。」大廳裡便響起「刷刷」的點鈔票聲。人們爭先恐後地捐獻支票和現金，成千上萬的美元隨著動人的讚美詩旋律從四面八方彙集起來……

教主瓊斯是個令人入迷的人。要是他高興，他可以把魔鬼本人迷住。要是他情緒不好，他能栩栩如生地描述出地獄的火焰與硫磺，將教徒們嚇得不敢動彈。他還有信仰治療的巨大奇蹟，有些信徒宣稱他們親眼看見過教主施行神蹟，甚至把一個等死的可憐傢伙身上的致命癌症驅走了。他只有一個不良嗜好──定期地對「人民聖殿」教的年輕、有吸引力的女會眾提出性要求。而許多年輕的女會眾認為共享「聖殿之父」的床鋪是一種光榮，是她們能為這位偉大人物做的一件小事。到 1971 年底，在「聖殿」裡很難找到一個年輕而有吸引力的女人沒有在他的床上盡過自己的職責。

大衛教派的大衛‧考雷什生活極度荒淫、放蕩，他在莊園裡實行一套荒唐的制度。1989 年，他對教徒宣稱上帝告訴他，他是教派內唯一可擁有妻子的人，其他人沒有這個資格，已婚教徒的婚姻無效，教派內的男女教徒被強制地分開居住，並被要求發誓一世獨身。而考雷什卻可擁有許多妻妾，他和莊園內的 19 個女教徒結婚並生有一大群孩子，被他蹂躪過的女性不計其數。只要他想要，上至 50 多歲的老婦人，下至 10

幾歲的女童，都成為考雷什的掌中玩物，連他的妻妹也沒能逃脫他的魔掌。他欺騙女教徒說，世界末日時，他要把所有不信教的人殺死，而他和他的孩子則是未來世界的統治者。許多女教徒被他的謊言所打動，紛紛主動上門，和考雷什上床並以此為榮。

在卡梅爾莊園，考雷什成為絕對的獨裁者。信徒們被剝奪了應有的權利，他們接受「洗腦」，滿腦子都是世界末日的悲慘景象，連獨立思考的能力都喪失殆盡。教徒只能過清苦的生活，不許有任何欲望，而考雷什卻享用著世俗的所有快樂，金錢、美女、毒品、酗酒，應有盡有。考雷什掌管著莊園的一切經濟大權，教徒沒有經濟支配權，過著清教徒的生活。不僅如此，考雷什還對教徒異常殘暴，教徒必須遵守考雷什制定的一切規章制度，稍有違背，就橫加懲罰。考雷什經常打罵他認為不聽話的教徒，甚至連兒童也不放過。據傳媒披露，考雷什經常施暴於兒童，常把他們打得皮開肉綻，鮮血直流。

「天父的兒女」教主大衛‧伯格，也是一個無惡不作的大流氓。他不但娶了兩個女人，而且和不少女教徒發生過性關係。他曾讓媳婦當著他的面和他的兒子性交。他還曾強迫媳婦與自己發生關係。他本人不但提倡亂倫，而且在自己家中大搞亂倫。他首先是把自己封為「王」，說自己的家庭是「皇室」，並把自己的大女兒迪寶拉（Deborah Berg）封為「皇后」，這就為他「順理成章」地為他在自己家族中搞性亂鋪平了道路。然而，他的大女兒對他的做法深惡痛絕，強硬地拒絕了他的無恥要求。這便激怒了他，說她這樣做，就是不承認基督，是叛逆行為。於是他便把小女兒封為「后」。此時，他的大女兒方得知她那可愛的妹妹從小就和其父有亂倫行為。

　　他的這種淫亂行為，迫使其兒子保羅（Paul Brandt Berg）1973 年在瑞士自殺身亡。他的大女兒也因不堪忍受其心理上和精神上的折磨，曾產生過自殺的念頭，但她最終選擇了脫離「上帝之子」的道路，幾經波折，終於逃出虎口，舉家團聚。

　　應該可以看清楚了吧，那些自詡為崇高、脫俗、非凡的教主們所追求的就是人世間的那些俗物 —— 金錢、美女、權力、地位。而且所採用的手段還十分惡劣 —— 控制人的精神、迷幻人的意識然後強奪豪取。

　　如果說，對人類危害最大的物質毒品是鴉片、海洛因、冰毒。那麼，對人類危害最大的精神毒品就是邪教。更需引起社會高度警覺的是：高速度、快節奏、競爭激烈的現代社會所引發的一系列心理問題，客觀上為邪教的流行提供了溫床。尤其是那些生活中的失意者，不惜飲鴆止渴，把邪教當成自己的精神避難所。而邪教教主正是利用這人性的弱點，大售其奸，以達成自己的罪惡目的。

八、傳銷與類催眠

　　我們不知道發明老鼠會的人是否研習過催眠術，但從其手法來看，他們個個是催眠高手，只不過是出自於邪惡的動機罷了。

　　先說說筆者的一段親身經歷。

　　我對傳銷的直接感受是來自於和一個理髮店小老闆的對話。

　　我幾乎是在一家固定的理髮店理髮。一次到了這家店，發現那個小老闆——一個 20 多歲的女孩神采飛揚。由於很熟，我笑問：「遇上什麼好事了？是找到好對象了嗎？」

　　她表示不屑：「找到對象算什麼好事？我做 ×× 產品的傳銷啦！」

　　「賺到多少錢啦？」我的發問幾乎是一種本能反應。

　　她表示出更強烈的不屑。「現在還沒賺到錢，但我會賺很多錢的。我已經不打算開理髮店了，一門心思做 ×× 產品。」看我那不開竅的樣子，她又補充道：「我已經有收穫了，因為我的人生境界已經有了很大的提升。」說到這裡，眼睛裡幾乎放出光芒，似乎看到了美麗的天堂。

　　我仍然不能理解。而她，對我的不理解表示出更大的不理解。

　　後來，多多數國家明令禁止老鼠會式的傳銷，媒體又報導了許多傳銷的案例，聯想起這件事，聯想起我的專業知識，我才對傳銷有了比較深刻的認識。從本質上說，傳銷的內核還是精神控制。一位傳銷者事後深有感觸地說：「我們不是因為利益誘惑和人身監視而被傳銷網路套住，而是在思想上被控制後，心甘情願地被他們利用。」

　　讓我們先來看一位記者朋友的暗訪親歷。

　　為了了解傳銷內幕，記者決定到傳銷聚會點一探究竟。記者在朋友的幫助下打入了某社區一家傳銷組織內部。行動之前，朋友對記者一再提出警告：由於「全球 ×× 計畫」在某城市的聚集地被記者曝光了，四散轉移的殘餘勢力對記者非常「過敏」，有一定的危險性，那些「洗過

腦」的人行事不可理喻。

　　搞傳銷的人往往都是租用公寓大樓，每戶裡有幾個或十幾個線人，他們同吃、同住、共同上課，交流各自的經驗。據知情人透露，他們晚上 7 點都要上一堂課，並且還美其名曰「實話實說」。

　　在一棟公寓五樓的一套普通住宅內，屋內燈光灰暗，兩房一廳的房子基本沒有什麼家具，連床也沒有，全是打地鋪，裡面已擠滿了 20 多個情緒激動的男男女女。儘管這些傳銷者警惕性很高，疑心很重，但對由內部人帶來的記者並沒有太多懷疑。正在給大家傳授傳銷理念的「講師」停下來，號召大家隆重地歡迎記者加盟「××」，並盛邀記者作個自我介紹。講師每說一句話，下面的人便報以熱烈的掌聲和回應。

　　記者說「大家好！」下面的人轟然答道「非常好！」

　　原來這一問一答都是固定的「熱身程序」。

　　在一番事前準備好的自我介紹後，於是，一場「講師」遊說記者的花言巧語便開始了。

　　「講師」講的內容是一個個「成功者」的發家史，從漢高祖劉邦到亞洲首富李嘉誠，從郭台銘到皮爾‧卡登，乃至這個秀才、那個郎中的無名氏。有些例子和說法聽起來有些可笑：比如說王永慶成為富人是因為他堅信「我是最優秀的」。「講師」用這些事例來論證他的「箴言」：「假如這裡遍地都是金子，而且有人安然無恙地拾到了手，你幹嘛還在一旁猶豫守望？」

　　見記者進入「狀態」，「講師」聲音越發洪亮：「只要有敢為人先的勇氣、超前的意識，在座的各位尤其是那位文質彬彬戴眼鏡的新朋友（指記者），都能成為劉邦、皮爾‧卡登。」屋內再次響起雷鳴般的掌聲。

　　在不斷動情描述身為「人上人」的高貴和幸福之後，講師又眉頭一

皺痛苦地講起了身為「下等人」的種種不幸和卑賤。最後，講師得出「在座的每一位都是冠軍」的結論 ——「因為你爸媽懷你時，你是千萬個精子中第一個衝過那個『隧道』的勝利者。」

至此屋內的情緒已近乎癲狂。

不得不承認，這位年輕「講師」的確有演講的口才。他不僅口若懸河講了近兩個小時，而且語調抑揚頓挫，非常善於調動聽者的情緒。據介紹，「現身說法」的「講師」都是由公司派來的「傳銷業的成功者」，一般是「督導」級別以上，每一個「督導」按公司的宣傳每月有 10 萬元的收入，他們被大家稱為「指引人生之路的明燈」。

演講完的「講師」走到記者跟前，送給記者兩片 DVD 和一本書，他說今天因為你這位新人到來臨時把業務培訓課改為創業激勵會，明天再來就可上培訓課程。培訓課程就是成系統地傳授傳銷的「方法和技巧」。

在我們看來，這那裡是在做傳銷，簡直就是一場標準的「集體催眠」。可憐的聽者們，意識被剝奪，被控制，直至達到那些「催眠者」的目的 —— 錢財被騙，更去騙別人的錢財。

縱觀傳銷的詐欺手段，可以歸納為以下基本步驟。

1、誘騙：先讓你進門再說

一個做傳銷的曾一語道破天機：賣什麼產品，賣產品才能賺幾個錢？我們這裡就是拉人來。有人來，就有了錢。

傳銷組織拉人的手法主要有兩種，一是誘；二是騙。

「誘」的標準用語有：

「我跟你介紹一份好康的工作，保證你一聽就會把門市關掉。」

「等我發財了別說我沒告訴過你。」

「快來參加吧，坐在家裡拿錢。」

「做傳銷，年收入可達上億。」

另一種就是「騙」，請聽兩位受騙者的自述：

我在讀書的朋友打來電話，稱有個電腦展銷會，會場需要人維護，為期 10 天，待遇頗為優厚。他還暗示說，要和我幹一番大事業。青春年少的我，總希望自己可以生活得更有質感一些，再加上對朋友的信任，就答應了。

我今年 22 歲，去年 5 月分被堂兄騙到開始從事傳銷的。去年 4 月，堂哥打了幾通電話給我，說他在一個電腦公司工作，一個月能賺幾十萬。因為電腦公司發展很快，最近還要招一批人，他跟老闆說好了，為我留下了一個名額。一聽到堂兄在電話中說得那麼好，心裡又癢癢的。我正在和家裡人商量去還是不去時，5 月初堂兄又打電話說因為我的猶豫，公司留給我的名額已經給了別人，我已經沒有機會去公司了。

這讓我感到十分後悔，這麼好的事讓我自己搞砸了，看來我只有一輩子被人請。

5 月下旬，堂兄又來電話，說他又透過請老闆吃飯打雜，讓老闆答應再給我一個名額，堂兄這次沒有和我商量，直接問我是 5 月 30 日去還是 31 日去，如果到 6 月 1 日，這個名額又要作廢了。

我生怕再失去這個機會，當即答應 5 月 30 日一定到。

什麼人是可能的受騙者？傳銷組織在這方面也頗有心得。

就與施騙者的關係而言，五同四友（同學、同宗、同事、同鄉、同

好；朋友、酒友、戰友、室友）是最易欺騙對象。因為這些人對他們的警戒心理不那麼強，存在著一種基本的信任感。用傳銷者的話來說，就是要「殺熟」。

就可能的受騙者的特徵而言，有以下幾種：

- ⊙ 經濟條件不太好的人；
- ⊙ 沒有穩定職業的人；
- ⊙ 急於想發財的人；
- ⊙ 懷才不遇的人；
- ⊙ 負債累累的人；
- ⊙ 急於找工作的人；
- ⊙ 提前退休的人；
- ⊙ 在公司裡得不到長官重用心裡不服氣的人。

這些人大多生活狀況較差，教育程度不高，頭腦較簡單，缺乏分辨能力，生活的窘迫、世人的白眼使他們更加嚮往富裕的生活，平等的對待。不切實際的幻想，心存成為富翁的僥倖心理時常浮現。傳銷的主謀者正是抓住這一人性的弱點，把他們作為最佳獵物。

邀約技巧也有章可循。

一是精心策劃，全面了解邀約者的資料。透過直接或間接了解邀約者的狀況。

二是分析邀約者的資料，確定邀約方案。

三是正式邀約。傳銷組織要求傳銷人員在正式邀約時，必須先擬好電話稿，防止講錯話露馬腳。電話稿的內容包括：第一次與邀約者聯絡時，只問候邀約者和談自己目前工作、生活狀況良好，不談其他內容，

給人一種自己過得非常好的感覺。第二次與邀約者通話時，則說自己公司有一個薪資高的職位正需要人，並問邀約者是否有興趣，發現邀約者有興趣後，迅速結束通話。給邀約對象神祕感。透過一兩次通話後，知道邀約對象想發財、想找好的工作後，就正式發出邀約，叫邀約者到自己的公司上班。

四是正式邀約。正式邀約的欺騙方式主要是：語氣高度興奮，語調要高，比平常高八度，語速要快。告訴對方自己給他找到一份非常好的工作，或者是聯絡到了一宗可以賺大錢的生意。

五是「火車站接人原則」，包括要事先洗澡、理髮，穿上華服，表現得精神一點，以便給對方留下好的印象。見面之後，要主動幫助對方拿東西，盡量做到熱情和周到。

平心而論，把受騙的責任完全推到傳銷組織身上也有失公允。我們這個社會，想發財的太多，這到沒錯。問題是不想付出或只想很少付出就發橫財的人太多。這就給騙子們提供了施展才華的廣闊空間。這些被傳銷組織騙來的人，自己難道就沒有責任嗎？肯定不是！

一位受騙大學生在火車上寫下了這樣一段話：「雖然不知道明天會是什麼樣的，但現在擺在我面前的卻是實實在在的一個突圍的理由，絕望和希望之間只需要一個藉口。當我在火車上望著窗外一望無際的綠色的平原及遠處綿延的群山，我感受到生命的狂妄。也許有的人天生不適合去充當園內的精靈，他渴望的不是被呵護而是去挑戰，在未知的領域裡抗爭。在列車中我直覺告訴我，我的生活將從此改變。」

2、溫情：感覺真是良好

催眠有兩種基本形態，那就是母式催眠與父式催眠。所謂母式催眠就是用溫情去突破受術者的心理防線，也就是一種柔性攻勢；父式催眠就是以命令式的口吻發布指示，讓你感到不可抗拒，而不得不臣服。在催眠過程中，常常根據不同的對象，或同一對象在不同的時間、地點、條件下選擇使用不同的催眠方式。

在傳銷中，這兩種手法也是在不斷切換中交替使用的。的確，在傳銷中不乏溫情。

當新人到來的時候，溫情便撲面而來。他們按兩大原則對待新人。一是「火車站接人原則」，要主動幫助新來者拿東西，盡量做到熱情和周到；二是「二八定律原則」，即要求拉來人的「業務員」80% 談感情，20% 談事業，絕對不能講有關傳銷的事。現代商品社會不是很殘酷嗎？這裡有溫情；新人中不是失意者很多嗎？這裡會給你鼓勵與希望。傳銷中人常以兄弟姐妹相稱，不時還要來個當眾擁抱，以顯示親情與友情。男女同住在租的房間裡，女的睡床鋪，男的睡地板。大有桃園三結義中「不求同年同月同日生，但願同年同月同日死」之勢。

傳銷者的生活中不僅充滿親情，而且過得也很「充實」。我們來看一看傳銷新人體驗到的生活場景。

傳銷的培訓會場的氣氛令人叫絕。那麼多人聚集在一起，卻如同一家人那麼親切，像一家人那麼溫暖，每個人都彬彬有禮，舉止高雅，每個人

都能在這兒找到自信的感覺。每個人在這兒都成了天才，每個男人都是帥哥，每個女人都是美女，每個人都很優秀。會員們如同姐妹兄弟夫妻。

再來看一位傳銷者的日記。日記中詳細記錄了「家」中互相愛護、互相幫助的溫情氣氛。

從接車那一刻起，「家」裡人就無微不至關心「新朋友」，甚至幫你倒熱茶、鋪棉被，陪你打電話給父母報「平安」；在頭幾天，甚至沒有人跟你談錢。「家」裡經常舉辦「心理分享」、「開心一刻」等活動，鼓勵你改變一些身上的缺點。你如果害羞或膽怯，其他人為你鼓掌、鼓勁；「家庭」成員之間還談心，互相打氣，交流「心得」，特別是由一些所謂的成功者談自己的「入行」體會，使你增加信心。大家不論出身，輪流做飯，一起到大街撿回收用、撿菜葉吃，感受「磨礪教育」。在這充滿「人情味」的家庭氛圍中，初來者不由自主地對「家長」推心置腹，經常向其報告自己的心理以及開展邀約的情況，接受家長和教師的指點，放鬆了警惕。

我們經常性地開 PARTY，比如生日 PARTY，簽單慶祝 PARTY。雖然並沒有我們在學校舉行 PARTY 那樣花很多錢，只是喝開水、聊天、玩遊戲，偶爾嗑瓜子、花生。但整個屋子裡充滿了快樂，活動會讓我們感覺非常有意義，特別是那些主持人，在活動中間說的話，會讓我們在不知不覺間融入進去。當時我由衷地感嘆：這裡真好啊！比學校生活有意思多了。

雖然騙取錢財是傳銷主謀者的最終目的與唯一目的，但「錢」這個字卻很少從他們的嘴裡吐出，除非是在為你著想的時候。他們主要的工作是如何勸誘別人參加傳銷，如何讓人們參加這個美好的事業，如何把快樂和愛傳播四方。他們儼然是一個關心民生的社會工作者，見面就誇

此人如何了不起，爾後熱心推薦聽一堂課，做一個有愛心，熱心公益事業的人，以便把愛心接力下去。

當然，所有的脈脈溫情都是形式、都是前奏、都是蓄勢、都是精神控制流程必不可少的部分。當你落入圈套之後，那就先請你掏乾自己身上的錢，再去騙親戚朋友的錢。

當這一招漸漸失靈之後，另一招就來了，那就是恫嚇。甚至發展到暴力和強制拘禁，他們已撕下偽善的面具，直言不諱只傳人頭不傳商品，而且所用手法明文規定先親戚後朋友，個個擊破，一個不留，有良心就發不了財。當一個人加入了某個結構嚴密的組織以後，來自組織的恫嚇是具有巨大影響力的。特別是當溫情與恫嚇交替使用，而力度與時間又掌握得十分好，效果則更明顯。

3、打壓：你是一個可憐人

溫情過後，就要對你實施打壓了。這個打壓主要是心理上的，目的在於徹底摧垮你原先的自信與自尊。打壓的方式是非常巧妙的。一個傳銷講師對新來者說：

「現代人都要講究生活品質吧。」（這話說到人心坎上去了）

「你總得買個房吧，不是獨棟怎麼行？起碼要一千萬。開的車也不能太差吧？一般的車，也要幾十萬。孩子的教育經費呢？沒個幾百萬不行。到國內外旅遊旅遊，也是不小的支出。這些東西都是必須要有的，還有平時的日常開支呢？算一算五千萬跑不掉。」（聽者已經快傻了）

「想一想，靠你靠薪水民國哪一年才能做到？」（我們怎麼辦呢？求你指條生路）

「加入我們的事業，瞬間就能實現這一切。」（終於「柳暗花明又一村」）

如果你沒有什麼學歷。「像你這樣的人，除了做苦力之外，誰會給你機會？」

如果你是位高學歷者。「接受高等教育是在浪費時間，博士生出去還不如一個國中畢業就工作的人，死讀書，讀死書，沒能力。」

總之，每個人的前途都是黑暗的，社會也是醜惡的，你在社會上四處碰壁（的確，做得好的人是不會去做傳銷的）。

這種強大的心理攻勢，使得你徹底否定了自己。你，一無是處；你，生不如死。

在你感到走投無路之時，他就會告訴你，成功需要有敏銳的眼光，聰敏的頭腦和果斷的行動，以便於發現機會，抓住機會。「傳銷」將是你未來唯一的出路，將會給你廣闊的發展空間，加入它，你的前途無比輝煌。

4、前景：美麗的海市蜃樓

如果經由一番客觀、理性的分析之後，再去參與傳銷活動的人估計少而又少。傳銷的主謀者對這一點可謂看得真真切切、入木三分。怎麼辦？他們的對策就是製造幻象。一旦人們被一個虛幻的景象所籠罩，並

認同了它以後，理性就會喪失。而理性喪失之後，一切不可能的事情都會當成是真實的、可能的、當然更是美好的。

讓我們來看一看傳銷的主謀者們所製造種種幻象。

幻象之一：傳銷能發大財，能迅速發大財。最慢的速度一年就能成為百萬富翁。「做傳銷達到一定的級別（如寶石翡翠）之後，就可以過上等人的生活，高品質的生活，萬人矚目的生活。公司掏錢讓他們任意出入世界各地五星級飯店，遊歷五湖四海的風景名勝，為一頓早餐，坐上飛機滿世界地飛。如果這輩子沒享受夠，子孫後代也可以沾光。」

幻象之二：傳銷是窮人的大救星。傳銷的主謀者把自己裝扮成救苦救難的觀世音菩薩，是上天派下來專救窮人的（事實是富人難騙）。按照他們的說法是「我們與大家分享美好的事業」。「做傳銷，是窮人致富最好的、也是最後的機會，如果你還不把握著這最後一次機會，那你就徹底沒救了。」

幻象之三：兵不血刃就能發大財。有一次，一名「講師」向傳銷者介紹了公司直銷「×××」化妝品的方式。每套產品 3,350 元，其中 3,200 元是產品的費用，150 元是網路管理費。他說，如果你加入公司，交了 3,350 元，以後在銷售時拿包括有 18 件一套的化妝品就不用再另外付費了。再以後，你就介紹別人加入組織，你介紹的人越多，獎金升得越快，從幾百元到幾十萬元不等。比如你介紹 70 個人進來，你的月收入達到幾十萬元可以說就易如反掌了。他說，不要認為 70 個人多，你只需介紹 2 個人進來就可以，他們再去介紹其他人，如此「幾何倍增」，大家可以算算 2 的 N 次方是怎麼成長的就會明白。你不必擔心自己不會成功，也不必擔心介紹不了人，即使你介紹不進來人，你的推薦人還有他的推薦人會幫助你的，因為如果你升不上去，他們的升遷同樣會受到制

約。再試想，如果你只投資 3,350 元，在一年內成為百萬富翁，你會不會動心？

這些幻象具有如下特點：其一，「大」。你想進入頂級富翁的行列嗎？這裡為你敞開了大門。天堂有路，你為什麼不走呢？這很能使人怦然心動，因為它是難以抵禦的誘惑。什麼謊言最不容易使人相信又最容易被人識破？小謊言。什麼謊言最容易使人相信又不最容易被人識破？大謊言。傳銷的主謀者們深諳此道，要說謊就把謊說大些，反而能騙得往人。其二，「光明的前景就在明天，伸手可及」。世上想發財的人多，怕吃苦的人就更多。不吃苦而又能發財，而且不是發小財，是發大財，自然最符合怕吃苦又想發財的人的心態。當然，他們說的是明天，而不是今天，不過永遠是明天，而今天你要做的事是投入加騙人。其三，「做傳銷有百利而無一害」。做傳銷自己能賺到大錢；能提升人生品味；能普渡眾生，造福社會（他們的產品太好了）。也就是說，口袋裡的鈔票滿足；精神世界滿足；助人為樂的天性也得到滿足，這樣的事情，我們怎麼能不去做？

千萬不要低估這些幻象對人的麻醉作用。某家電視臺採訪傳銷者，還沒說上幾句話呢，他們立即字正腔圓地背起天書，充滿熱情和嚮往，一副追求美好事業的孜孜不倦狀，一種不被人理解的焦急樣。有些大學生被警方解救後，仍執迷不悟。他們說：我覺得在裡面沒什麼不好，因為在這裡聽課 10 天，比我上大學 4 年學的還要多；有些人稱：在這裡即使什麼產品都不給我，我也認為交 3,000 多塊是值得的，因為我交了很多好朋友，交際能力增強了，學到了將來在社會上立足必需的能力。

這些人完全處於一種意識恍忽狀態，這種狀態和真正的催眠狀態簡直如出一轍，令人不寒而慄。總之，傳銷的組織者把虛幻的海市蜃樓包

裝成下線的人生目標。更可悲的是這批人因自身的弱點而執迷不悟、不知覺醒，還去騙更多的人，這正是傳銷的祕密武器所在。一旦迷上傳銷，就很難把他們拉回來，誰去勸誰會被他們口若懸河地上一課，勸人的人一不小心反被他們拉進去的也不少見。

5、洗腦：常態觀念歸零

傳銷的組織者做得最賣力、最辛苦也是最投入的一項工作就是給他們的下線洗腦。這一步工作不完成或者說沒有很好地完成，他們的錢包就沒辦法鼓起來。這可是攸關身家性命的事，所以，傳銷的組織者做起事都是來不遺餘力。

洗腦的過程有以下幾步驟。

● 其一，先把你人弄傻了再說

有個現象，人們感到費解。那就是，傳銷組織總是把下線的活動安排得滿滿的，而且還讓他們故意吃得差、住得差。

有位傳銷者描述他們的生活狀況是這樣：

從第三天起我開始參加「晨練」活動。5 時 30 分我們起床，先是讀書、背書，有人讀《論語》、《尚書》、《楚辭》之類的古文，更多的人是大聲讀一些關於成功學、行銷學方面的書。接著站 5 分鐘，之後是開心一

刻，每個人都要爭先恐後地搶著講一個笑話，目的是掃除前一天心中存在的陰影。最後是即興演講。包括三項內容：總結昨天，說出失誤所在和準備「怎麼辦」，有些人總結昨天的失誤時會自己體罰自己，我曾看到一個人跪在大家面前，搧了自己 40 個巴掌；計劃今天，比如要和 10 個人交流，中午看 1 個小時的書，下午去某個講師那裡聽課等；三分鐘命題演講，其他人隨便出題，目的是鍛鍊口才。

為了製造「磨礪意志」的假象，我們吃菜不用買，每天安排人到菜市場揀，而且只能揀別人扔在地上的，如果是放在櫃檯上別人不要的，也絕對不能揀。食物中沒有什麼油水。新人來時所吃的「四菜一湯」，是由推薦人自己出的錢。在住的方面，男女同住在租的房間裡，女的睡床鋪，男的睡地板。

在那裡面，沒有個性，唯一的差異就是收入上的，而且如果你月薪沒有達到幾十萬元以前，哪怕你是一個月好幾萬，照樣睡地鋪，吃白米飯、炒蘿蔔絲。這種貌似平等的地位，也許更能激發受騙者做一番大事業的熱情，吃著爛菜想暴富，今天睡地板，明天當老闆。

這是為了什麼呢？

讓你整天所有的活動都與傳銷有直接或間接的連繫，你的常態觀念就會愈來愈淡化，直至歸零。

讓你的生活變得異常艱苦、清寡，你對美好生活的嚮往就會愈急迫。有一個民間傳說：乾隆皇帝下江南，路過一縣城，縣令自然要來迎駕。乾隆皇帝與這縣令閒聊，問他：「你最想什麼？」縣令答曰：「最想錢。」隨從官員聽到這話大怒，紛紛要求乾隆皇帝處罰他。誰知這縣令不慌不忙地說：「因為我沒錢，所以最想錢；列位大人錢撈足了，所以就

不想錢了。」乾隆皇帝聽後哈哈大笑。的確，吃得太好、住得太好，人就有惰性。

以上算是洗腦的準備工作。

● 其二，狂吹與傳銷有關的一切

貫穿洗腦全過程的一個中心詞就是「吹」，而且是「狂吹牛」。

◆吹噓公司

吹噓傳銷組織所謂的公司情況。傳銷人員一般都是隱瞞其傳銷性質的真實情況，向邀約者吹噓自己的公司是經註冊登記的合法大公司；吹噓自己公司的連鎖銷售、網路聯盟、快速直銷等經營方式是目前世界上最科學、最先進的經營方式；吹噓他們公司已經培養了多少百萬富翁、千萬富翁。同時，傳銷人員還利用與邀約者是朋友或親戚的關係，信誓旦旦地說如果不是朋友或親戚關係絕不會把這樣的好事告訴邀約者。

◆吹噓產品

傳銷的產品是超時代的頂級產品。至於傳銷的產品有多好呢？具體也說不上來，反正你有什麼問題，它就能解決什麼問題。如果是個保養品的話，那麼，它比任何藥都管用，醫院關門已指日可待。所以，推銷這個保養品無異於做好人好事，服用這個保養品就等於與神仙成了拜把兄弟。在常人看來，吹到這裡也就沒辦法再吹了。且慢，他們宕開一筆，瘋狂地擴大了吹噓空間。主我們來看看某產品是如何操作的：××幫助多少人解決了多少多少健康問題；提升了道德觀念與人生價值；傳播了多少多少個愛心；挽救了多少多少個瀕臨破裂的家庭……哇！普渡眾生的觀音菩薩見了它也自嘆不如，面帶三分愧色。清醒者聽了不禁噴飯，痴迷者聽了則更為著迷。

◆吹噓有多少名人棄暗投明，參加傳銷

如前所述，人類社會性行為的學習方式主要是透過社會模仿學習。模仿的對象是什麼呢？是社會上有權威的人，有名望的人，有身分的人，有影響的人。傳銷的主謀取者們也把這一心理學原理利用上了。他們把官員、教授、電視臺主持人，畫家等等搬到前臺，再加以包裝與無限放大，然後呈現到新人們的面前。你看！這些人總有智慧、有頭腦吧，這些人總比你們的生活狀態好，並且好許多吧，他們都「丟掉手中的爛蘋果去抱西瓜」，你還愣著幹什麼？

這些名人們與傳銷的主謀者之間是什麼關係？有什麼交易？我們不知道，也不應妄加推測。但即使一切都是真實的，這種連繫也是建立在一個荒唐推理的基礎之上的。如果有人對你說：戴資穎打羽球，人獲成功，如今名利雙收。所以，我也建議你去打，也弄個名利雙收。你會信嗎？別人成功的，我不一定能成功；別人不成功的，我也不一定不能成功。只作簡單類比，必然是毫無根據的。

◆吹噓上線業績如何輝煌

由所謂成功人士講自己進入傳銷組織後，是如何透過努力成為傳銷組織中的主任或經理，現在已經過上住別墅、開房車的富裕生活。這種例子就太多了，大致也雷同，這裡就不說了。

這個狂吹過程通常是以培訓為平臺的。一位傳銷演講師曾自曝內幕，講述了傳銷培訓的完整過程：

所謂的課程實際並沒有著重在產品介紹上，更多的時候是宗教式的煽情演講。一堂課程包括如下幾個步驟：

主持人友好的歡迎和幽默的自我介紹。

　　主持人設問：比方說我們失業就真代表生活從此沒有希望了嗎？大家知道為什麼我們要向自我挑戰？等等。

　　主持人邀請嘉賓講話，這些嘉賓都要有特殊的經歷。比如某某失婚女性如何在從事「xx事業」以後找回了信心；某某傑出青年如何看破紅塵，辭職來從事「xx事業」；某某學生如何透過「xx事業」在社會成長的。一般這些題目都是成型的。

　　嘉賓上臺演講，先抑後揚，其實這種故事他們自己都說了幾十遍了。

　　然後主持人繼續演講，一般都是講一些故事。這些故事大概含義就是做人不要想得太多。認定目標就要衝鋒，當然為了說明自己絕對不是老鼠會，主持人會演示幾個產品，做幾個有趣的實驗，讓人感覺xx的產品確實不錯。加上故意渲染。會讓聽者頓時對產品充滿好奇和好感。

　　最後主持人依然是鼓勵式的講話，舉出大量在xx的成功人士。比如某某鑽石級會員現在不用做什麼，一個月就可以收入多少，某某新加入的會員，現在業績如何攀升啦等等。

　　最後會議在幾個幽默而有「哲理」的笑話中精采的結束，由介紹人包括介紹人的上線和那些尚未加入的會員談，以勸導他們拿錢買產品，加入會籍。

　　以我個人來看這種會議形式欺騙性很大，大多數人接觸的演講是三尺高臺上嚴肅而毫無生氣的講話，現在他們卻被邀請到飯店華麗的會議大廳，為了顯示會議不是為了拉人，而是傳授人生真理，或者說給予機會，一般會象徵性的收每人一百到兩百元的入場費。而會議氣氛幽默熱烈可能是很多人從來沒有遇見的。大量的煽動性演講可以對缺乏這方面免疫力的人產生精神麻醉的效果。很多聽眾在聽完這種課程以後依然表現出亢奮的心態。

　　XX 在更多的時候是用瘋狂的熱情在鼓勵會員，我記得有次在某電影院，當主持人介紹某位階層很高的會員嘉賓登場時，全體會員（坐滿整個電影院）一致起立，以統一的節奏鼓掌並吶喊嘉賓的名字，來表示歡迎。其情形和我在電視裡看到的納粹演講非常相象。

● 其三，特別講究技術細節

　　洗腦這工作，可是個細活，而且技術含量也很高，稍有偏差則前功盡棄。傳銷組織者對此當然很清楚，他們特別講究技術細節。舉個例子來說吧，傳銷中有條「ABC 法則」，即 A 帶 B 來了之後，A 不能做 B 的洗腦工作，而是讓 C 來做 B 的洗腦工作。A 負責把 C 神化，C 對 B 進行思想灌輸。這是因為，熟人的權威性不如生人。記得我孩子學測的前兩天，學校放假了，他整天待在家裡。由於職業的緣故（我是一名心理學工作者），恰好那兩天打電話找我諮商的人很多，多數都是學生考前的心理不適。後來我發現，我孩子總是偷偷地在笑。我不解，問他為什麼我一接電話你就笑。他說：「不是笑你，是笑還有那麼傻的人，居然找你諮商。」向我諮商的學生後來都說效果真好，而我的孩子是不會找我進行心理諮商的。「貴遠賤近」就是這個道理。傳銷組織者連這一小小的技術環節都不放過，可見其用心良苦。另外，他們還常常使用「科學」圖表，來展示高報酬率。從十字座標圖及投資報酬圖，就可以明確看出參與傳銷的高報酬率（以三年為限），第三年可收入 120 萬元！26 歲的林先生大學畢業後一直沒找到合適工作，加入傳銷被「洗腦」後，他在日記裡寫道：「做一般的事業，太難；做小生意也要準備資金，要成功太難了。而做傳銷只要 2,900 元、發展 4 個人加入，以後就能坐享其成，這是一

條成功的捷徑。」這使我想起一位統計學家的話：「數字並不騙人，但騙人的人可以利用數字。」

● 其四，你有一百個疑問，他就有一百種應答

洗腦過程當然不是一帆風順的，被洗腦者有時也會提出各種疑問。沒關係，你儘管提，因為每一種疑問的最佳解答已有囊中。

有人問：我們所做的這一切不就是騙嗎？

答曰：欺騙分為善意的欺騙和惡意的欺騙。跟小時候媽媽說打針不痛一樣，說一個美麗的謊言，孩子就能勇敢地接受，用這種方法叫朋友過來，分享帶來財富的機會，是幫助親朋好友致富和成就自己的事業偉大理想。這是善意的騙，在發展朋友的時候，首先要記住這一點，要運用特殊的方式 —— 謊言，心裡不要有內疚感，這樣你才會心安理得。

有人問：是不是透過先騙人，再賺錢？

答曰：你的上線發展了你，他可以從你交納的 2,900 元會費中提取525 元的直銷獎金，難道你為了不讓你的上線賺個直銷獎而拒絕加入行銷網路？那你又如何去賺幾百萬呢？

有人問：為什麼我們活動時總要偷偷摸摸？

答曰：新朋友從外地來這裡，不熟悉環境，怕發生問題，為了安全，公司制定了嚴格的紀律。還有就是為了避免打擾周圍的百姓，他們不了解我們在從事這麼一個朝陽產業，如果告了我們，警察來了，調查什麼的，會影響我們的事業發展。

這樣的答疑解惑，你一時還真找不出什麼破綻來。

6、感染：讓你神魂顛倒

我們在群眾行為一章中就曾提到過心理感染，傳銷中，這也是一種頻繁使用的手法。

傳銷組織有很多，但基本方式卻是驚人的一致，那就是會議與培訓。

會議程序是經過精心策劃的，試以某傳銷產品為例：

◆ 第一步是分享

也就是一個新人如何拒絕 ××，如何對人生迷失，如何拔開雲霧見青天認識 ×× 的過程，說到 ×× 時激動得痛哭流涕，認識 ×× 後如何地幸福無比。這個所謂分享就是讓每個人深入挖掘自身動機不純的思想，以此表明自己對 ×× 的忠心。

◆ 第二步是感恩

新人熱淚盈眶地感謝某某老師指引幫助，如何使自己茅塞頓開，生活自此柳暗花明又一村。

◆ 第三步是知識講座

請注意，這裡所說的知識不是真正的科學知識，而是夾雜著一些科學內容在內的被無限誇大了的該產品的知識。如是營養產品，那是各種途徑都證明是最好的、最安全的。效果就更不用說了，幾乎比藥的功效

還大一百倍,「延緩衰老 40 年」、「預防各式各樣的癌症」、 「令你得皮膚永遠年輕」、「令你每天精神百倍」。

◆ 第四步是 ×× 光明前景展望

究竟有多光明呢?肯定比你能夠想像出的光明前景還要光明一百倍。

◆ 第五步是獎金分配

這就更誘人了,一夜暴富在這裡不是神話,不暴富的倒是難得一見。真是讓人怦然心動。

◆ 第六步是會後會

幾個人一群(組)交流今日會議感想,確切地說是一個歌功頌德會,每個人爭先恐後地表示今日如何受益非淺,老師演講如何精采、精闢、精深 —— 所有議論空洞毫無一物。就這樣一個小會也被傳銷專家們規定出了一個統一模式。發言者第一句就是「真誠的友誼來自自我介紹,我叫某某某」,即使是老朋友也不肯打破機械式的規矩,其實是不敢。看上去,交流的氣氛是民主的,但這都是假象。如果說,面對指導老師,你提兩個疑問還是能被接受的。在這種交流會上,你就別想試圖發表反面意見了,否則便有被亂棒打出之虞。況且,即使你有一百個不加入 ×× 的理由,他們有一百個理論來駁斥你的執迷不悟。這些理論都是現成的,有專門的講義與書籍作保證。更有傳銷專家悉心研究用什麼樣的事例、用什麼樣的故事、用什麼樣的方法、或者如何讓他們應答新人的新問題。

上面的步驟循環往復、永無止境、反覆灌輸、一遍又一遍。你感染我,我感染你,相互感染、愈演愈烈,弄到最後分不清是你騙我,還是我騙你,自騙、互騙、大家騙,到了這時,操縱者的目的就算是達到了。

7、循環：再去騙別人

　　紙是包不住火的，騙人的把戲總歸要被人所識破，至少被一部分人所識破。不過，傳銷的組織者對這一問題到是並不表示擔心。如果你沒有識破他們的騙局，那就會跟著他們去騙人；如果你識破了他們的騙局。他們會兩手一攤，告訴你，就這麼回事。你是被我們騙了，但你可以再去騙別人，別人再去騙別人。這時，你通常已經輸得精光了，思來想去，只有「那裡跌倒再在那裡爬起來了」。大部分人，還得跟著他們去騙。這就是傳銷組織賴以衍生的「繁殖機制」。

　　一個被騙來的傳銷者如是說：

　　當時別人怎麼讓你來的，你也要以同樣方式讓別人來，這些方式叫我想來，無非是一個「騙」字。我已經被人騙了，被我的堂兄騙了，他們又要讓我以同樣的方式騙人。老師見我毫無頭緒，就要我列一個表，從我最親的親人和最熟的朋友寫起，一共要列出 300 個人的名字。我對老師說，我沒有那麼多的親戚朋友，老師說，沒有那多就先把親戚朋友的名字列出來，實在列不出那麼多就編一些假名字湊夠 300 個，這讓別人看起來你的朋友多，你也有面子。

　　我照老師說的列了 300 人，實際上只有 30 幾個人是我認識的親戚朋友，別的都是假名。老師要我按照名單上的人名順序，一個一個打電話。公司打電話也有規矩，第一次打電話要先向對方問好，聯絡感情，

277

但不要多說話。第二次打電話主要表現出自己所在的公司待遇好，薪水高，而且公司發展快，還要招人，我可以盡量幫你找一個機會招你進來。第三次第四次打電話就是給對方定下到公司來的時間。

每次通話一般不要超過 3 分鐘，以免言多必失，而且每一個電話要間隔一週再打。每次電話都要按公司規定的內容說，要向對方擺出一個高姿態，要吸引對方來求你，讓對方覺得是你給他一個難得的機會，不要讓對方感到你是求他來工作的。

我覺得這是一種無恥的騙術，我不想去做這些虧心的事，但我已是身無分文，連回家的路費也沒有了，再說，即使回家，我怎麼向為我借錢的父母交代？

公司有的是辦法對待我們這樣動搖的人。頭頭們又讓我們參加成果分享會，會請來上線頭目們興高采烈地敘說他們上一週或是這一週又發展了多少下線，一週又賺了幾千幾萬元。這樣的會確實很有效果，一些像我這樣的動搖者立即又鼓足信心去發展下線。

我沒有辦法，在老師的監督之下，向我最好的朋友，也是我做廚師時的小劉師傅打電話了。

我曾和小劉師傅一起在一家餐廳，此時的小劉承包一個旅館的餐飲部，生意也不錯，但還是沒有抵擋住我的誘騙。當他風塵僕僕趕到時，是我將他接到公司住地。隨後，公司的一個頭目和我一起天天跟著他，就像我剛來公司時一樣，那時我還感動得不得了，以為他們是對我的關心，而實際上是他們在利用一切機會在控制新來的人。

物欲橫流，是商品社會不可避免的特徵，特別是在一個社會處於經濟高速發展期的時候，人們對金錢與高端物質生活的追求與迷戀往往達

到無以復加的巔峰。這裡面，除了滿足生理需求之外，還為了滿足心理需求，後者的驅力可能還更大。有時，我們希望擁有某個物品的動機不僅僅是它能滿足我們的某種生理需求或能為我們的生活提供某種便利，而是因為周邊的人有了，我沒有就顯得沒有面子；因為身邊的人沒有而我有了便顯得高人一等。攀比意識、虛榮心超越了物質需求而上升了第一位的心理需求。此時，人的心態就會變得很浮躁。一夜暴富成為許多人的期盼。暴富的情況有沒有呢？有！比如說你買樂透中了大獎就會一夜暴富，這種情況多不多呢？有人作了一個計算，中大獎的機率是出交通事故被汽車撞死可能性的二十分之一。也就是說，被汽車撞死 20 次，才有可能中一次大獎。顯然，這種事情是千年等一回，可遇不可求。

　　這時，有人走過來了，說他們這裡有暴富的機會，而且是既輕鬆又安全就能暴富的機會。你要不要？誰聽了都會心動。但只要你仔細想想，天上怎麼會下起鈔票雨，而且偏偏專往你的頭上砸。圈套總是美麗的，雖然美麗的不一定是圈套。傳銷的本質就是用種種虛假的幻象做成一個圈套，一旦你鑽了進去，出來時就會發現已被剝得一絲不掛。當然也不得不承認這個圈套做得頗高明，上面所介紹的種種操縱手法，從技術層面來看，不得不承認他們的功力實在不淺！

九、肥胖與類催眠

　　按照今日之時尚標準，肥胖已成為「全民公敵」。渴望和追求苗條是大部分人的心態，肥胖已成為一種被現代人避之惟恐不遠的現象。然而，在現實生活中，似乎沒有很好的方法來控制肥胖，大部分肥胖的人採用節食減肥的方法，但是很少一部分人能夠做到不再長胖。大部分節食的人後來又重新得到了他們所失去的體重，他們一生花了許多的時間一次又一次的要減輕那同樣的 5 公斤的體重。減肥真的就這麼難嗎？還是我們沒有很好的掌握肥胖的真正原因？還有沒有更好的減肥方法？

　　如果有人說，肥胖在很大程度上是由於心理因素造成的，你信嗎？如果有人說，貪吃是受環境暗示（即環境催眠）所致，你會認可嗎？如果有人說，有一種催眠療法對於減肥頗有效果，你願意試試嗎？本章將對這一系列問題作出解讀。

1、肥胖的標準與形成因素

　　什麼樣的人算是肥胖了？一般認為體重（公斤）除以身高（公尺）的平方，$24 \leqq BMI < 27$ 為過重，$BMI \geqq 27$ 即為肥胖。不過，這只是醫學標準。除了醫學標準外，還有審美標準。譬如，在不同的歷史年代，由於美的標準不同，人們對胖瘦的標準也有差別。此外，對胖瘦的標準還存在著巨大的個體差異，這我們在後面還會提及。

　　關於引起肥胖的原因，既多樣而又複雜。經整理，有以下幾條：

　　⊙ 先天性肥胖。主要由遺傳因素決定。遺傳學家以大量的調查資料說

明，父母均肥胖者，子女成人後發生肥胖的比例便在 80% 左右，而單親（特別是母親）肥胖者，其子女成人後發生肥胖的比便不會低於 50%。

⊙ 年齡因素。隨著年齡的增長，身體代謝率隨之下降，所需熱量也會漸漸減少。如果你食量一直沒變，多餘的熱量就會被囤積起來，成為脂肪。

⊙ 飲食習慣。不良的飲食習慣可導致肥胖，如：吃飯速度過快，暴飲暴食，喜食熱量高的食物等。

⊙ 運動量。有人說「不在於你吃多少，而在於你動多少」。不運動或少運動易導致肥胖，這是因為久坐不動的人體內的熱量無法消耗或消耗很少。

⊙ 疾病所致。主要是內分泌紊亂，也就是激素水準失常和多種脂肪代謝酶活性失常造成。這種代謝失常所致發胖又與飲食習慣成不可逆的惡性循環。

⊙ 環境因素。如今的社會，日漸走向富裕。因此，周圍的世界太具誘惑力了。令人垂涎欲滴的食品廣告真是呼之欲出；豐盛的宴會更令人饞涎欲滴；琳琅滿目的食品架使人流連忘返，許多人抵擋不住這種種誘惑，每每大吃大喝，結果是落下一身贅肉。

⊙ 心理因素。環境中的諸多因素可作用於人的心理，從而導致肥胖。如有些人由於生活或工作中的壓力和不快想透過餐桌上的樂趣來得以補償，結果導致逐漸肥胖起來。日常生活中，諸如此類的例子有許多。因此心理上的愉悅、失衡、精神創傷、情緒的刺激變化等都是造成肥胖的重要因素。

2、過量進食的內因：「嘴巴癢」

雖然以上概括了肥胖的八種因素，但對大部分肥胖者來說，肥胖的原因是進食過多。

為什麼會進食過多呢？

最樸素也最簡潔的回答是「我餓」。

隨著人類認知的深化，那種認為肥胖純粹是一個生理現象的觀念早已過時。學者們愈來愈強調心理因素在肥胖進程中的重要作用。從理論上來說，減肥是最非常簡單的事情，只要你耗費的能量（以卡路里計）比你吸收的能量高就行了。也就是說，如果你想減肥，只要你多動一些或者少吃一些就能實現。但為什麼絕大多數人都不能做到這一點呢？那是由於有諸多心理因素在作祟。

飢餓不全然是生理因素。學者們把飢餓分為兩種，即胃飢餓和和嘴巴癢。胃飢餓指吃飯是為了填飽肚子。因胃飢餓而吃東西一般來講不會引起肥胖。嘴巴癢則是由心理因素所引發。

分析引發嘴巴癢的心理因素有以下諸條：

◆ **吃得多可以得到較高的社會評價**

這是在人的童年期形成的情結。人在童年時期常得到父母這樣一些明確的指令和無意識的暗示：「吃得多的是好寶寶，吃完飯將帶你去玩……」，所有這些都誘發了兒童過量攝食的動機。於是，孩子吃得多就

長得胖，家長還大加讚許，「吃得愈多，得到的社會評價就愈好」的心理情結就此形成，這種情結一直影響到成人期的行為。

◆ 食物是緩解痛苦感情的工具

　　童年時期肚子餓的時候，往往也是心情不好的時候。如果這時讓他吃東西，便得到慰藉，並心情轉好。於是，在潛意識中便將食物的攝取與歡快的情緒連結起來。久而久之，就形成了一種無意識的心理定勢。另外，此外，成年期其他欲求的不滿足也有可能以食慾的滿足來予以替代。有學者指出。對於慢性肥胖的人——不管是在憤怒、恐懼、害羞、失落、愧疚、孤獨還是悲傷的時候，他們都會吃較多的食物。在肥胖者當中，確實存在著因感情問題而濫用食物的現象。臨床發現某些肥胖者，是由於情感需求未獲滿足，而用食物來補償，結果吃得過多，肥胖成疾。心理學家還發現，一般人是焦慮時食慾降低，食量減少；而肥胖者在焦慮下反而會增加食慾。對此，心理學家的解釋是：可能是父母在育嬰期間，因缺少經驗，造成嬰兒不良的習慣所致。嬰兒常因多種原因而哭泣，飢餓只是其中一個原因。父母可能誤認為只要啼哭就與飢餓有關。於是，只要嬰兒啼哭，父母就立即餵奶，結果使嬰兒無法辨別什麼是飢餓、什麼是難過。

　　專家們曾對 40 名習慣於情緒性進食的肥胖症患者實施了心理療法。在治療的過程中，醫生努力使患者對食品以外的事物產生了興趣，學會了用「腦」而不是「胃」來解決生活中的問題。結果是，心理療法促進了節食和鍛鍊的效果，上述 40 位患者在結束減肥療程一年多後，均保持了原先的減肥效果。

◆工作壓力過大容易讓人發胖

這是英國研究人員的一項研究成果。醫學研究已經發現，來自工作的這種長期壓力與心臟病和代謝症候群均有關聯。此次倫敦大學學院醫學院的埃里克・布倫納及其同事發現，上班族的工作壓力越大，他們變得肥胖的可能性也越大。

研究人員共對 6,895 名男性和 3,413 名女性進行了長達 19 年的追蹤調查，被調查者在調查開始時的年齡在 35 歲至 55 歲之間。調查過程中，這些人會定期提交關於工作壓力大小的調查問卷。結果發現，那些至少在 3 次問卷中表示自己工作壓力大的人，比從未感覺工作有壓力者的肥胖可能性要大 73%。

布倫納等人認為，上述調查結果提供了「強而有力的證據」，證明工作過程中的高強度心理負荷是導致肥胖的重要因素。

◆潛意識中對飢餓的恐懼

為什麼愈是貧困地區請客愈是講排場，所上的菜多得肯定沒辦法吃完？而愈是富裕的地區愈是講究節儉？為什麼暴發戶總是喜歡大吃大喝？分析其深層心理動機，那是潛意識中對飢餓的、對貧窮的恐懼。古人謀食不易，一旦獲得食物，就盡量填飽肚皮，供以儲存防備日後熬過飢餓階段。在長期飢餓之後，一旦獲得食物，此種多吃儲備的文化現象便顯而易見。此種文化傾向流傳下來，即使現代人的食物不虞匱乏，潛意識裡的心理傾向仍然存在。因此，節食是一種勉強的、理性的、違反本意的自我限制。肥胖者在減肥初見成效之後，或美食置於前之時，潛意識中「有機會就吃」的衝動就浮現出來。

3、過量進食的外因：環境暗示

　　美國心理學家斯坎特（Stanley Schachter）和他的同事們所做的實驗得出這樣一個結論：肥胖的人之所以難於控制他們的體重，是因為他們對環境裡不可控制的外界線索作出反應而進食。實驗顯示，體重正常的人正好相反，他們吃東西主要是對內在的生理腺作出反應。正常人進食，是因為它內在的攝食系統「告訴」他這樣做，而肥胖的人不論在什麼時候碰到和食物有關的外界刺激就會發生反應。也就是說，他們進食的真正原因不是一種實際的需求，而是受環境暗示的結果。換言之，是被環境催眠了。

　　例如，走過鹹酥雞攤或是在電視上看到冰淇淋或飲料廣告，他就吃東西。體重正常的人也碰到同樣的刺激，但是他的攝食並不受到外界控制，因此它並不做出反應去弄東西吃。由此推理，如果肥胖的人把自己和這些刺激隔離開，那對他來說要變瘦就很容易。實際情況就是這樣。如果把胖子送進醫院，讓他們沒有電視，雜誌和一切與食物有關的刺激，他們就會降低體重，而且並不感到多大的痛苦和不舒服。但是當他們出了醫院，回到了有冰箱、餐廳的世界，那兒有麥當勞漢堡，31 種口味的冰淇淋，事情又怎樣呢？一點不錯，他們又重新恢復了體重。

　　進一步實驗顯示，肥胖者主要受到以下三個外界的線索的影響。

　　肥胖者所依據的第一個外在的線索是時間。

在一次精心設計的實驗中，斯坎特和格羅斯（Larry P. Gross）發現，當你騙胖子使他相信是吃飯時間（鐘錶是一種外部刺激）到了，他們就會吃東西，而體重正常的人卻不吃。受試者在下午較晚的時候，被帶入實驗室參加試驗，他們工作的房間，有一座時鐘撥得比正常的快一點或慢一點，如果準確的時間是 5：30，把鐘調得快一點，撥在 6：05 或晚一點撥在 5：20。做實驗的人走進屋子，大聲的咀嚼餅乾，手裡還帶著一盒餅乾。他把餅乾放在桌上，請受試者隨意使用。如果鐘上指示 6：05，那麼胖子所吃的量正好大約是鐘指示 5：20 時的兩倍，而體重正常的人就相反。他們在 6：05（偽造的時間）時吃的比在 5：20 時吃的較少。說他們不願多吃，因為那樣即將來臨的正餐就吃不下了。總之，肥胖的人對鐘錶這一外部刺激做出反應，增加食物的攝取量，就因為他們認為這是吃飯時間。由於在兩種情況下真實的時間都是 5：30，內部刺激應該是相同的，如果他們的飲食受內部控制，那麼不管鐘錶指示 6：05 還是 5：20，他們應該攝取相同的食物量。

影響進食行為的第二個重要外部線索是事物的色、香、味。

肥胖者對美味食品的反應高於非肥胖者。

斯坎特拿了兩大杯不同的霜淇淋要受試者品嘗，以決定哪一種比較好吃。受試者可以自行決定要吃的量。只要受試者認為所品嘗之量已是足以判定哪一種較為好吃。這兩杯霜淇淋中，有一杯摻有苦瓜，另一杯則是可口的霜淇淋。結果發現，胖子常是將好吃的那杯全部吃完，而帶有苦味的那杯嘗一口後，才說出哪一杯比較好吃。而非肥胖者則是每樣各吃一匙，就說出哪一種比較好吃。

影響進食行為的第三個重要外在線索是食物的易取程度。

尼斯貝特（Richard E. Nisbett）設計了一個實驗：在一個房間的桌子

上放一疊三明治，此外，冰箱裡也存放著三明治。碟子中的三明治，有時碟裡放許多片，有時只放一片。受試者願意吃多少就吃多少。碟中的三明治不夠時，可以到冰箱裡去拿。結果發現，肥胖者趨向於放幾片吃幾片。非肥胖者則是兩次較為恆定。如平時吃 3 片，當碟中是 10 片時，他只取食三片；如碟中是一片時，則到冰箱裡自取兩片。肥胖者則懶於去冰箱取食。

以上實驗顯示：肥胖者的進食行為，較多地受到外在刺激的影響，非肥胖者則受到體內凶素的調解。有人推測：肥胖者無法區分飢餓與其他焦慮、恐懼、生氣等喚起狀態的差異，因此，必須依賴外在線索引導進食行為。

既然肥胖的人對和食物有關的外部刺激敏感，我們就叫以理解他們體重減輕了之後，難於不再恢復的原因了。了解了這些原因，相信減肥也就不是那麼難了。要學會調整自己的生物鐘，使得自己的進食隨著自己內在的生理線的需求所調解。形成一定的規律，並且抵抗外界的誘惑，外界環境雖然無法控制，但是，我們可以做到轉移自己的焦點，逐漸使自己的重心轉向內部，根據自己內部生理線索做出反應。

當然，肥胖的另一個因素是體內的脂肪細胞數和預先制定的體重水準，這一點可能受下丘腦（下視丘）控制。這些顯然是遺傳因素，是難以改變的。在這裡我們可以想像，假如一個胖子確實減輕了體重，他的內部調節系統就會發出食物不足的信號，他會不斷地感到飢餓而被促使去吃東西。關於生理調節食物攝取的研究最終可能會揭示出某種方法，利用這種方法我們可以改變預定的體重水準，使胖子能減輕體重，減輕後不再恢復並且不總是感到飢餓。目前，我們則不得不利用其他的方法，如象行為矯正和社會團體的壓力（例如減肥協會），來改變飲食習慣。

4、「竹竿女」也是被催眠了

　　某綜藝節目有一期經典之作，題為「該不該減肥」。根據這一節目的風格，每期都要請幾個嘉賓。而這些嘉賓必有兩個特徵，一是名人；二是與本期主題相關。記得那期節目中的嘉賓二人，這二人顯然完全符合上述標準：一是有名二是胖。經過一陣唇槍舌劍之後。主持人說，下面，我們還要請出一位嘉賓。音樂響起，嘉賓飄然而至。作為觀眾，我們有點納悶了。這是一位 30 歲上下的女士（不是名人），也瘦得很！她來幹嘛呢？主持人介紹：她身高 165 公分，體重 46 公斤。要減肥，而且要採用極端的方式 —— 抽脂。不過，沒什麼醫院願意幫她做手術。我當時也感到困惑，抽哪的脂肪呢？主持人善解人意，解釋說：她認為自己的腿有點粗，要抽那的脂肪。說到她的腿，導播立即給她的雙腿一個大特寫。女士那天穿了一條裙子，我們怎麼看也看不出她的腿上有多少肉。當然，這只是我們的看法。而這位女士堅持認為她的腿上有許多贅肉。

　　無獨有偶，還看到過這麼一篇報導：

　　25 歲的女經理張玉蘭（化名）身高 167 公分，體重 45 公斤，但她還想將自己的體重減到 43 公斤。昨日在男朋友的強烈要求下，她終於走進減肥心理門診。經醫生診斷，張玉蘭的情況已經屬於減肥強迫症患者。

　　張玉蘭面對醫生的第一句話就是，「我想瘦到 43 公斤」。儘管已經是減肥心理門診的第四位患者，張玉蘭的要求還是讓醫生吃了一驚。「妳覺得瘦了就美嗎？」醫生問張玉蘭。「當然！越瘦越好！」張玉蘭立即回答。

張玉蘭說，走進這個減肥心理門診，完全是出於對男友的尊重。她認為，自己希望瘦一些的心態並不應該被視作需要進行心理疏導。面對醫生，張玉蘭和男友激烈爭論。因為她的男友始終認為張玉蘭對體重的苛求「已經處於強迫症的邊緣」。

從高中一年級開始，張玉蘭就是學校裡公認的校花。那個時候身高 163 公分的張蘭體重只有 44 公斤。高二的時候，她作為學校的交換學生去了加拿大，出國交換的一年裡，張蘭不但長高了，體重也達到 47 公斤。

升上高三後，由於功課繁忙，老師自然減少了張玉蘭參加活動的次數。張玉蘭認為，這是自己胖了的緣故。於是，從高三開始，張蘭為自己設計了控制體重的計畫。這個計畫包括：每天早餐只喝蘋果汁和吃 1/2 的水煮蛋。這樣的早餐，張玉蘭吃了 8 年。這期間，張玉蘭有過 17 次的減肥。而「變胖了」是她自己經過精準測量後得出的「科學」結論。每隔一個星期，洗好澡吹乾頭髮，並且固定在飯後 4 個小時在同一臺體重計上測量。這 17 次增加 2 次發生在大學期間，15 次發生在工作後。

張玉蘭的男朋友始終無法理解女友對於體重的苛求。「他經常讓我感到很尷尬！」張玉蘭很少和男友外出吃飯，也不願意參加男友的任何聚餐，因為聚餐很難計算卡路里的攝取量。工作中難免的應酬也讓張玉蘭為自己立了規矩，只喝鮮榨蘋果汁，不喝酒不吃任何菜餚或者主食。一系列檢查之後，醫生告訴張玉蘭：「妳的身體缺乏營養。而且患有減肥強迫症。」

從醫學角度來看，這兩位女士是患上減肥強迫症。這種疾病過去很少聽說，近十多年來呈直線上升趨勢。許多醫院和各種減肥機構經常會有一些本來不胖的女孩子來強烈要求減肥，經過測試，她們體內的脂肪含量一點也

不超標，她們的身材也非常好。剛開始她們只是想減些肉讓自己看起來更苗條，可是隨著減肥過程的推進，許多人減肥「減」上了癮，瘦下來了，還想再瘦一點，不斷地希望自己瘦成「排骨美人」，最終成為一種病態。

比減肥強迫症更麻煩的是神經性厭食症。

神經性厭食症是一種心理疾病，其臨床診斷標準是：故意控制進食量，同時採取過量運動、催吐、吃瀉藥等方式以減輕體重。他們甚至多吃一口飯都覺得是罪過，多喝一口湯都覺得自己會長幾兩肉。在這種心理驅使下，每天的進食越來越少。每天如果沒為減肥做點什麼，自己就感覺寢食難安，聽到別人說「胖」字就會聯想到自己，變得異常敏感焦躁，並因此採取一些恐怖而極具破壞性的減肥方式。他們的體重顯著下降，降至標準體重的 75% 以下。我們所見過的一個女孩，身高 160 公分，體重僅 32 公斤，已經瘦得不成人形了，還是擔心變胖。醫生的解釋、忠告無效。絕大多數神經性厭食症患者為 13 歲至 20 歲的青少年女性，從發生率來說，在女學生中，大約有 1% 的人有厭食症狀，而在芭蕾舞演員及其他強調體形的職業中，發生率要更高一點。這種情況，在中國古代就有了。《後漢書·馬廖傳》：「楚王好細腰，國人多餓死。」說的是楚靈王喜歡腰身纖細的男子，所以便有很多的大臣不吃不喝以投其所好，以至於最後餓死了。

無論是減肥強迫症還是神經性厭食症，主要發病原因在於心理而不在生理，這是確鑿無疑的。若分析其發生原因，則是受到商業宣傳鼓動（如今減肥是個巨大的暴利產業）；時尚潮流的誘導；同伴群體的效仿……這諸多因素的結合，構成強大的催眠暗示源。使之於不知不覺之中進入催眠狀態，進而出現思維極化的現象，也就是人們平時所說的鑽牛角尖。結果是，先是心理上主動拒絕進食，後來就是生理上不能進食，一

吃就會嘔吐。由於沒有能量供給，身體虛弱，其他疾病也會不期而至。

心病還需心藥醫。減肥強迫症、神經性厭食症的治療靠化學藥物很難收到成效。心理療法應該是一種比較合理的選擇。這裡我們推薦一種催眠療法。

譬如，對於厭食症的催眠療法是這樣的。在將受術者導入催眠狀態之後，分為三個步驟進入具體治療：

⊙ 暗示 ── 暗示其有飢餓感；

⊙ 回憶 ── 回憶在未發病時，吃喝美味菜餚的情景；

⊙ 幻想 ── 幻想面對美食，垂涎欲滴的情景。

馬維祥醫生曾用催眠療法為一位嚴重的厭食症患者徹底解除了痛苦。這位患者是個跳高運動員，平時食慾極佳。因擔心變胖影響跳高成績的提高，故而節食減肥。誰料，欲速則不達，不久便得了厭食症。3 個月未進粒米，吃什麼吐什麼，人面黃肌瘦，全身乏力。轉診各大醫院，未能緩解病狀，只得靠注射葡萄糖和吃水果維持生命。後來，慕名來到馬維祥醫生那裡接受催眠治療。在深度催眠狀態中，馬醫生首先對她進行飢餓暗示，並描述佳餚豐餐、味美可口的宴會情景。然後，再反覆下指令要求她回憶以前每次運動後，狼吞虎嚥、津津有味地聚餐的場面。此與同時，給予強有力的直接暗示：「現在就想吃了，妳的肚子已經很餓、很餓了，現在就吃吧。」這位女運動員毫不猶豫地按照馬醫生的指令，立即津津有味地吃起飯來。接下來，馬醫生又暗示道：「事實已經證明妳想吃飯，也能夠吃飯，因此，今後妳也不會有厭食的表現了。醒來以後，妳能像平時一樣正常地吃飯，妳的厭食症已經完全治癒了……」催眠施術結束後，患者果然康復如初。

減肥強迫症、神經性厭食症經催眠治療一次性成功的個案不在少數。

5、減肥的心理療法

整體而言，減肥的心理療法就是要堅持積極的心理暗示，排除消極的心理暗示。許多人減肥計畫失敗，其根源就在於消極的心理暗示。

我們常常聽到一些最後放棄了自己減肥計畫的女性說：「我太懶了，不想運動」或者「我缺乏自制力，沒辦法執行飲食控制計畫」。這些消極的自我暗示給她們一種負面的心理影響，最終出現了他們所預期的結果。

積極的心理暗示包括：

◆堅信自己能夠達到目標

相信自己能夠減輕體重，變得輕盈瀟灑，這種自信，是開始減肥必須的心理預期。在我們的生活中，在我們的工作中，有哪件事是我們自己都認為不能做好，而結果卻是很完美的？沒有！肯定沒有！

◆相信自己的能力

美國科學家曾針對 54 名婦女做了一個實驗。實驗要求這些婦女在 9 個月的時間內節制飲食，並進行自我鍛鍊。開始之前，實驗者問這些婦女是否相信自己在這段時間內會減輕體重。其中 28 名相信能做到，其餘 26 名則覺得自己做不到。結果在實驗結束時，那些相信自己能做的人比那些缺乏自信的人多減掉了 30% 的重量，她們確實苗條了許多。

◆ 多用肯定句式

在實施減肥計畫以後，我們不妨以肯定的語氣對自己說：「我是一個苗條、健康、精力充沛的女人」、「我的減肥計畫一定能成功」。這樣的積極心理暗示會促進我們有興趣地每天進行單調的練習或忍受一些痛苦。

◆ 多多鼓勵自己

對於自己在減肥進程中所取得的每一個小小的進步都要多多鼓勵，實質上這是對自我的一種肯定。多照照鏡子，多幻想一下瘦下來的形象，會給你新的動力。肥胖者還可利用獎勵的辦法來堅定自己減肥的決心。如每堅持減肥一天，就丟一個硬幣進存錢筒，獎勵自己賞喜歡的東西。但是請記住，千萬別往嘴裡發食物獎品。

◆ 抵禦美食誘惑

曾有人形象地說，減肥就好像是一座天平，天平的左邊是對食物的欲望，而右邊則是對自我美麗的欲望，對食物的滿足是短期而又相對容易的，而對自我美麗的追求卻是長期而且相對不容易做到的。因此，我們總是在滿足了自己胃口的欲望後，卻開始懊惱遠離了美麗。在減肥的過程中，我們不斷的左右擺動，時而放縱的暴飲暴食，時而又有些自瘧的苛刻的不斷絕食。這種擺動越大，減肥的成功幾率越小。面對美食誘惑時，不要給自己找理由，不要給自己找藉口，該吃多少就吃多少。此時提醒自己記住兩個字「毅力」。

◆ 借助他人的影響

對於肥胖者來說，應盡量避免單獨進食，而應和家人或朋友一起吃。在親朋好友當中，「聘請」幾個對自己有影響的「監督者」。這樣，

他們可以控制你的飲食。還可以找一個有同樣苦衷的減肥者，互相鼓勵，取長補短，共度難關。

◆用其他行為來代替進食

研究者發現有些人對食物的形象、氣味，甚至於對食物的想像，都會引起食慾。那些「過度反應者」有較多數量的胰島素，在見到或想到食物時就會提高胰島素水準，產生食慾的條件反射。此時可用其他行為來代替進食，比如作一次輕快的散步，喝一杯水，或者堅持不進食。

◆控制進食和地點

如果你常在一個特定的環境裡吃東西，比如邊看電視邊吃零食，久而久之，一看電視就想吃，不管飢餓與否。根據肥胖者的特點，依據下面兩條原則來攝食，便可取得理想的效果；第一，只在一定的地方、一定的時間內用餐；第二，不邊看電視邊進食。

如果上述方法還不能解決問題，我們還可以使用一種系統的心理減肥方法，那就是自我催眠的自律訓練法。

誰都知道，減肥必須限制食物量和某些食物品種的攝取，對於肥胖者來說，這是一件非常痛苦的事情。因為，限制食物的觀念與方法，會引起當事人內心深處的敵意，這種敵意又會轉化為潛意識中的抗拒。有些人在限制食物並使體重減輕了幾公斤後便放棄了，結果又是故態復萌。經由催眠療法，可以解決這一問題，即可限制食物量及其品種，又不至於使心理上產生敵意和抗拒。

具體做法是這樣的：透過自我催眠自律訓練法的練習，以獲得放鬆感、安靜感、四肢的沉重感、四肢的溫暖感、腹部的溫暖感、額部的涼爽感。上述諸種感覺的獲得，便證明自己已進入自我催眠狀態。在此狀

態中，對自己作如下暗示。

自我催眠的自律訓練法的基本特徵是：借助意識領域向潛意識方向移動的功能，擴展心理的活動範圍，達到客觀觀察自己的性格和欲望的狀態，使之容易清晰地洞察自我，有效調節自我。

具體而言，自律訓練法提供了以下可能性：

⊙ 遵循一定順序的自我暗示，可以鬆弛全身的肌肉緊張。

⊙ 促進身體各部分的血液運行、以此來調整和控制心臟、呼吸和腹部的活動。

⊙ 憑藉自我暗示來強化精神力，並引導心理趨向安定心態。

⊙ 得以調節體內各種機能。

⊙ 減輕疾病所造成的痛苦，並消除其症狀。

實施自律訓練法應注意的幾個問題：

⊙ 就場所而言，以選擇寧靜的場所為宜。以臥室比較合適。光線不要太亮，氣溫不高不低更為理想。倘若已到達爐火純青的境地，那就在任何地方都可以，包括工作單位甚至公車上都行。

⊙ 在剛開始練習的時候，先把領帶、手錶等束縛身體的對象除去。由於姿勢在進行自律訓練法時非常重要，所以一定要按規則辦事。自律訓練法的姿態有仰臥式與坐式兩種，總體要求是自己感到舒適，放鬆為準。

⊙ 在自我催眠中，心理上的準備最為重要。心理上的準備，主要是不斷反覆進行輕鬆、若無其事的暗示。這樣一來，受到暗示的身體各部分，會毫無抵抗地順著自己的意願行事。身體的各部分若按照心中的想像運作，集中的程度不僅可以增加，而且催眠的效果也更為理想。

練習的次數：最好一日三次，分別在早、中、晚進行。有些人工作、課業很忙，很難按部就班地準時進行。在剛開始時，可以一日一次，無論早、中、晚均可。基本上熟練並習慣了以後，就可以不拘地點和時間，隨時都可實施。總之，重要的是養成每日必行的習慣。

練習時間：初學者一次練習在 10 分鐘左右，熟練了以後，每次大約 15 分鐘，時間不要過長，過長並不會增添多少效果。剛開始練習的時候，很難把握住感覺，易陷於焦躁情緒之中。但此時不論感覺如何，都應將標準訓練程度進行完畢，按規定的時間終止練習。否則，就很想進入催眠狀態。

自我催眠時也一定要實施「覺醒」步驟。即使是幾乎完全沒有進入催眠狀態，也不能例外。「覺醒」的具體方法是：在訓練終止時，心中從 1 數到 10，規定在數到 10 的時候突然覺醒，並自我暗示醒來後感到輕鬆振奮。在數數的過程中兩手張合確認力量恢復。數到 10 時，兩手上舉，果斷而堅決、突然地伸直背肌。如果對這覺醒過程有所忽視，會引發頭痛、頭昏、目眩、乏力等症狀。

自律訓練法的程序自律訓練法的基本流程包括以下若干步驟：

◆ 安靜感

可按照自己的喜好選擇仰臥姿勢或坐式姿勢。接著做 4 ～ 5 次腹式呼吸。使心情平靜。然後，在輕鬆的呼吸當中，自我暗示「心情平靜 —— 全身完全放鬆。」

◆ 重感練習

這裡言及的重感，不是手上拿東西時的重感，而是指因放鬆而手足弛緩、下垂，且精疲力竭無法抬手的感覺。練習過程是：首先把注意力

集中於右手臂（左撇子的人左手臂）、手掌、肩膀的部分，然後開始反覆暗示 5 ～ 6 次：「右手臂放鬆、右手很重……感覺很愉快……」左手亦依法而行。接下來是右腳、左腳也作如是放鬆、重感練習。兩手、兩腳各花 60 秒鐘。「心情非常平靜」的暗示適當穿插於各部位間轉換的時候。經由重感練習，全身肌肉放鬆、末稍神經得以休息，造成對腦減少刺激的效果，從而精神容易統一，達到輕鬆的狀態。

◆ 溫感練習

在結束重感練習之後，重新把注意力轉回到右手（左撇子者轉回到左手），並對自己反覆暗示 5 ～ 6 次「右手很溫暖……左手很溫暖……接下來則是右腳和左腳。」與前相同，「心情很平靜、很愉快」的暗示穿插於其中。溫感練習的目的雖然是為了進入催眠狀態，但它同時還具備另一功能，即在重感使軀體放鬆時，末稍血管擴張、血液運行良好，進一步消除全身緊張、使心靈安靜。同時讓腦得到完全、充分的休息。

◆ 調整心臟的練習

在心中反覆暗示自己 5 ～ 6 次：「心臟很平靜地、按照正常規則在跳動著……」同時不斷輔之以安靜暗示「心情很好、很平靜，心臟在有規律地跳動著」，這將使心臟的跳動舒適流暢，進而慢慢擴散到全身，或者反而不去留意它的跳動，漸漸進入催眠狀態。

◆ 調整呼吸的練習

心臟的跳動平靜舒適後，就可進行調整呼吸的練習。即反覆暗示自己 5 ～ 6 次：「呼吸很輕鬆……」同時也自我暗示「心情非常平靜……吸氣緩慢、吐氣輕鬆……」。在休息的狀態中，一般正常的呼吸數是一分鐘 14 ～ 16 次，但調整呼吸並進入催眠狀態後，次數會逐漸減少到 10 ～

12 次。呼吸訓練也和其他訓練一樣，注意不要過分地去意識它，盡量自然、緩慢、順暢，只要用鼻子輕鬆地呼吸即可。長期堅持這種調整呼吸的訓練，可使全身感到溫暖、輕鬆。對於想增加體重或減肥、戒酒、戒菸的人們，具有減輕心理壓力的作用，對於一些呼吸系統的疾病，亦有輔助療效。

◆ 腹部溫感的練習

　　腹部溫感的練習是反覆自我暗示「胃的周圍很溫暖……」一次一分鐘左右。具體操作方法是：把手放在胸骨與肚臍之間，也就是胃的附近。手要輕輕地放在上面，不要有壓迫感。在自己心中想像：「從手掌中發出的熱氣，透過衣服深入到皮膚裡面，到達腹的深處，胃的周圍感到很溫暖……」與此同時，實施安靜暗示：「心情非常平靜，感覺舒爽輕鬆……」。大約經過兩周時間的訓練，就可以感覺到腹部有某種溫暖感在自然擴散。有了這種溫暖感，就表明你已經進入催眠狀態了。

◆ 額部冷感的練習

　　額部冷感的訓練目的，是使控制、支配身體的自律神經活動順暢。練習方法是，緩慢地反覆自我暗示：「額頭很涼爽……」集中注意感覺涼爽的時間大約 10 ～ 20 秒鐘最為適合。此時，若在心中想像：「微風吹動綠色森林的樹梢……涼爽的微風撫弄額頭……心情很愉快……」效果將更好。即使在生理上無「涼爽」感，而在心理上有「涼爽」的感覺，同樣能夠取得良好的效果。

◆ 精神強化暗示

　　在經過了一段時間的上述若干感覺的訓練與練習之後，在已經能夠比較自如地進入自我催眠狀態之時。人們則可以根據自己所存在的實際

問題，進行精神強化暗示，從而促進自己的身心健康。心理治療學家們透過大量的實踐，提出了精神強化暗示的公式。實施自我催眠的人可根據不同的情況套用這些公式。公式其分為四種：中和公式「……沒有關係」；強化公式「……可以比……更好」；節制公式「……可以不要……」；反對公式「儘管別人……自己卻不要……」這四個公式中，以中和公式最為常用，效果也最為顯著。根據這些基本公式，可以按照自己的具體情況有選擇的採用，從而有效地進行種種自我暗示，並藉此調節身心。

其一，動機強化暗示。

想要保持恰當體重的動機對減食工作來說是非常重要的。在自我催眠狀態中，對這種動機予以強化、並使其滲透到潛意識中，對減食目標的實現有很大幫助。具體暗示指導語大致是這樣的：「科學家們的研究已經證明，人愈是肥胖，壽命愈短。另外，過於肥胖，會給身體各器官造成過重的負擔、行動不便，也很難得到異性的認可。所以，我要減肥。醫生已經說了，我的肥胖並不是腺體病變，只要不再吃得過多，只要少吃一點脂肪類的食物，我的體重一定能夠很快地減輕。不會錯的，肯定是這樣的……」

其二，飲食習慣改變的暗示。

動機強化暗示完畢後，則可進行飲食習慣改變的暗示。暗示語是這樣的：「今後，我將減少飲食的量，並少吃那些高脂肪的食品。不過，這絕不是什麼人強迫我這麼做，而是我自己心甘情願地這麼做。而且，這麼做並不是限制自己，僅僅是改變一下飲食習慣而已。人們不是經常想到要改變自己的某種習慣嗎？這非常正常，不會產生什麼情緒上的苦惱，更不會產生敵意。不良習慣改變後，人會變得更加完善，這相當令人興奮、令人愉悅。好的，從現在起，我就改變過多地攝取碳水化合

物、動物性脂肪和甜食的習慣。這不會產生任何苦惱，而會使我體態健美、心情舒暢。肯定是這樣的，我也完全能夠做到這一點。」

其三，紅色指示標誌的暗示。

體重劇增的一個重要原因是，有些人在一日三餐之間，喜歡吃一些點心和甜食。對於肥胖者來說，這是一個很不好的習慣。但他們往往又克服不了。對於這種情況，可採用紅色指示標誌的暗示方法。具體做法是，在冰箱和食品櫥上貼上一個紅色標誌，然後，在自我催眠狀態中對自己進行反覆暗示：「只有當一日三餐的時候，看到這個紅色標誌心裡就不舒服。」

非生理病變引起的肥胖，若能將上述做法堅持實施一個月，每天兩次、每次約 10 分鐘左右，必能使體重有所下降，而且也不會產生心理上的痛苦和其他生理上的病變。

社會進步的代表性事件之一，就是人類對自身關注的力度越來越大。所以，「以人為本」目前已成為一個世界性的口號，世界性的目標。就個體而言，隨著生活水準的提高，對自身的關注也是愈發強烈。首先關注的當然是有形的「我」。我的身體、我的形象，自然是首當其衝。而這兩項偏偏都與肥胖有關。正因為如此，肥胖或者減肥已成為人們日常生活中的中心話題之一。不過，人們在考慮減肥問題時，思維指向總是集中於生理方面，而忽略了心理方面。大部分人的想法是，肥胖或者減肥與心理無關。坦言之，這種觀念已大大落後於現代科學的發展了。有一個問題，現在在科學界幾乎已不存在爭論，那就是生理與心理是作為一個整體而存在，它們有著密不可分的連繫。這裡重點說一說心理對生理影響的相關研究：

現代醫學和現代心理學的大量研究已經充分揭示：正是由於心理因素的作用，致使人類產生許多心理上的病變。譬如，情緒對人的若干生

理疾病就有直接的、或者是若明若暗的影響。焦慮、消極憂鬱的心境、緊張恐懼的情緒對人的消化器官疾病的發生與發展往往產生了主要的作用。急躁情緒、受驚嚇對人們的心血管系統疾病有著重要的影響。美國 Ochsner 醫療中心發現：在所統計的 500 個連續就診而入院治療的腸胃病人中，實際因情緒不好的致病者占 74%。耶魯大學醫學院門診部也報告，所有求診的病人中，因情緒緊張而致病的占 76%。

這些驚人的統計數字只說了事情的一小部分，它們只包括醫院心理健康診所和個體醫生正式記錄的患者。沒有紀錄而有強烈內心痛苦和絕望，但又未尋求治療的人就更多。這些人總還能設法度過他們充滿痛苦的時光，但也付出了巨大的代價。這些人自己會付出代價，愛他們的人也會付出代價；從長遠的觀點看，社會也要付出代價。

現代醫學發現，癌症從本質上說是一種心理生理疾病，是由長期的精神憂鬱所致。這是因為，大腦皮脂層的機能狀態對人體各器官的病理過程有著重要的影響作用。若是長期過度地刺激中樞神經，會導致大腦皮層興奮、抑制過程的失調，由於心理平衡的破壞導致生理機能的功能紊亂和免疫機制的麻痺。這樣，會使人體內原來潛伏的惡性細胞激發增生，變成惡性腫瘤。也有些學者認為，不良情緒的長期惡性刺激資訊，可能直接促使正常細胞發生異常變化，甚至變成癌細胞。此外，據英國的相關統計資料顯示，在 250 多名癌症患者中，大約有 150 多人在發病前，心理上曾遭受過嚴重的挫折。誠然，有關不良情緒導致癌症發生的最為確切的證據還未得到，但不良情緒與癌症的發生有關這一推論，恐怕沒有任何懷疑的必要了。

科學家們還發現，心理挫折、情緒創傷不僅是誘發癌症的因素之一，同時還有可能使已經消退或控制的腫瘤再度復發，並擴散轉移。美

國學者柯爾（Warren Henry Cole）在《癌的擴散》（*Dissemination of Cancer*）一書中指出：過度的心理刺激會降低對癌的抵抗力，使腫瘤復發並迅速轉移、直至死亡。他列舉了三個病例：第一例是位 36 歲的男性，患有淋巴肉瘤，經 X 光治療，16 年來病人一直很健康。後來，他的愛子在二次世界大戰中陣亡，病人的情緒受到嚴重打擊後不久，淋巴肉瘤死灰復燃。經組織檢查證實了與往昔治療的腫瘤為同一類型。雖再度用 X 光治療，但仍於復發後 4 個月身亡。第二例係患頸、腋、腹及盆腔淋巴肉瘤的病人再度復發。經調查，發現導致復發的直接原因是兒子婚姻破裂，患者的情緒嚴重波動。第三例病人過去曾患乳癌，手術後 12 年仍十分健康。後來，由於丈夫失業造成經濟困難，情緒大受影響，不久乳癌便復發並擴散、轉移。

讀罷上述文字，你一定可以想像得出來，在肥胖的過程中，不可能沒有心理因素的原因。同理，在減肥的過程中，心理療法也一定可以發揮它獨特的、不可替代的作用。

十、追星與類催眠

1、瘋狂的追星行為

　　用「瘋狂」一詞來表述追星族的行為一點也沒有誇大其辭，也不是什麼藝術化了的描述，而是實際情況的真實寫照。追星族平時也是正常人，思維清晰、心理健康。但一旦提及他們心中的那顆星，便驀然像變了個人似的。就這一時刻而言，他們的狀態一點也不比精神分裂症患者好到那裡去。

　　請看以下情景，觸目驚心、匪夷所思，但都是事實，有些事實還帶著淚，沾著血……

　　一對熱戀中的男女，女生是車銀優和文佳瑛的粉絲，而男生卻不喜歡這對所謂的「金童玉女」，因而拒絕陪女友看兩人主演的《女神降臨》，女生一氣之下與他說了「拜拜」。更有意思的是，一位「ONCE」與一位「BLINK」原本是好朋友，一次為「TWICE 和 BLACK PINK，誰是韓國最有人氣的女團」這個問題發生了爭執，雙方竟反目成仇，大打出手。結果是「BLINK」在拳頭上取勝，「ONCE」在道義上獲勝。

　　1980 年 5 月 10 日下午，山口百惠告別藝壇。那天的告別演唱會上，全場泣聲如潮，排山倒海，歌迷們淒厲的叫聲撼人心魄，希望百惠能夠改變初衷。當百惠憂傷欲絕，終於別去後，許多歌迷黯然神傷，彷彿明天就是世界的末日。

　　一位女孩為獲得偶像的簽名，竟在歌星下榻的飯店門口守候了一夜。然而當歌星出現時，卻被人群圍得水泄不通，她連靠近的機會都沒

有，只能眼睜睜地望著歌星在保鏢的擁促下鑽進汽車揚長而去。

　　一個 17 歲的女孩，為了近距離目睹被她崇拜的歌手，結果被偶像所乘的賓士小轎車碾傷雙腿和骨盆、髖骨。

　　還有人拿著偶像的相片到醫院整容科要求「依樣畫葫蘆」，把自己的臉蛋弄得與偶像一樣，比如金泰希、宋慧喬、全智賢等。曾經有一名 18 歲的女孩子到醫院說要割雙眼皮，起初連長度、深度、眼尾弧度等等都描述得一清二楚，最後索性直接說明：「就像『李書仁』金泰希的眼睛。」醫生對她說，她的臉形和鼻形配上那樣的眼睛並不好看，而且手術效果也不可能完全如她所願。女孩聽罷氣呼呼地扭頭即走，因為她已經跑過好多家醫院了，可沒有一家敢答應她。

　　一個女高中生是某情歌王子的歌迷，在學校裡，她的英語數學不是倒數第一就是倒數第二，但卻是班上同學追星族中的老大，在她小小的臥室中，到處是她所崇拜偶像的大幅照片，她想盡一切辦法收集那明星所出過的一切海報、唱片等周邊商品。父母親為此沒少責罵她，可是這邊父母罵完、打完，那頭她就抱起吉他高唱情歌⋯⋯

　　某藝人舉辦的歌友會，雖然不是週末，卻吸引了許多學生的參與。會上，一個國立高中的學生站起來，哭著說：「我是 ×× 高中的學生，本來我今天應該考試，但是我沒有參加，就是為了來看你！」話音剛落，又一名學生站起來說：「我沒有剛才那個同學的成績好，但是今天我爸爸住院我都沒陪他，就為了來看你！」是的，考試不重要，老爸也不重要，見偶像最重要。

　　與球迷一樣，歌迷之間也往往會因為所支持的對象不同而發生衝突。如 1980 年代香港歌壇在譚詠麟和張國榮雙峙並持期間，雙方歌迷曾一度勢不兩立。在二人同時登場的演唱會上，常常會因為支持誰的問題而大打出

手，在龐大的歌迷群落中，搖滾樂歌迷常常是最為狂熱的。據報導，西方的家庭婦女們最擔心的是那些搖滾歌星的巡迴演出。因為他們巡迴演出之際，他們的丈夫就有可能會跟隨偶像巡迴，使得自己成為「搖滾寡婦」。

20世紀末成龍在日本受到驚人的歡迎，擁有成千上萬的影迷。日本「成龍影迷協會」的人就達到了幾十萬之多，其中女性占大多數。成龍不只是他們的崇拜的影星，而且還是他們心中的男性偶像。這個協會不但有綱領、章程、選舉制度和獎懲條例，而且有巨額的活動經費。面對狂熱的影迷，成龍曾感嘆地說：「10年了，最令人感動的是10年前的影迷，她們嫁人了，現在還抱著兒女在人群中擠上前來打招呼，我在日本10年還能受到歡迎，全賴她們真情的支持。」

1980年代香港歌星譚詠麟開個人演唱會時，某次主辦方弄了一個噱頭，在演唱會中間舉行了一個抽獎活動，幸運者可以上臺與譚詠麟近距離接觸。一位女歌迷成為了幸運者，「只見她目光發滯，痴痴呆呆地走上臺，衝上去，在譚詠麟的臉上狠狠地咬了兩口」。

別以為追星族都是些乳臭未乾的中學生，現在還有一幫成年「資深追星族」呢。正如戀愛不分年齡，都是同樣狂熱一樣，「資深追星族」們之於明星，和「小追」們一樣勁頭十足，只不過是表現方式不同罷了。

在網路上看到一篇文章，是這樣描述「資深追星族」的。

好像是突然之間，一大批「資深追星族星族」開始冒出頭來，並迅速壯大為追逐演藝圈明星的消費主力。論年齡，他們都已是不折不扣的成年人，有家有業，但對娛樂人物的關注、追起星來的狂熱表現，甚至達到「不務正業」的程度，往往比未成年人還來得生猛。他們一般有充裕的金錢和時間用來看自己偶像的演出，會專門到外地去看演唱會。

他們喜歡在網路上建立專門紀念、研究自己偶像的網站區，並且動

不動就冠以「永遠的……」、「傳奇的……」等蓋棺論定式的定語。熱愛同一個偶像的資深追星族們，常常以極高的熱情在那裡灌水、發文，收集、交換、研究偶像們當年及現在每一點一滴的資料，包括罕見作品、稀有照片、剪報、行蹤、情感經歷、創作背景……很多資深追星族星者具有頗高的寫作水準和分析能力，再加上多年來對偶像的了解已經像庖丁解牛般的從外到內，有時他們的言論水準之高，分析之精妙，令專業人士也會汗顏。更難得的是，這一切工作全部是義務的，像周杰倫、蔡依林等歌手的網站，目前已經發展得頗具規模，會員遍布華人世界，就連偶像們辦演唱會時，也會專程請這些會員來捧場。

他們對自己偶像的維護程度，要遠遠超過青少年歌迷。在偶像受到批判的時候喜歡站出來說話，這本來是粉絲們的慣有表現，但資深追星族們或許因為對自己偶像的熱愛與研究已經太深太久，因而覺得旁人完全沒有資格對偶像品頭論足；又或許是因為已在社會上摸爬滾打多年，其抗爭藝術已經遠非眼界未開的未成年人可比。

用「老來俏」來形容他們可謂恰如其分！

追星之路，頗多坎坷，但不管有多苦多難，追星族還是能體驗到快樂。見不到偶像其人，在媒體裡看看偶像的笑臉，聽聽偶像的聲音，也是一種莫大的享受。如果有機會親眼看一回偶像的演出，哪怕座號不佳連偶像的鼻子眼睛都看不清，也會激動得三天三夜難以入眠。

你可能是帶著戲謔的心情在閱讀以上文字，你可能會因這些追星族如此之傻，而會心一笑。不過，以下所記錄的事件大約就會讓你頓生悲愴之感了。

一位 17 歲的男孩因無錢親眼見到偶像 TWICE 而服毒自殺，搶救無效而離開人間。

　　一名 16 歲的少女因母親拒絕給她買防彈少年團的限量海報而上吊自殺。

　　因主演《被告》、《沉默的羔羊》而兩次獲奧斯卡影后稱號的茱蒂‧佛斯特，曾名操一時。富家公子約翰‧欣克利深為佛斯特所打動，便一直狂熱的崇拜她，並向她求愛，遭拒絕後，欣克利不大沒有死心，卻想出了以刺殺總統來感動佛斯特。1981 年，經過精心的策劃，欣克利終於在雷根參加一次活動後上汽車時，射出了他向佛斯特表白的子彈，雷根大難不死，欣克利則因這一槍而成為超級追星族的頂尖人物。

　　社會已經發出呼籲，救救追星族！韓國在每所中小學都配備了心理輔導教師，指導他們如何引導學生開發多種興趣而不是盲目追求流行。韓國首爾大學心理學的博士正在研究「開發青少年明星中毒的診斷與矯治方案」。這種呼籲與社會幫助是中肯的、必要的也是及時的。因為這既不是一個個別的現象，也不是一個接近消亡的現象。

　　翻閱了不少關於談論追星族的文章，現象描述居多，深入分析鮮見。對瘋狂行為的寫實不少，對其本質的探索深度不夠。根據科學方法論的法則，這裡我們要對蘊藏在瘋狂追星行為背後的本質作為界定。

　　人們常用「瘋狂」這一字眼來表述追星族。他們是瘋子嗎？不是！前面已經說過，只要是不與「星」沾邊的事，他們理智得很。況且，人們也看到，在追星族「退燒」了以後，一切也很正常。對於往日的荒唐，自己也感到很可笑。哪有精神病人不治而癒的？當然，我們也不得不承認，他們在追星時的那股瘋狂勁，精神病患者也過猶不及。我們該如何解釋這一現象呢？

　　我們認為，追星族在追星之時正處於被催眠的狀態之中可能是一個合理的解釋。從上述個案中可以發現，他們的意識狀態、他們的行為表

現與處於催眠狀態中的受術者，可能還是處於深度催眠狀態的受術者別無二致。

首先，他們的意識場已極度狹窄，在他們看來，除了明星以及追星行為是重要的，其他一切事情都無足輕重。讀書、工作本不值一提，風中雨中又有何懼哉，搭上性命也是死得其所。至於社會規範、常人所共有的價值觀在他們面前更是毫無意義。2007 年的楊麗娟事件，一位沉痛的父親生前曾放言：「他們根本不理解我們」，「你們和我們不是生活在一個世界的人」，「他們的女兒一定要見劉德華，見不到是天理不容」。用詞可能有些紊亂，但基本意思我們還是能理解的，那就是他和他的女兒都在做一件有意義的事情，你們可能不理解，但那是你們的錯。至於劉德華，你真是個負心漢！我女兒對你這樣，你都不肯單獨見一見，天理何在？在正常人看來，簡直就是歪理邪說，喜歡明星未嘗不可？用得著這麼傾家蕩產、尋死覓活地去追嗎？劉德華為什麼非得要見你，還得單獨見？他有這個責任、有這個義務嗎？那麼多的歌迷、影迷，他見得過來嗎？至於你有多大的投入，與他人何干？當然，我們也無法與他計較，因為他已無法像正常狀態那樣去思考。

當人們為那些處於意識恍惚狀態的追星族感到痛心、可憐之時，那些追星族也在可憐你呢！一位追星族，面對記者採訪時很坦然又很堅決地講的一句話，「追星不是一種錯，不追那是你們不懂生活」，說這話時，一臉燦爛的樣子。你可能感到哭笑不得吧，意識場極度狹窄的人就是這樣。這讓我們驀然想起魯迅的小說《藥》中的一個情節，革命家夏瑜說那些獄卒們可憐，而獄卒們則感到夏瑜可笑。誰可憐？誰可笑呢？

其次，知覺錯亂，直至出現幻覺。如前所述，出現錯覺、幻覺是催眠狀態中最典型也是最常出現的現象之一。在追星族中，錯覺、幻覺頻

現也是常有的事。就說楊麗娟在解釋他迷上劉德華的原因是做了一個夢，夢見自己的房子裡有一張劉德華的照片，照片上左右分別寫著：「你這樣走近我，你與我真情相遇。」正是由於這個奇怪的夢，使得當時只有16歲、正處於花季年齡的楊麗娟喜歡上了劉德華。其實，正確的解釋不是做了這個夢而迷上劉德華，而是迷上了劉德華才會做這個夢，這個夢是其幻覺的變式。這種形式的白日夢，在追星族中可謂太多太多了。他們常常想著想著就分不清真實世界與幻想世界了。明星 —— 那個夢中情人正向自己走來，生命中最歡快的時刻來臨了……

再次，眾多你想也想不到的非理性行為發生在追星族身上，人們常感到不可思議。其實這也不難理解。在催眠狀態中，只要催眠師發出指令，受術者不也是言聽計從，讓他做什麼就做什麼，其中不乏荒唐之舉。這兩者之間，本質是一致的，行為表現也是一致的。另外，催眠狀態中人們能表現出驚人的力量，如前面介紹的「人橋」實驗，身體懸空以後腹部還能站一個人。追星族的力量爆發出來也很驚人。據報導，有一回某歌星演唱會的現場，一個16歲的小女孩居然衝破了警察布下的四道防線，撲到了這位歌星的懷裡。我們不能說警察太無能吧！

最後，當受術者在催眠狀態中，會出現種種不可思議的表現、非理性的行為，但他們一旦清醒，則一切恢復正常，意識清醒，思維敏捷。追星族也是這樣，在他們不追星之時，或追星的狂熱退燒以後，也是一個完全正常的，凡事講理性、講規則的人。

綜上所述，我們認定，狂熱的追星行為就是一種催眠現象，由於發生在日常生活當中，那就是一種類催眠現象。

這種認定，可以解釋人們在觀察追星現象時的種種「想不通」。

⊙ 想不通之一：在社會日趨走向「利我主義」的時候，怎麼會出現一個那麼富有犧牲精神的團體。在這個急功近利的時代，「追星」大約是僅存的一種只求付出不求回報的社會現象。

⊙ 想不通之二：追星族的種種狂熱、種種忘我行為，竟然連趨利避害、保護自己這些人類最基本的本能也被束之高閣。

⊙ 想不通之三：這那幾個會唱兩首歌、能扭幾下屁股的歌星（其實換個人上臺也差不多），那來的那麼大魅力，竟可讓人如痴如醉？

在認定了追星中的瘋狂行為是一種類催眠現象之後，接下來我們要討論的問題是有那些因素在對追星族實施催眠？

2、「星」工廠：按「需」製造

第一個催眠源是「星」工廠的製造商。

在大眾娛樂框架內，就從來沒有「為藝術而藝術」的人，雖然他們也認為自己是藝術家，是在從事藝術。從賺錢的動機出發，以賺錢的目的告終，是他們的心理底線，也是他們的行為準則。

大眾娛樂產品目的是要賺錢，但賺錢就要投入，有些產品的投入很可觀，美國好萊塢的大製作影片，幾千萬美金的投入不算是驚人的數目。於是，如何保證不賠本？如何保證賺到錢、賺到大錢？他們在實踐中悟出一個道理，「造星」是最可靠的路徑。

電影史上推出的首位明星，就是一種欺騙。1910 年，美國獨立電

影公司（IMP）的負責人卡爾·蘭姆利（Carl Laemmle）為了替自己的影片做宣傳，就在雜誌上故意刊登該公司的臺柱演員佛蘿倫絲·羅倫斯（Florence Lawrence）死去的消息。接著，他們又大肆宣傳：羅倫斯死亡的消息是一則十足的謊言，是獨立公司的敵人惡意中傷，蘭姆利隨後又安排羅倫斯和她的經紀人在聖路易大車站與觀眾見面。作為觀眾來說根本不知道這是像演電影一樣的做戲，結果在安排見面的當天，充滿好奇心的人擠滿了車站。這一下讓羅倫斯成為了名人。並成為電影史上第一個受到狂熱歡呼的明星。

由於觀眾的認同才是明星產生和存在的重要因素，製片商不會總是被動地等待明星自然而然的出名。實際上，明星是被製片商精心炮製出來的。好萊塢有一個笑話，一名影片公司老闆對某些由他炮製出來的明星不知感恩戴德很有意見，他說：「我從來沒有遇見一個知道領情的電影演員，那些明星居然相信自己的宣傳廣告來了，要知道是偉大的公司造就出大明星。把你媽或姑姑送來，我照樣可以讓她們成為明星。」

有一個詞，其實是帶有貶意，但人們尤其是演藝圈的人士已經用習慣了，已經不覺得有貶意意味了。這個詞就是「包裝」。明星們是被包裝出來的，並且這種包裝是全方位的。這裡我們來舉一例說明之。螢幕上、舞臺上那些影、歌星個個都長得楚楚動人吧？其實，那大部分都是化妝術的功勞（我還沒說整型）。有些人可能本來很漂亮，有些人可能長得很不怎麼樣。某一建商曾告訴我，有個大明星到他們那裡演出，車到之時，他們都出來迎接。一部遊覽車的人都下來了，卻沒看到那一位大明星。不由地心裡一緊，忙問「×××」怎麼沒來？對方說，來啦，不是在那兒嗎？他再定睛一看，的確是那個大明星，不過臺上的形象與生活中的形象真是沒辦法比。

「星」工廠的製造商們，不惜工本，動用一切可以利用的現代技術，把明星包裝得星光閃爍，對受眾的心理產生強大的震撼力與穿透力，讓你意亂情迷，讓你心旌搖盪，最終成為他的俘虜，乖乖交出自己口袋裡的錢。

3、媒體：只嫌事情少

第二個催眠源是媒體。

當今之世，由於科學技術的日益進步，大眾傳媒已經高度發達且非常普及。雖然現代人追求個性獨立與思想的自由，但真正的獨立與自由卻與人漸行漸遠了。我們不可能有一天不接受大眾傳媒的的資訊，我們也就沒有一天不受它的影響、它的左右。媒體也是個產業，是產業就有一個生存的問題。媒體靠什麼生存呢？靠吸引閱聽者的目光。所以有人說，媒體不怕事多，就怕事少；不嫌事大，就嫌事小；不喜歡事情平常，就愛事情離奇。明星的事本來就為一般大眾所熱衷，於是媒體在這方面的報導也就不遺餘力；而媒體對明星的一舉一動大規模、全天候的報導，又引發平民尤其是追星族更大的熱情。這就形成了媒體與追星族之間的互動機制。另外，媒體與明星們之間也存在一個互動機制，即媒體愈是報導，明星們就愈炙手可熱，所以媒體驕傲地說明星是他們捧紅的；明星愈紅媒體報導得就愈起勁，所以明星說媒體是靠他們吃飯的。這兩種互動機制的連結，又形成了追星族—媒體—明星—追星族的一個大循環。所以有人說，隨著具有神奇影響力的大眾傳媒的出現和發展，一種

新的英雄開始取代以往那種真實英雄。這類英雄的特點是憑藉媒介的力量而家喻戶曉，人人皆知，因此稱為媒介英雄。因媒體的存在、因媒體的利益、因媒體的熱衷，才產生了大量的追星族。

作為催眠源的媒體，有以下兩個特點：

⊙ 一是它有權威性。我說一句話，是想騙人呢，可不一定有人信。而媒體說出來的話，大部分人都信以為真。我們已經知道，權威性在催眠中有很大的作用。

⊙ 二是它無時無刻不在，現今媒體已成為人們生活方式之必不可少的一部分。人們對它高度依賴。我的孩子曾問過我一個問題：「爸爸，你們小時候沒電腦、電視，晚上怎麼過？」在他看來，是沒辦法過。不斷地重複，是催眠施術過程的一個重要特徵，是將人導入催眠狀態的必要過程。人們也在不斷地接受來自媒體的資訊，在這個過程當中，也會不知不覺被它催眠了。

當人們進入催眠狀態以後，媒體便開始向人們的意識層面、無意識層面進行思想灌輸了。至於灌輸的內容，那就是魚龍混雜、參差不齊了。我們承認大部分媒體從業人員是秉承真實、客觀、正確導向的新聞原則的；我們也不能否認在新聞工作者中有類似於《紅樓夢》中程日興、胡斯來式的人物。現在有不少人認為，人們的盲目追星，媒體有不可推諉的責任。這話不無偏激之處，但基本符合事實。在網路上看到一篇文章，對媒體進行了無情地抨擊。

長期以來，社會上的一些媒體，無良娛樂記者，狗仔隊們，他們為了個人和公司的利益，不顧事實真相，經常用一些「下三濫手法」嘩眾取寵，他們故意製造一些藝人的負面消息來吸引大眾的目光，刺激人們的

興趣，讓一些喜歡刺探明星生活祕密的追星族狂熱地圍著明星轉。翻開報刊雜誌我們就可以看到，每天充斥我們的耳目都是各種關於明星的八卦新聞和八卦消息：今天是這個明星結婚，明天是那個明星離婚，同性戀、美女嫁富豪等等。

媒體、無良記者、狗仔隊們的這種做法無形慫恿了追星族們去探究明星們的私生活，去挖掘明星們隱私。同時這些媒體、無良記者和狗仔隊們又大勢渲染明星的奢侈生活，而對明星艱苦創業的經歷卻隻字不提或少提，這樣使一些涉世未深的少男少女們十分羨慕明星們衣食無憂的奢侈生活，羨慕明星們受萬人崇拜的自豪感受。同時也慫恿做著明星夢的少男少女們圍著明星轉，這樣可以多了解一些明星們的生活情況、發跡歷史，以便自己有朝一日也成為明星。

4、商家：趁「火」打劫

第三個催眠源是商家。

在商家的眼裡，世界上的事情只分為兩大類：商機與非商機。如果他們認定是商機，他們將不惜投入，一定要把它做大做強，讓自己的利潤最大化。追星族在商家的眼裡，就是個商機。首先，目標市場族群龐大；其次，消費不理性（這是商家最感興趣的）。也聽過那種略顯肉麻的追星語言：××愛吃某品牌餅乾，我們也愛吃。再次，產品可以獲得高附加值。對於追星族而言，產品是什麼不重要，產品的品質如何不重

要，產品的 CP 值也不重要，重要的是與明星的關係。這給提升產品的附加值留下廣闊的想像空間，有時，連商家自己都感到驚詫。曼聯隊球員魯尼的神勇表現在英格蘭引發了一場空前的追星熱潮，眾多富有的球迷竟然願意花費 300 萬英鎊購買魯尼在默西賽德郡價值 90 萬英鎊的住宅旁的房子，只要能離自己的偶像近一些。頗有商業頭腦的地產開發商邁克爾在魯尼進球數達到 4 個後，就開始準備在魯尼家旁修建一座喬治王時代的住宅，而且已經收到了很多客戶的購買申請。這座豪宅造價達 300 萬英鎊，內有 7 個臥室、3 個起居室、一個電影院和游泳池。「人們簡直要把我們的電話打爆了，那些魯尼粉對這項專案非常感興趣。」邁克爾也頗感意外地說。

可以毫不誇張地說，如今任何一個時尚運動的背後，都少不了商家的身影，媒體的任何一個大型活動都必須有商家作為後盾。商家賺追星族的錢，主要有兩種方式。

◆ 直接滿足追星族追星行為的需求

這些人自己也是追星族，他們一面追趕星，一面做點小生意，被稱為賺錢追星族。這類追星族成員一般一個組合有六七人，年齡在 14 至 17 歲之間。這種組合的工作大致是這樣的：在明星活動的現場，有些人負責索取海報，有些人接近明星對之拍照，有些人找明星索要簽名，分工非常明確。而與此同時進行的，是大多數人現場兜售他們已有的簽名、海報、照片、T 恤及周邊商品等等。所有這一切，都由一個「頭頭」在協調，討價還價工作也是由他全權負責。此類交易一般價格不菲，一張明星照片 3,000 ～ 5,000 元，海報上萬元、簽名則賣 2,000 ～ 5,000 不等。一天下來，收穫頗豐。這大約屬於現場「小黃牛」。比之更正規、更全面的是正式的追星族專賣店。我們就曾看過一商店的店名就叫追星族偶像

文化用品專賣連鎖總店。更為野心勃勃的叫「粉絲聯盟」。顧名思義，粉絲聯盟就是各類追星族的大本營，它是以整合明星行業的資源為契機，推出的明星偶像用品專賣店體系，在粉絲聯盟，可以滿足各類粉絲們的需求，找到自己最喜歡的明星用品。

◆利用明星推銷自己的產品或企業形象

商家們常常僱用公關公司、企劃公司、廣告公司，讓那些專業人士絞盡腦汁，或直接的、或間接的；或自然貼切的、或牽強附會的把自己的產品、服務、形象與那些明星生活方式、穿著打扮、生活瑣事、婚戀故事以及一切的一切連繫起來。然後再以飽和的廣告轟炸以及各種網路文章，把明星塑造成極具影響力和創造生活新潮流的人。所追求的效果是讓人們把對未來生活的追求具體化為對明星生活的模仿。使得人們的消費觀念和欣賞品味類同化。接下來，就是商家收穫的季節了。為此，有時明星們也是挺辛苦的。拿人錢財就要替人消災嘛，他們穿什麼牌子的鞋、喝什麼牌子的口樂都受到嚴格的限制。

總括起來說，商家在催眠追星族這一系統工程中所發揮的作用是：用大把大把的錢財包裝某個他們看好的人，然後使之頻繁出現在大眾傳媒之中。反覆地對追星族實施視覺的、聽覺的衝擊以及觀念的灌輸。當「神」被造就以後，則利用人們「愛屋及烏」的心理，把自己的產品或企業形象推銷出去。如此做法，明星們很開心，他們拿到了大筆代言費；媒體也很開心，他們拿到了巨額廣告費。商家更不傻，他們的產品銷量隨之倍增。當然有一種人是少不了的，那就是買單的。那人是誰呢？只有追星族了。

5、自己：甘願進圈套

第四個催眠源便是追星族自己。

禪宗說：「風也沒動，帆也沒動，是心動。」其實，不管外部環境中怎麼個整蠱，如果你的內心沒有相應的心向以及機制，外部力量是不會發揮作用的。這個道理很簡單，同處一個世界，同受相似的影響，為什麼有人追星而有人不追星。即使是追星族，還得分個三、六、九等。

什麼人最容易被上述因素催眠，而成為痴迷的追星族呢？換言之，接受類催眠，而成為死忠追星族的人都有些些什麼樣的心理特點？

◆ 理智為情感所支配的人

在人的內心世界裡，有兩種力量在相互抗衡，那就是情感與理智。當我們說某人是一個成熟的人的時候，那是指他的情感由他的理智所左右而不是相反。易感染催眠，而成為追星族的人，從年齡特徵上來看，以青少年為主體，尤其是中學生族群，「資深追星族」們也有，但無論從數量還是從品質上看都不能與青少年追星族相提並論。那是因為青少年的思維能力尚不成熟，又處於青春期，情感如暴風驟雨，理智相對顯得缺乏，所以他們在外部誘導之下，容易成為追星族。

◆ 生活中的弱者

強者相信自己，弱者迷信他人。弱者中有奮起直追，向強者挑戰然後進入強者行列的，但更多的弱者可能並不是這種選擇。他們或者安於

命運；或者則用虛幻的方式，讓自己那種在生活中屢屢受傷的心靈得到慰藉。追逐偶像、逃避現實、用一種失去自我的迷幻狀態來麻醉自己，殊不知，麻醉的結果是受人操縱。有人說，偶像崇拜」使我們從「人性」最脆弱的地方開始了不由自主的「偶像模仿」。

◆ 從眾心理

　　擔心落伍是人類的普遍心態。老人都是如此，更不用說是年輕人了。有些追星族追星不是始自於對某明星的高度熱愛，是害怕落伍而表現出與所屬群體相一致的行為方式。所以從眾，從本質說是擔心自己被社會所拋棄。在中學生中，追星現象很普遍，勢力也很大，以致本來沒多大心情追星的同學，為了不被看做「落伍」，不被視為「異端」，也自覺不自覺地入了流。進入這個圈子以後，一切就不是全由自己做主了。

◆ 替代性滿足

　　人類有一種心理現象叫著替代性滿足。這種現象時時表現我們的生活中。比如說，心理學家解釋人們為什麼喜歡看暴力片，那是人們攻擊欲的替代性滿足方式。在渴望成功的人們當中，成功者畢竟是少數。於是，有些人就把對成功的渴求轉化為對明星的崇拜，就是要在明星身上尋找自己成功的未來，在明星的成功軌跡中尋找自己自我實現的坦途。從而使自我實現的願望達到一種替代性的滿足，因此，在某種程度上說，追星族對明星的崇拜實際上是對自我潛能的肯定，也是對自己前程的幻想。對明星的熱情，在一定程度上是包含了對自己的熱情，對明星的支持，也就是對自己的肯定。尤其是青少年，自身所具有的條件、能力往往不足以使他們成功，自然而然的，便在「成功者」的身上尋找自己的影子，看見自己「奮鬥」的結果。

◆崇拜心理

「星」，通常都經過一番精心包裝，即使你看上去是樸實無華的「星」，也是精心包裝的結果。可能是他的包裝理念就是看上去樸實無華。男的大多英俊瀟灑、風流倜儻，扮演的也多是些義膽沖天、俠骨柔腸的錚錚鐵漢；女的則羞花閉月、沉魚落雁，扮演的也多是些嬌媚可人、善良溫柔的亭亭玉女；球星也都英姿勃勃、氣質逼人，在賽場上更有翻雲覆雨、左右全域之勢。他們是那麼的清純、崇高。為情則海誓山盟，為義則赴湯滔火。沒有他們做不到的事，沒有他們追不到的人，遠離世俗，接近完美。總之，經過包裝的「星」，已是半人半神，當然，這一切都不是真實的。但少男少女們卻把這一切當真了。於是，羨慕、迷戀、崇拜、瘋狂紛至沓來，自我被無情地淹沒了。當一個人狂熱地過渡沉迷於崇拜追捧明星時，也就喪失了自身的鮮明個性與自我，成為被明星光環所俘獲的附庸，進而呈現病態的痴迷依戀。

從催眠學的角度看，具有以上心理特點與心態的人們，是催眠術的易感人群，是最好的受術者。同理，他們也是最好的「類催眠」對象。他們可能是最容易進入追星狀態的一群人；最可能成為鐵桿追星族的一群人；也就是最輕易被操縱的一群人。我們可以把他們稱之為追星事業的「忠誠消費者」。

社會對追星現象已經有所警覺，並提出批評。有些批評雖嚴屬卻也情真意切。曾看過這麼一段文字。「每當我在那些追星的場合，審視著追星族們那一張張因狂熱而極度扭曲的臉的時候，我的心底總有一個聲在吶喊，願他們早日回歸『真我』，回歸屬於自我的人性精神」。

不過，在這尊重個人選擇的年代，強逼他人做什麼，不做什麼，既是不對的，也是不可能的。所以，我們在此提出一些忠告，聽不聽由你！信不信更由你！

其一，可以愛明星，甚至可以摯愛，但不必愛到瘋狂。其中的「度」就是你自己能否把持自己。如果發現已不能把持自己了，那就要當心了。

其二，弄清楚你到底愛「星」的什麼？人的有意識行為都應有明確的目的，追星之時，也要搞清楚我到底愛「星」的什麼？如果你認為他的歌唱得好，行啊，你就去聽他的歌，或者買他的碟。這就足夠了，其他的行為，如為看他（她）一眼站一宵，直至為他（她）尋死覓活，你覺得有意義嗎？你覺得有必要嗎？你覺得值得嗎？大學者錢鍾書仰慕者中也不少「追星族」。但此君不愛熱鬧，深居簡出。有不少人慕名求見，錢鍾書總是婉拒。他說：「如果你吃到一個雞蛋，覺得好吃，你又何必去認識下蛋的母雞呢？」

聽說過這麼一件事：某天王級明星乘坐飛機。通常情況下，他總是被人沒完沒了的圍堵、簽名等追星族的行為弄煩了。不過，這一次在飛機上他又有一絲失落感──坐在他身旁的一位乘客對他毫無感覺，毫無反應。可能是出於好奇，也可能是擔心自己的魅力指數下降。便問他的鄰座：「你知道我是誰嗎？」答曰：「知道啊，你是×××，我看過你的演出，也聽過你的音樂，很喜歡。」「那你看到我怎麼沒有反應呢？」明星的好奇心更重了。那人也是個爽快人：「直說吧，我喜歡的是你的藝術形象，跟你這個人沒多大關係。」明星無言。筆者認為，這是上乘境界的歌迷。

其三，我們覺得明星那麼完美、那麼可愛，是因為相互之間的距離太遠。有條美學原則，叫「距離產生美」。如果我們有可能與之近距離接觸，可能就是另外一番感受了。童安格的一個歌迷就因為狂熱迷戀他，因而跑去替他當保母，不過在和偶像朝夕相處的日子裡她發現了偶像的缺點，並且跟偶像鬧出了經濟糾紛，以不快收場。

其四，不得不計算的追星成本。這是一個商品經濟時代，我們所做的每一件事，都存在計算成本的問題。

有人計算出追星需要投入三種成本。

⊙ 經濟成本。若崇拜某歌星，你得花錢購買該歌星的圖書、畫冊、照片等周邊商品，還會花高價購買入場卷，參加歌星演唱會，親眼目睹歌星風采。如果還要學明星的儀表舉止、愛「星」之所愛，花的錢就更多了。你是否有相應的經濟能力？你的花費是否值得？這些都是需要考慮的。

⊙ 精神成本。精神成本因對明星的崇拜依戀程度而定，崇拜痴迷程度越深，所付出的精神成本就越重，反之，成本相對就輕些。

⊙ 時間成本。時間其實是最為昂貴的資源成本。對明星的狂熱追捧崇拜，是要耗費大量時間的，聆聽觀看明星的演唱表演；與同類星迷們交流追星資訊、感受、體會；星迷們對明星的討論評論事無巨細，大到演唱風格，人品藝德，小到明星的髮式、首飾、衣裝、鞋襪，或面上的紋眉痣斑以及身段三圍，用何種化妝品，穿何種品牌時裝；直至明星們的隱私緋聞。都是需要時間的。

算完成本再算回報。我們的投入得到的將是些什麼回報呢？想來想去，除了一種虛幻的快感以外，我們一無所獲。追星族們用千百萬雙手，托舉起一顆顆璀璨耀眼的明星，而在明星們收穫的成功履歷裡，卻很難發現一位追星族的紀錄。也許有人說，你太俗啦！是俗，但如果這種「俗」是與真實世界相連繫，而那種所謂的高雅是與虛幻世界相連繫，我們寧可要這種俗。說句讓追星族們更感心酸齒寒的話，如果你有機會窺見演藝圈內幕之冰山一角，你就會發現：你們所追捧的那些明星，以及製造商、傳媒、商家以及所有靠你們吃飯的人當中，俗不可耐者，不在少數。

十一、我們被自己催眠了

前面所說的類催眠現象基本上都是由別人施行的。那麼，在日常生活中是否存在自己催眠自已的現象呢？答曰：是存在的。無論從理論上推導，還是在生活中觀察，都存在著自己催眠自己的現象。這裡，我們就來描述這一現象，分析這一現象。

1、自我催眠術

催眠術中有一個重要的組成部分 —— 自我催眠術。我們想對之作一介紹，對於理解日常生活中的自我類催眠會大有幫助。

所謂自我催眠術，即指自己誘導自己進入催眠狀態，利用「肯定暗示」促使潛意識活動，從而達到治癒疾病、調節身心的目的。它的特點是，在任何時候，任何場合都可以進行。它的操作過程簡便易學，從開始到結束都完全由自身控制。唯一的條件就是不要在勉強狀態下進行。它對於調整自我心態、提高身心效率、開發自我潛能都有一定的作用。

自我催眠術的效果雖然沒有一般的催眠術那樣神奇，那樣富有戲劇性，但它的作用仍然不可低估。尤其是它方便易行，無需去看醫生，隨時能進行，從而備受人們的青睞。具體而言，自我催眠術的功效表現在以下幾個方面。

自我催眠術能有效地改善自己。人人都想獲得自己理想中的成功，而任何意義上的成功，其先決條件都是要有一個較為完善的自我，一個心理健康的自我、一個具有高度自信心的自我。現代心理科學和教育科學認為，非智力因素，即人的情緒、情感、意志、動機、人格等因素在

人的成功中占有舉足輕重的作用。缺乏自信、喪失自信心的人，即使有足夠的能力，也不能取得應有的成功。在競爭異常激烈的現代社會中，恐怕更是如此。紅極一時，盡人皆知的美國著名影星夢露，在成名前的幾年，也有機會參加影片的拍攝，但總是不能嶄露頭角。每當唸臺詞時或面對攝影機時，總有一種不可名狀的恐懼感。無法達到自然灑脫的狀態。雖然她相貌極有魅力、素養又很好，但怯場的表現始終無法克服。後來，一位催眠師給她做了八次催眠治療，驅除了自卑感，恢復了自信心，怯場的表埍則如灰飛煙滅，一位充滿自由感的巨星在銀壇上空閃爍。

其實，經由自我催眠也同樣能夠達到如此境界，這樣的實例也為數不少。有時，因為這種自卑感的克服和自信心的恢復是由自己的努力得來的（這本身就是自信恢復的一個事實），故而能夠更加長期穩定地保持在心理世界中，並對其行為產生支配、調節作用。

許多經常做自我催眠術的人認為，自我催眠術給他們最大的和最經常的幫助就是改善自我的狀態。許多大公司的經理人員、即將面臨重要考試的學生及社會人士，常常處於高度的心理疲勞狀態之中，他們時時感到緊張、焦慮、頭腦昏昏沉沉，思路很不清晰，情緒也煩躁不堪。最大的願望是埋頭睡上三天，事實上又不可能。這些人如利用空餘課間的片刻休息時間，做上一次自我催眠，那麼，他們的疲倦感、緊張感就會一掃而光。還會感到頭腦清楚，耳目一新、精神振奮、心情愉快。一言以蔽之，透過簡單的自我催眠施術，自我的狀態得到了很大的改善。

自我催眠術能調整自我身體狀態。人的生理與心理是相通的，有著密切的連繫。生理上的疾病可能會引起心理上的變化，而心理上的變化也會引起生理上的變化。有鑑於此，透過心理活動來調節生理狀態完全

是可能的，特別是在催眠狀態下更是如此。經由自我催眠來調節生理狀態並能取得良好效果的例證有許多：

譬如，許多人搭車、搭船、搭飛機時會發生眩暈、嘔吐現象。有時即使是事先服藥也無濟於事。但自我催眠術卻可以從根本上解決問題。具體方法是，在自己已進入催眠狀態，額部涼感出現以後，以想像法與精神強化暗示相結合，進行自我訓練。在訓練了數週以後，在生理上和心理上都會於潛移默化之間增加對乘車（船、飛機）眩暈的抵抗力，而達到克服暈車、暈船的目的。

想像法的訓練是這樣進行的：「我現在正在搭車……路況很不好，車顛簸得很厲害……外面似乎吹著微風……似乎又聞到了濃濃的汽油味……這味道使自己很難受……顛簸和汽油味使我感到很不舒服……有要嘔吐的感覺。不過沒問題……我還是能夠承受的。對了，現在開始做腹式呼吸……呼吸很輕鬆……令人厭惡的顛簸的感覺和汽油味已逐漸消失……心情很平靜。……沒有問題了……窗外吹來一陳和風……撫弄著我的面頰……外面的景色非常絢麗……青山綠水令人賞心悅目……絕不會再暈車了……再乘其他任何車也不會有問題……我現在的心情特別好……」

數數字後醒來。這種經誘發性想像出不適的情景，再經精神強化暗示的中和公式，反對公式應用而產生對該情景的「忽視」，然而再透過正面的、積極的暗示想像對自己予以肯定的做法，在許多生理狀態的調節中都有顯著的效果。

另外，其他一些身體上的毛病，如頭痛、肩酸、面部痙攣、風溼症、頻尿症等等，經過自我催眠，也會得到不同程度的改善。自我催眠不僅可使病態的身體能有不同程度的康復，而且也能使身體煥發出巨大的力量。據報導，韓國的運動員在每天晚上臨睡之際，都要想像一番自

己與主要對手爭奪時的情形，以及自己是如何戰勝對手的。據說這不僅可以增加自信心，而且也利於體內各種能力的生長與發展。

自我催眠術可以調節人們的情緒狀態。人類有三種基本的情緒狀態，即心境、激情與緊迫。心境是一種較持久的、微弱的、影響人的整個精神活動的情緒狀態。心境具有彌散性的感染性，它常常不是關於某一件事的特定的體驗，而是在一定時期使人的一切活動都染上同樣情緒色彩的心理現象。心境可分為良好的心境和不良的心境。不良的心境使人萎靡不振，消沉灰心，對周圍發生的任何事情都表現得淡然冷漠，甚至會出現「行宮見月傷心色，夜雨聞鈴斷腸聲」的情形，並影響到工作效率的提升。

激情是一種強烈的、短暫的、暴發式的情緒狀態。它是由對當事人具有重大意義的強烈刺激或出乎意料的事件引起的。它具有不顧周圍環境而突破一切障礙的力量以及不顧可能出現的嚴重後果的特點。在激情狀態下，人的認知範圍縮小、自制力降低往往，無法正確了解和評價自己行為的意義和後果。不言而喻，消極的激情對人有害無益，有必要予以控制。

緊迫是指出乎意料的情境所引起的情緒狀態。這種緊張情景會驚動整個有機體，迅速改變機體的啟動水準，使心率、血壓、肌肉緊張發生顯著變化，使情緒高度緊迫化。緊迫狀態可能會致使人們有效地處理所面臨的出乎意料的緊張情境。但若長期處於緊迫狀態會擊潰一個人的生物化學保護機制，使人的抵抗力降低，易受疾病侵害，甚至還有可能導致死亡。

要之，情緒狀態對人的認知、生活、身體都有著雖不太起眼，卻有重大作用的影響。因此，調節自身的情緒狀態是人生的課題之一。自我催眠術可以有效地幫助人們解決這一課題。

　　例如，有些人總是情緒低沉、憂鬱，對生活喪失信心，終日受消極心境的支配與制約。欲從中解脫而不能。如果他（或她）對自己實施了自我催眠術，在進入了催眠狀態以後，精神強化暗示就能對調節情緒狀態有所作為。可以利用中和公式對自己反覆暗示：「××情況的發生是正常的、自然的、在人生的道路上難免要遇到的，所以沒有什麼關係，不必把它看得過重，今後會逐漸好起來的……」也可以利用強化公式對自己進行反覆暗示：「雖然現在由於××情況使自己身陷窘境，但是也不全是壞事，如果我自己如何、如何對待這情況，也許將來會因禍得福，出現更為令人可喜的情況，所以現在不必難受、傷心，重要的是振奮精神……」

　　如果是性情暴躁，情緒難以控制，經常與別人發生衝突，則可在進入催眠狀態後，利用精神強化暗示的節制公式「今後遇到容易激怒自己的情況時，要特別注意克服，要冷靜，絕對不要發火，待心平氣和以後，再處理面臨的情況……」。還可以利用反對公式，「儘管別人激動了，對我有非禮或過火的表現，但我自己不要為對方的情緒所感染……還是要冷靜，理智地對待現實……」

2、意念，讓生命延續

　　小的時候曾經聽過一個廣播劇：一個生命垂危的小女孩，望著窗外漸漸枯落的樹葉，也同時數著自己的生命──如果樹上的葉子落盡，自己的生命也就走到了盡頭。隔壁鄰居是一位畫家，他為了喚起女孩生

命的希望，深夜冒著大雨在牆壁上畫了一片樹葉，無論刮多大的風，也無論下多大的雨，這片樹葉頑強地長在那裡，女孩憑著這份希望，重新綻放了生命的光芒。後來知道，那是歐·亨利著名的短篇小說《最後一片藤葉》（*The Last Leaf*）。

當然，你可以這麼認為，這是小說，小說中不免有藝術誇張。

下面再說一件真實發生在生活中的事情，此事由著名作家賈平凹寫就一篇記實散文〈編輯逸事〉，全文如下：

堂兄向我說：某出版社編輯陳君，一日下班時，收到李某寄來的一份書稿，順手堆在小山似的稿件堆裡，止起身要走，偶然瞥見那書稿上附有一信，僅三行：「寄上拙稿《趕海集》，因身患癌症，盼能盡快審閱。」陳便心想：一個行將去世的人，還著書立說？覺得好奇，順手翻開一頁。才讀一行，目光便被吸住，不覺慢慢移近書案，慢慢將身坐下，竟讀得如痴如醉。晚上九點二十分，家人尋到編輯部，見他正手捧書稿，側在椅上，看得入神。問：「你還沒有吃飯啊！」答曰：「吃什麼飯？」家人搖頭苦笑：「魂兒又被勾去了！

陳方醒悟，卻笑而不答，又抱書稿去敲總編家門，要求連夜複審，說：「此人朝不保夕，此書可長存於世啊！」

複審後，需作局部小改，陳便於次日搭車去見作者，陳將書稿藏在懷裡，尋到李家。見李家鎖門閉戶，問及鄰人，答曰：「病危，於昨天送進醫院，怕已不在人世了。」陳大驚，腳高步低又尋到醫院。李病已到晚期，其身長不足五尺，體重不過六十，出氣多，入氣少，臥床不能起坐了。李三十有餘，並未婚娶，全部家產堆滿床頭床尾，皆書也。兩人相識，互道：「相見恨晚！」李遂伏床改稿，但力不能及，每寫一字，需

一分鐘，手抖不已。陳便說：「我替你改，改一句，念給你聽，同意的點頭，不同意的你用嘴說。」如此更改至五更。醫生、護士無不為之感動，握住陳手說：「老李真是奇人，病成這樣子，猶念念不忘他的書稿。他的生命全繫在事業之上，是你拯救了他，我們真要感謝你了！」天明，陳回公司前臨走說：「我回去，稿子立即以急件編發，很快就能印出校樣，你多保重！」李笑曰：「我不會死的，我還未見到鉛字啊！」

陳走後，李病急劇惡化，疼痛難忍，滴水難咽。醫生已經無奈，預料存世之日不過一兩天。但十天過去，終未瞑目。又過十天，已失人形，疼痛尤烈，任何針藥無濟於事。醫生皆驚詫：此人生命力如此頑強；但眼見得日夜折磨，無特效良藥可治，令人不忍。到了第二十一天，忽有包裹寄至，拆開，《趕海集》校樣，遂大叫：「靈丹妙藥來了！」果然，李倚床而坐，讓人扶著，將校樣一一看過，神情安靜，氣色盈和。末了，滿把握筆，簽上「李××」三字，忽然仰身大笑：「我無愧矣！」隨聲氣絕。

消息傳到公司，陳正整理稿件，便以筆作香，伏案痛哭失聲。出版社派陳為代表，去參加追悼會，會上追憶書稿一事，全場哭聲一片。又二十天，樣書印出，陳復攜書到李墳上以書作紙錢焚之，時正值李「三七」忌日。《趕海集》發行於世，大受歡迎，再次刊印，仍供不應求。

堂兄與陳係早年同學，關係篤厚，常偕一幫作者去他家，陳每每談起此事，不免熱淚長流。他從此更熱心編輯，手書「以文章會朋友，舉事業為性命」於案頭作座右銘。

這裡我們想要探討的事，為什麼會發生這樣的生命奇蹟？是因為李××有一種強烈的意念，不見到他的書稿變鉛字，絕不赴黃泉。其實，

這種情況在生活中屢有發生。有人已瀕臨死亡，但就是不咽最後一口氣，老人們說，他是在等一個人，果然，那人來了以後，見了面，說了話，便安詳地離去。這就是心理之於生理的巨大影響力，而自我催眠便是產生這種影響力的機制。

3、教徒的試罪

還有一些現象就更不可思議了，但它們同樣是自我催眠的結果。

美國心理及精神科醫生施瓦茨（Barry Schwartz）博士在書中有這樣一段描述：

《馬可福音》中說：「若喝了什麼毒物，也不必受害。」有一些教徒將這段經文奉為命令，進行馬錢子的考驗。馬錢子是一種容易找到的劇毒藥草，廣泛用於滅鼠劑。毒藥試罪法頗為罕見，教徒們認為吞食馬錢子是對信念的最嚴格的考驗。這種考驗多在儀式的高潮中進行。我們觀察到的例子是兩個年齡分別是 52 歲和 69 歲的男子在吞食馬錢子，估算他們的體重分別為 68 公斤和 75 公斤，時間是飯後 3 小時。進行試罪之前，其中一位教徒輪番在座位上站起、又坐下，渾身哆嗦，又吼又笑，他大談自己 1 英寸厚的胡桃木棺材、下葬的安排他「與魔鬼打交道」的體驗。接著，他感到「神的力量」降臨到他的身上。他在「大喊大叫」，形同瘋狂的時候，那位年輕一點的教徒剛結束以火燭、銅斑蛇和熾烈燃燒的炭塊進行的考驗，走來走去，吹口哨，勸教友兄弟照上帝的命令辦。

　　突然，隨著一陣亂糟糟的吟唱〈復活頌〉的聲音，老教徒掏出小刀剔掉滿滿一瓶馬錢子的封口，用刀口挑了一些毒藥倒在一杯水裡。他攪了攪，在 12 秒鐘內連喝了兩三大口，隨後將杯子遞給那位朋友。他也喝下大致同樣的分量。「在我的肚子裡它就像汽水一樣⋯⋯味道比蜜還甜。」兩個教徒喝下去的馬錢子略多於 80 毫升。

　　然後，兩人立刻重新開始禱告，跳來跳去，拍手唱歌。8 分鐘後，那位年輕一點的教徒豁達地同意取血進行分析。26 分鐘後，他提供了尿樣。他們吞服馬錢子後始終沒有出現抽筋、驚厥或其他症狀。

　　在我們觀察的所有教徒中只有四個人進行過馬錢子試罪法。有位教徒自稱曾吞服過四五次馬錢子。「我覺得神 —— 一種涼幽幽的感覺順著脖子下來了，我有一次喝了半瓶。」為了強調馬錢子的毒性，幾位教徒談到，其他一些教派的牧師將教徒們吞服過的馬錢子灑在肉上餵狗，狗吃了以後很快便抽搐而死。

　　由於馬錢子極易於腸胃吸收，用它來進行試罪十分罕見。5 ～ 20 毫克的劑量就會產生痙攣，並可在 15 ～ 45 分鐘內致死。馬錢子的特點之一就是會產生感官刺激，如疼痛、痙攣等。與其他毒品不一樣，長期服用馬錢子不會產生抗藥性。

　　作者觀察到的那兩位教徒各自口服的馬錢子劑量完全足以產生痙攣或其他中毒症狀，以至於致命的效果。馬錢子試罪法本身的危險性理所當然排除了用人進行試驗的設想。人們可能會假設，完全沒有出現痙攣和其他繼發症，這與一些可變因素有關，如吸收、解毒、馬錢子的新陳代謝等。同樣，在進行馬錢子考驗時，我們很難既取樣研究，又不會給當事人造成太嚴重的傷害。

在許多西方民族的古代歷史上，火的考驗曾發揮重要的作用。在中世紀歐洲，基督教牧師主持試罪，包括用開水、沸油、滾燙的烙鐵和燃燒的木頭來檢驗人是有罪的還是無辜的。後來，以火試罪法氾濫成災，教會在西元 1215 年第 4 次拉特蘭會議上明令禁止。但這種儀式禁而不絕。例如，1725 年，在血腥的法國宗教改革期限間，據報導：「有一位叫薩拉曼蒂的改革者吊在一個熊熊燃燒的火盆上方達 9 分鐘，身上只披了件懺悔服……」幾個世紀以來，烈火試罪法以多種形式傳入其他民族的文化，在世界的某些地區一直延續至今。在紐約市發生過這樣一件事：一位名叫庫塔·巴克斯（Kuda Bux）的前印度神祕主義者平平安安地走在炭火上，燃燒溫度估計為華氏 1,220 度（攝氏 660 度）。

再請看以下情景：

一根布質吸油棉繩插在一個盛滿煤油奶瓶或番茄汁瓶裡，點著以後，橘黃色的火焰噴出 8 ～ 24 英寸高。教徒緩緩將張開的手放進火焰的正中。他們一般是將火端平，讓中心的火焰接觸掌心，時間達 5 秒鐘或更長。有兩位教徒三次將腳趾、腳底直接放進火裡 5 ～ 15 秒鐘。有一次，有個最虔誠的信徒在手腳上塗滿燃油，然後伸到火焰的正中。皮膚的燃油騰起白色濃煙，但沒有燃起來。那位教徒掌心拳作杯狀，試圖引燃掌心的一小灘油，卻也只是閃爍了幾下。與此相反，塗有油的烙鐵頭和木釘一接近火就燃燒起來。有 5 位女教徒將肘部、前臂、上臂在火焰中來回移動，每次好幾秒鐘。其中一位婦女患紅斑病，年年春天發病，接受火的考驗前後，情況沒有什麼變化。在所有這些火焰試罪的事例中都找不到疼痛反應的證據，沒有紅腫起疱、燒焦燎毛等情況，或出現燒焦的氣味。

　　作者對當地人講述的火焰試罪的歷史作了考證，沒有發現任何自相矛盾之處，卻得到一些更有趣味、更有參考價值的材料。例如，「那位最虔誠的教友」雙手扶住肩上熊熊燃燒的木棒，在教堂裡走了一圈，一點事也沒有。據說還有一位牧師曾跳上火紅的鐵爐，坐在上邊，手腳插進燃燒著的煤裡，一邊還在做禱告。有位教徒更是遠近聞名，他能把頭和脖子伸進火紅的鐵爐裡達幾分鐘之久。

　　接受火焰考驗的人不分男女老少。在冬天的禮拜會上，教友們之間用手傳遞燒紅的煤塊不是什麼稀罕事（「摸起來像是天鵝絨」）。年輕女子則摟抱著火爐煙管。一位男教友講了自己的一段經歷：他用「煤油」火焰去燒自己的掌心，一開始沒有任何感覺；接著，他發現一段油繩綻開了，從而使他從催眠狀態中清醒過來。他心裡一急，手上頓時受到劇烈燒傷。無獨有偶，一位女教友以前經常接觸滾燙的玻璃燈罩，一天晚上做禱告的時候停電了，她條件反射地抓住了明亮的煤油燈，當時她沒有處於催眠狀態，手被嚴重燒傷。可以這麼看，當教徒們沒有進入催眠狀態的時候，他們也和旁人一樣會被燒傷。

　　也許你認為，這是不可能的。是的，此等現象，現代科學還無法對之作出合理的解釋。但我們不能作出這樣的逆推理，即現代科學無法作出合理解釋的現象就是不可能的現象。現代科學不是終極真理，它只是人類認知長河中的一個階段，人類現有的認知水準，無法解釋或無法很好解釋的事情俯拾皆是。我們不能因為無法解釋它，就簡單否定它的存在。古今中外，人們在特殊情況下，體內調動起巨大的能量以應付當前危機的例證為數不少，聽起來也都是那麼不可思議，難以解釋。

　　據《史記·李將軍列傳》記載：有一回，李廣出外巡邏，突然發現草叢中臥著一隻老虎。心頭一緊，拔出箭來就向老虎射去。再定睛一看，

原來是一塊形狀酷似老虎的石頭。但箭頭已嵌入石頭之中。他自己也感到奇怪。拔箭又射了幾次，再也不能嵌入石頭了……

某家幼稚園夜間失火，值班的是位女老師。她立即打電話通報消防隊，接著就把幼稚園裡最值錢的一架鋼琴從屋子裡搬到了院子裡。第二天，誰也不相信是她一個人搬出來的，而她也確實無法把鋼琴再搬回原處。

某地山區發生土石流，村莊被毀。救援人員到達時看到了令人不可思議的一幕：一個老太太，一隻手抱著她的孫子，另一隻了頂著一塊巨大的石頭（常人根本無法想像）。老太太已經死了，孫子還活著。觀者無不唏噓。

越戰期間，一個美國士兵於夜間隨隊出外巡邏，路上遇到游擊隊的襲擊。他的同伴都被打死了。而他滿臉是血，躺在死人堆裡裝死才倖免於難。歸隊後沒幾天，上司又通知他夜間要出去巡邏。可是，出發之前，他的雙腿癱瘓了。送回美國後，醫生怎麼檢查也沒有發現器官性病變。最後是心理醫生使他的雙腿康復如初。

我們沒有能力對這一系列現象作出很好的解釋，但作出這樣的推論可能還是符合邏輯的。那就是，在催眠狀態下，透過心理而調動起體力巨大的潛能在諸多催眠實驗與催眠表演中已被證實。既然在催眠狀態下能夠如此，在自我催眠狀態下也能夠如此。尤其是個體在遇到緊急情況時，所受到的強刺激會引發心靈的巨大震撼，在那一刻，人的全部注意力都將集中於一個興奮點（典型的催眠表現），以應對當前的危機。進而心理與生理溝通，產生相對應的外部行為表現。於是，種種不可思議的現象就出現了。

4、祥林嫂的悲劇命運

祥林嫂是魯迅小說《祝福》中的主角，一個封建禮教的犧牲品。縱觀她那悲慘的一生，把她一步一步逼入死路的是封建禮教，而實現的機制是自我催眠。

那是下午，我到鎮的東頭訪過一個朋友，走出來，就在河邊遇見她；而且見她瞪著的眼睛的視線，就知道明明是向我走來的。我這回在魯鎮所見的人們中，改變之大，可以說無過於她的了：五年前的花白的頭髮，即今已經全白，曾不像四十上下的人；臉上瘦削不堪，黃中帶黑，而且消盡了先前悲哀的神色，彷彿是木刻似的；只有那眼珠間或一輪，還可以表示她是一個活物。她一手提著竹籃。內中一個破碗，空的；一手拿著一支比她更長的竹竿，下端開了裂：她分明已經幾乎是一個乞丐了。

我就站住，預備她來討錢。

「你回來了？」她先這樣問。

「是的。」

「這正好。你是識字的，又是出門人，見識得多。我正要問你一件事──」她那無精打采的眼睛忽然發光了。

我萬料不到她卻說出這樣的話來，詫異的站著。

「就是──」她走近兩步，放低了聲音，極祕密似的切切的說，「一個人死了之後，究竟有沒有魂靈的？」

我很悚然，一見她的眼盯著我的，背上也就遭了芒刺一般，比在學校裡遇到不及猝防的臨時考試，教師又偏是站在身旁的時候，惶急得多了。對於魂靈的有無，我自己是向來毫不介意的；但在此刻，怎樣回答她好呢？我在極短期的躊躇中，想，這裡的人照例相信鬼，然而她，卻疑惑了 —— 或者不如說希望：希望其有，又希望其無……人何必增添末路的人的苦惱，一為她起見，不如說有罷。

「也許有吧 —— 我想。」我於是吞吞吐吐的說。

「那麼，也就有地獄了？」

「啊！地獄？」我很吃驚，只得支吾著，「地獄？ —— 論理，就該也有 —— 然而也未必……誰來管這等事……」

「那麼，死掉的一家的人，都能見面的？」

「唉唉，見面不見面呢？……」這時我已知道自己也還是完全一個愚人，什麼躊躇，什麼計畫，都擋不住三句問，我即刻膽怯起來了，便想全翻過先前的話來，「那是……實在我說不清……其實，究竟有沒有魂靈，我也說不清。」

她是如何陷於這種種悲慘的境地的呢？文中告訴我們，她是男人死後到魯四爺家來做工的，很勤快也很知足。後來婆婆又把她賣給了別人家，也生了孩子。可惜的是她的男人年紀輕輕，斷送在傷寒上，兒子又讓狼給吃了。在她以後的生命中，全身心關注的只有兩件事。一件是反覆向他人傾訴阿毛的不幸遭遇，另一件就是全然由不得她本人做主嫁了兩個男人，而她卻要承擔這所有的「罪孽」。

柳媽詭祕地告訴她，你將來到陰司去，那兩個死鬼的男人還要爭，你給了誰好呢？閻羅大王只好把你鋸開來，分給他們。

於是，恐怖的陰雲向她心頭襲來。封建禮教的觀念以形象的方式，再經由一個同樣愚昧故而顯得格外真誠的柳媽傳遞給純樸而又沒有頭腦的祥林嫂，後者被強力催眠了。

不過好心的柳媽倒是給祥林嫂指了一條路。

「我想，你不如及早抵擋。你到土地公廟裡去捐一條門檻，當作你的替身，給千人踏，萬人跨，贖了這一世的罪名，免得死了去受苦。」

她當時並不回答什麼話，但大約非常苦悶了，第二天早上起來的時候，兩眼上便都圍著大黑圈。早飯之後，她便到鎮的西頭的土地廟裡去求捐門檻，廟祝起初執意不允許，直到她急得流淚，才勉強答應了。價目是大錢十二千。

她不說一句話，後來連頭也不回了。她整日緊閉了嘴唇，頭上帶著大家以為恥辱的記號的那傷痕，默默的跑街、掃地、洗菜、淘米。快夠一年，她才從四嬸手裡支取了歷來積存的工錢，換算了十二元大洋，請假到鎮的西頭去。但不到一頓飯時候，她便回來，神氣很舒暢，眼光也分外有神，高興似的對四嬸說，自己已經在土地廟捐了門檻了。

她又被催眠了，因為，她認為一年辛苦勞動所得的十二元大洋去捐一條給千人踏、萬人跨的門檻是值得的。從此，她的「罪孽」就可洗清，她又成為一個自由人了。所以，她神氣很舒暢，眼光也分外有神。因為，心底那不祥的陰雲被驅散了。

不過，四嬸對她的態度使之再度絕望，剛剛燃起的生命之火再度熄滅，並不再復燃。文中是這樣描述的：

　　冬至的祭祖時節，她做得更出力，看四嬸裝好祭品，和阿牛將桌子抬到堂屋中央，她便坦然的去拿酒杯和筷子。

　　「你放著吧，祥林嫂！」四嬸慌忙大聲說。

　　她像是受了炮烙似的縮手，臉色同時變作灰黑，也不再去取燭臺，只是失神的站著。直到四叔上香的時候，叫她走開，她才走開。這一回她的變化非常大，第二天，不但眼睛窈陷下去，連精神也更不濟了。而且很膽怯，不獨怕暗夜，怕黑影，即使看見人，雖是自己的主人，也總惴惴的，有如在白天出穴遊行的小鼠，否則待坐著，直是一個木偶人。不到半年，頭髮也花白起來了，記性愈來越差，甚而至於常常忘卻了去淘米。

　　「祥林嫂怎麼這樣了？倒不如那時不留她。」四嬸有時當面就這樣說，似乎是警告她。

　　然而她總如此，全不見有伶俐起來的希望。他們於是想打發她走了，教她回到衛老婆子那裡去。但當我還在魯鎮的時候，不過單是這樣說；看現在的情狀，可見後來終於實行了。然而她是從四叔家出去就成了乞丐的呢，還是先到衛老婆子家然後再成乞丐的呢？那我可不知道。

　　她以為捐條門檻就可贖去全部「罪孽」，可是，以四嬸為代表的社會卻不認可。於是，她的精神支柱徹底垮了，她的生命狀態每況愈下，不歸路，便成了她的唯一出路。

　　在這一悲劇故事中，祥林嫂完全象一個牽線木偶，被封建禮教任意支配。被邪惡觀念催眠的人們，其命運竟會如此淒慘。乍看上去，社會沒有責任；他人沒有責任，所有的過錯似乎全在她自己。

5、做夢有害嗎？

常聽人這麼說：「夜裡多夢，休息不好，所以白天沒精神。」

或者是到醫院看病時主述：失眠、多夢、精神恍惚。

總之，大多數人認為，做夢是有害的，如果不做夢，休息得就會更好、更充分。

實際上這是一種誤解！現代腦科學已經探明，做夢非但無害，而且有益。

益處如次：

其一，做夢可以鍛鍊腦的功能。德國神經學家認為，大腦細胞平時活動的只是其中一部分，就是在強烈的腦力勞動時，活動的腦細胞也只是其中一部分，另一部分腦細胞處於休眠狀態。如果這些休眠狀態的腦細胞長期得不到使用，勢必會逐漸衰退。休眠狀態的腦細胞為了自我防止這種衰退現象，就只有借助睡眠時做夢來鍛鍊自己和演習自己的功能，以達到自我完善、不致衰退的目的。

其二，做夢不僅是一種正常的心理現象，而且是大腦的一種工作方式，在夢中重演白天的經歷，有助於記憶，並把無用的資訊清理掉。它還能對大腦白天接受的資訊進行整理，大腦白天不能處理的資訊能在夢境中得到很好的處理，白天苦苦思索而無法解決的難題能在夜晚的夢境中迎刃而解。例如，俄國著名文學家伏爾泰常常在睡眠狀態中完成一首詩的構思，苯分子的環狀結構是德國化學家凱庫勒（Kekulé）在夢中發現的。

其三，夢是一個釋放心理能量的「安全閥」。人們的許多欲念，在現實生活中無法得到滿足。它們可能是不現實的；可能是違反法律的；也可能是有悖道德的。這些心理能量鬱結在心底，將會成為心理疾病乃至精神疾患的原始動因。這些欲念可以在夢境中得到滿足，既不違反法律、道德，又不會妨礙他人，而這股能力又得到了有效的釋放。佛洛伊德就十分看好夢的心理保健功能。

做夢的好處還有許多，且不一一例舉。這裡，我們更為關心的問題是，做夢本身並沒有害處，但人們的確在多夢後會有種種不適之感，這又作如何解釋？心理學家說，做夢的害處是你認為做夢有害。你認為做夢有害了，做夢就有害。這話乍聽起來顯得蠻不講理，充滿了唯物主義的色彩。其實這句話很有科學道理。

它的道理就是觀念決定了你的反應。當你認為 A 與 B 之間存在某種因果鏈時，相應的因就會出現了。這本質上還是觀念催眠了你的心理，你的心理又決定了你的反應。

藤本上雄先生所著的《催眠術》一書中還記載了這麼一件趣事：他的一個同學，有一年開車去瑞士旅行，車行至山中時感到口渴難耐，就在路邊秀麗而清澈見底的湖中用手捧水喝。喝完水後，偶然一看，在告示牌上用法語寫著什麼。他不懂法語，但看到上面寫的詞中有一個詞為 poisson，與英文中的詞 poison（毒）很相似，他就以為這個告示牌上一定是寫著「此湖水有毒，不能飲用」的字樣。於是心情驟然變壞，整個人都覺得不對勁，頭暈眼花，臉色蒼白，直冒冷汗，嘔吐不已。好不容易來到了附近的一家旅館。他立即懇求旅館老闆去請醫生，並向他敘述了喝過附近湖水的事。老闆聽了這番話，哈哈大笑起來，說那是不准捕魚的告示，法文中的 Poisson 一詞是「魚」，比英語的「毒」（Poison）一

詞多一個 s。聽完老闆的說明，他的病馬上就好了。

　　所以，有人在夜裡做夢後白天就感到有氣無力，其實這是一種心理因素所致，是被自我催眠的結果。做夢者總是把夢中的內容和自己心情不愉快的事情連繫在一起，使思想負擔加重，情緒受到壓抑，從而出現種種不適現象。另外，不少自稱失眠的人，不能正確看待夢，認為夢是睡眠不佳的表現，對人體有害，甚至有人誤認為多夢就是失眠。這些錯誤觀念往往使人焦慮，擔心入睡後會再做夢，這種「警戒」心理，往往影響睡眠品質。總之，夢本身對人體並無害處，有害的是認為「做夢有害」的心理，使自己產生了心理壓力所致。

　　一個與之非常類似的現象就是人們對手淫的認識及其對心理行為的影響。

　　古代人由於缺乏醫學常識，把手淫和夢遺看成是一件非常可怕的事情。認為一滴精比一滴血再寶貴。因此，在自慰和夢遺後便產生很深的負罪感。

　　郁達夫小說《沉淪》中有一段精采、細膩的描述。

　　薰風日夜的吹來，草色漸漸兒的綠起來，旅館近旁麥田裡的麥穗，也一寸一寸的長起來了。草木蟲魚都化育起來，他的從始祖傳來的苦悶也一日一日的增長起來，他每天早晨，在被窩裡犯的罪惡，也一次一次的加起來了。

　　他本來是一個非常愛高尚愛潔淨的人，然而一到了這邪念發生的時候，他的智力也無用了，他的良心也麻痺了，他從小服膺的「身體髮膚不敢毀傷」的聖訓，也不能顧全了。他犯了罪之後，每深自痛悔，切齒的說，下次總不再犯了，然則到了第二天的那個時候，種種幻想，又活

潑潑的到他的眼前來。他平時所看見的「伊扶」的遺類，都赤裸裸的來引誘他。中年以後的婦人的形體，在他的腦裡，比處女更有挑發他情動的地方。他苦悶一場，惡鬥一場，終究不得不做她們的俘虜。這樣的一次成了兩次，兩次之後，就成了習慣了。他犯罪之後，每到圖書館裡去翻出醫書來看，醫書上都千篇一律的說，於身體最有害的就是這一種犯罪。從此之後，他的恐懼心也一天一天地增加起來了。有一天他不知道從什麼地方得來的消息，好像是一本書上說，俄國近代文學的創設者Gogol也犯這一種病，他到死竟沒有改過來，他想到了郭歌里（米戈里，引者注），心裡就寬了一寬，因為這《死了的靈魂》的著者，也是同他一樣的。然而這不過自家對自家的寬慰而已，他的胸裡，總有一種非常的憂慮存在那裡。

因為他是非常愛潔淨的，所以他每天總要去洗澡一次，因為他是非常愛惜身體的，所以他每天總要去吃幾個生雞子和牛乳；然而他去洗澡或吃牛乳雞子的時候，他總覺得慚愧得很，因為這都是他的犯罪的證據。

他覺得身體一天一天的衰弱起來，記憶力也一天一天的減退了，他又漸漸的生了一種怕見人面的心思，見了婦人女子的時候的腦裡，不使他安靜，想起那一天的事情，他還是一個人要紅起臉來。

在現代醫學看來，成年男子釋放性慾的管道有三種：性交、夢遺、自慰。這三種方式都屬正常，都沒有什麼不可取之處，更沒有什麼害處。而傳統觀念卻認為自慰和夢遺既傷身體，又傷風化。正是這種錯誤觀念，使得多少年來人們為這正常行為背負著沉重的十字架。就像上例所說的，喝了「有毒」的水一樣，不適反應紛至沓來，卻原來是一場大笑話。

6、疾病：庸人自擾之

　　有些人的病，不是器官上的問題，而是自尋煩惱的結果。一位治療學家在其著述中記錄了這樣一個生動、典型的案例：

　　他（指患者）是一位著名的男歌星，他的歌聲得到了眾多歌迷們的喜愛，因此他也得到了很高的報酬。但是他現在陷入極端恐懼中。他說話的聲音吵啞，但是，他的經紀人說他仍然唱得很好，能夠參加演唱會。可是，他卻相信自己的聲音是「令人討厭」的。他非常擔心這種情況，他說這種情況已經持續3年了。這一點引發了我的靈感，而假定他是現在才漸漸惡化的，但是他為什麼不早一點去治療呢？

　　這位歌星叫查理，是個很優秀的受術者，在催眠中所得到的回答，所獲得的資訊，顯示他在三年前因病必須割除扁桃腺。當時，他很擔心手術是否會影響他的歌喉。但是聽說他的醫生曾經保證絕對不會有問題的，所以問題必是出在手術時，以麻醉藥使他喪失意識時發生的。也許是由於某一句話形成暗示，引起他的聲音吵啞。

　　在催眠狀態下，催眠師讓他回憶當時的情景。他說他被戴上口罩，喪失了意識。他記不起當時發生的事情了。外科醫生在結束手術後，對護士說：「好！這位歌星這樣就結束了。」其實，這句話可能是說手術結束了。但是，查理的潛意識卻不這麼解釋，他一直在擔心手術影響他的歌聲。結果醫生的話似乎證實了他的不安感。「手術必定對我的歌聲有嚴重的損害！」他自己這樣解釋。他的聲音就開始沙啞直到現在。

這次催眠面談過後，他吵啞的聲音就消失了。覺醒以後，他感到很喜悅，安心地回家去。我和他約好必須再作一次詳細的檢查。一星期之後，他再度來到我的診所，但是聲音又恢復了吵啞。他非常沮喪，看來情緒很低落。

再次發生聲音吵啞的理由很輕易就找出來了。因為他在開車到演唱會場途中，他的妻子對他說：「奇怪，你吵啞的聲音怎麼這麼快就好了？」接著她又說：「我不相信你吵啞的聲音真的好了，一定還會變回以前那樣！」事實如此，他又變回來了。

顯然可以看出，查理是很容易接受暗示的人。當他再次接受治療後，將近一個月都沒有任何音訊。他的經紀人告訴我，幾天後查理的聲音又沙啞了，所以查理認為接受治療也沒有用。

檢討情況之後，我想他的聲音再度吵啞必定有其他的原因。由於他知道症狀至少能暫時排除，而且知道這是心理因素所引起的，那麼還會復發，可能是有什麼動機或需要。因此，他的潛意識不想使症狀排除，所以才認為再治療也沒有用。這就是他為什麼停止治療或換治療醫師的原因。他的意識渴望症狀能排除，但是無意識卻希望能夠維持其症狀。

後來再經過數次催眠，查理的症狀得到了徹底的解決。

讀完這一案例，不禁使我們想起兩句話「天下本無事，庸人自擾之」。但願我們不要做這種自尋煩惱的人。

7、壓力：一半來自於自我催眠

嗚呼！你是金領，你是白領，你衣著光鮮，工作體面，收入不菲，出有車、食有魚；令人尊重、為人羨慕。你兢兢業業，業績卓越，看起來前程無限光明。

然而，你最能領會《紅樓夢》中王熙鳳的一句話：「大有大的難處」。

你的工作節奏太快；

你的工作量太重；

你的工作時間太長；

你的責任太大；

你沒有時間打電話給朋友；

你不去參加同學聚會；

你沒有時間真正地放鬆；

你沒有時間和家人一起共用天倫之樂，甚至連性生活都成了一種責任而非享受；

儘管如此，你依然充滿了擔心 —— 不斷充電而擔心落伍；企盼晉升而擔心失業；渴望變化而又擔心變化；嚮往未來而又擔心未來。

你信奉年輕時用健康和時間換錢，年老時用錢換健康和時間的生活理念，但卻發現，錢並沒有賺夠，而健康的體格卻與你漸行漸遠。

於是，你使用頻率最高的詞之一就是「忙」。而且愈是忙的人就愈是

忙得厲害。你最經常體驗到的一種心理感受就是累，一種說不出滋味的累，那是心累。

你開始失眠；記憶力衰退；焦躁、憂慮，心悸、失眠、易怒、多疑、抑鬱。你甚至對工作產生了厭倦的情緒。特別懷念童年、少年、青年時代那物質生活並不豐富、但卻輕鬆悠閒的快樂時光。

你可能想逃，對自己說：「算了，別去想那些過去的事了。」可是「那些過去的事」，卻剪不斷、理還亂，才下眉頭，又上心頭。

其實，你不想也不行，想逃也逃不了。E-mail、手機、社群網站、各式各樣的通訊軟體，寬頻和無線上網使工作變得無所不在，它們帶來的超時空的工作壓力，即使在家，你也無處可逃。美國職場壓力管理專家喬恩·卡巴金（Jon Kabat-Zinn）稱，工作借助這些工具剝奪了人們的休息時間以及和家人相聚的時間。在家裡用筆電處理工作的人多了；假日裡用手機談論工作的人多了；在飛機上處理公務的人比比皆是。

關於職場壓力這一社會現象的後果，相關組織與有識人士已經提出了警告。

世界衛生組織稱工作壓力是「世界範圍的流行病」。

聯合國國際勞工組織發表的一份調查報告認為：「心理壓抑將成為21世紀最嚴重的健康問題之一。」企業管理者已日益關注工作情景中的員工壓力及其管理問題。因為工作中過度的壓力會使員工個人和企業都蒙受巨大的損失。

英國某位著名心理學家曾說過：「過度疲勞的人是在追求死亡。」

科技進步所形成的資訊飽和、全球化的速度、機能失調的辦公室政治、工作過量等都是導致憂鬱症的主要因素。目前，憂鬱症已成為繼心臟病之後，第二種最能夠使員工失去工作能力的疾病。

分析壓力形成的原因，社會因素當然可以找出一大堆，而且都是確鑿無疑。但有一個事實也不可否認，那就是，同樣的壓力環境，不同的人卻有著不同的感受。那些被壓力擊垮的人們（生病的、頹廢的、自殺的），並不一定是承受壓力最大的人。還有一些人，壓力愈大他的幹勁愈大，潛能發揮得愈是充分。所以我們說：壓力，一半來自於自我催眠。

理由有三：

◆ 你如何你的工作，決定了你的壓力感的大小

洛克斐勒在寫給兒子的信中說了一個故事，對人很有啟迪。

工作是一種態度，它決定了我們快樂與否。同樣都是石匠，同樣在雕塑石像，如果你問他們：「你在這裡做什麼？」他們中的一個人可能就會說：「你看到了嘛，我正在鑿石頭，鑿完這個我就可以回家了。」這種人永遠視工作為懲罰，在他嘴裡最常吐出的一個字就是「累」。

另一個人可能會說：「你看到了嘛，我正在做雕像。這是一份很辛苦的工作，但是酬勞很高。畢竟我有太太和四個孩子，他們需要溫飽。」這種人永遠視工作為負擔，在他嘴裡經常吐出的一句話就是「養家糊口」。

第三個人可能會放下錘子，驕傲地指著石雕說：「你看到了嘛，我正在做一件藝術品。」這種人永遠以工作為榮、工作為樂，在他嘴裡最常吐出的一句話是「這個工作很有意義」。

天堂與地獄都由自己建造。如果你賦予工作意義，不論工作大小，你都會感到快樂，自我設定的成績不論高低，都會使人對工作產生樂趣。如果你不喜歡做的話，任何簡單的事都會變得困難、無趣，當你叫喊著這個工作很累人時，即使你不賣力氣，你也會感到精疲力竭，反之就大不相同。事情就是這樣。

約翰，如果你視工作為一種樂趣，人生就是天堂；如果你視工作為一種義務，人生就是地獄。檢視一下你的工作態度，那會讓我們都感覺愉快。

◆如果你以為自己是世界上壓力最大的人，你將不堪重負

「顧影自憐」是人類普遍存在的心態。

於是，人類常犯的一個錯誤就是把自己的痛苦看成是世界是最大的痛苦，把自己的不幸當成最人的不幸。

說說筆者的一次親身經歷。

有一次，我腰痛得厲害，半夜想上廁所都起不來，靠別人的幫助才勉強如廁。當時我在想，得什麼病不好，幹嘛得個起不來的病？

第二天，我到醫院去看病。有個熟悉的醫生在骨科病房，我就沒去門診，直接到了病房。找到他後，他讓我等一下，說查完房後給我看病。

於是，我就在醫生辦公室等著。

這時，隔壁不斷傳來一位女性淒慘的哭聲。我的腰本來就疼得難耐，聽到這聲音心理更是煩。我問護理師：「誰在哭？為什麼哭得這麼慘？」

護理師告訴我：「是個郊區的女孩，要結婚了，在辦嫁妝的路上，被車撞了，骨盆粉碎性骨折。他男朋友看到她這個樣，也不要她了。」

不知什麼原因，聽了護理師小姐的這番話，我突然感到腰痛好了許多，真的，不那麼痛了。出於職業的習慣，我在分析我自己。

為什麼會這樣呢？

原來，我覺得我的痛苦令人難耐，但與這個女孩相比較後，簡直算不上什麼。我是一時之痛，人家可是終身之殘；我只是生理上有痛苦，

人家不僅在生理上要比我痛苦得多，而且心理上還有個大創口。

我突然想起老人說過的一句話：光腳的人看到穿鞋的心裡不是個滋味，掉頭一看，有個人沒有雙腿，心裡立刻舒服多了。

這也就是我當時的心態吧。

我們肯定有壓力，可是有些人的壓力比我們大得多；我們也會有煩惱，但世界上人人都有煩惱，而且比我們煩惱大的人、比我們多的人不可勝數。

如你能這樣想，你會突然發覺，肩頭的重擔卸了下來，心裡會感到一陣輕鬆。

◆真實壓力與內心感受不是一回事

著名心理學家考夫卡（Kurt Koffka）把人的環境分為「地理環境」與「行為環境」。所謂地理環境是指外界實際的環境；所謂行為環境是指個人心目中的環境。他曾舉了一個極其生動的事例來說明這兩種環境的區別以及它們和個人行為的具體關係。

一個冬天的傍晚，在暴風雪中，一個人騎馬來到一個小旅店，頗以經過數小時的飛騎，終於越過一片當風而被大雪蒙蔽了一切途徑的路標的大平原之後，到達一個居留的所在而感到快慰。店主人來到門前，驚奇地望著客人，並且問他從何而來。此人直指來的方向。店主人於是以一種恐懼和奇異的聲氣說道：「你可知道你已經騎馬越過波登湖嗎？」客聞此言，立即倒斃於地。

可見，在此人的心目中，他所飛騎渡過的是一片風雪掩蔽的大平原，這就是他的「行為環境」；而實際上這是一個冰雪封蔽的大湖，這是「地理環境」。他知道這是波登湖後，立即驚駭而死。顯然，如果他早知道這是一個大湖，他的行為就一定會有所不同。

　　這一理論告訴我們，我們心目中的環境並不一定是一個真實的外部世界，而是我們自己主觀上所認為的環境。就拿壓力來說吧，提到壓力，我們總是說外界環境險惡，壓力如泰山壓頂，勢不可當。並且言之鑿鑿，所有這一切都是千真萬確。其實，這一切並不完全都是真實的。在很大程度上是你自身的內心感受。

　　如果你換一個角度去思考；換一種心情去體驗，你可能會發現，身邊的世界原來是另一番景象，你可能會有一種釋然之感。

　　催眠學界有這麼一句話：催眠，從本質上來說是自我催眠。

　　在心理學的發展歷程中，早期的行為主義者提出刺激 —— 反應理論。這一理論認為，外部給予一個刺激，人們就會出現一個相應的反應。後來的心理學家發現這個理論有很大的缺陷。因為同樣的刺激施之於不同的人，其反應有著很大的區別。原因在於，刺激與反應之間還存在著一個主體的仲介，這個主體的狀況不同，決定了產生的反應不同。這個觀點，目前得到了絕大多數心理學的首肯。催眠，無非是種種暗示性刺激作用於人，人們在多大程度上接受這種暗示的影響，還是取決於他的主體狀態。正是從這種意義上講，催眠本質上是一種自我催眠。

　　既然外部環境透過主體仲介而發生作用，那麼主體自身（有意識或無意識的）也可以既作為指令的發出者，也作為指令的執行者。這就是自我催眠了。再則，如同催眠可分為正式催眠與生活中的類催眠一樣，自我催眠也有正式的（有意識的）；非正式的（無意識的）。這種非正式的自我催眠，其發生的頻率也是非常非常高的。當然，它分為兩個方向：積極的與消極的。積極的自我催眠可以促使自我潛能的發揮，可以提高自己的生活品質，而消極的自我催眠則可能讓人陷於十分悲慘的境地。上文所說到的祥林嫂便是最典型的例證。關於這一點，應該引起我們的高度警覺。

十二、如何應對這無形的操縱

讀罷以上專題，你可能感到震驚，震驚中還帶點恐懼。哇！原來類催眠現象如此之廣泛，操縱行為如此之普遍，對人們生活形態的影響如此之深刻。一不小心，就有可能走進圈套。那麼，我們應該如何應對這無形的操縱呢？本章將給出一系列建議，供參考。

1、不被操縱，有可能嗎

在討論如何應對這無形的操縱之前，我們先來考量一個問題 —— 不被操縱有可能嗎？

對於這個問題，我們的斷然回答是：不可能！除非他是中度以上智能不足。只要是智力正常的人，在他能與外部世界發生溝通之日起，他就不可能不被別人操縱；同理，他也不可能完全不操縱別人。理由如下：

⊙ 人類只有結為群體，才具備了在這個星球上生存並繁衍的基本條件。群體必然有溝通，有溝通就有相互影響，有影響就有操縱，從這個意義上來講，操縱是不可避免的。

⊙ 如前所述，人類天然具有可暗示性，這是由先天遺傳因素所決定的。後天因素可以使其表現程度有所不同，但完全否認它的存在與表現肯定不現實。換言之，人類儘管在被操縱的問題上存在巨大的差異，但正常人全然不被操縱是不可能的。在這一問題上，任何人都不要心存幻想。

與此相關的另一個問題是：全然不被操縱，是好事嗎？

不是好事。操縱並非就是惡意，善意的操縱在生活中比比皆是。如果你不能接受或拒絕接受這善意的操縱，你就不能完成至少是不能很好地完成社會化這一人生必做的課題，你就不能成為一個社會人，你在生活中、工作中、學習中會到處碰壁；你更不能享受到人間的種種溫暖與樂趣，你會被界定為是一個具有反社會人格的人。

所以，我們需要警惕的是那種惡意的操縱；那種可能主觀上並無惡意，但實際結果並不好的操縱；那種把自我淹沒了的操縱；那種使自己失卻意識狀態，而處於恍惚狀態，即催眠狀態的操縱。

下面所談的種種策略，是針對這種種需要警惕的操縱而言的。

2、處處有個「我」在

過去，一提到自我，這個人就會被認為是個自私自利的人。「忘我」，才是一種崇高的、受人尊敬的、應該追求的境界。這裡面存在著極大的誤解。一位社會心理學家說，一個沒有自我的人，不會是無私，而會對社會、對他人表現出極大的漠視。比如說吧，你在公車上無意中踩了別人一腳，你會說「對不起！」為什麼要說「對不起」呢？因為你認為侵犯了別人。如果是一個徹底的無我的人，他就不會有自己與別人的界線。他踩別人一腳就相當於自己的左腳踩了右腳，有什麼必要說「對不起」呢？所以，「無我」不是一件好事。對別人是如此，對自己就更是如此。

一個無我的人，等同於一個喪失了靈魂的人，他將會被別人、甚至是被環境隨意擺布、恣意所為，因為他活著的僅僅是肉體。

　　如果我們不想被別人隨意操縱，尤其是不想被別人惡意操縱，就要處處有個「我」在。缺乏這種主體意識，你可能在清醒狀態的每一時刻，都有被操縱、被惡意操縱的可能。

　　舉一例而言之。

　　商家把某商品說得如花似玉，又時不再來，你可能會有點心動了。但此時，你應該問一問自己：

　　我真的需要這商品嗎？這商品就算是真是很好，又價廉物美，但如果我不需要它，它對我將沒有任何意義。一副絕佳的雪橇，對一個常年生活在熱帶地區的人有意義嗎？能滿足他們的需求嗎？實質上，我們並不是需要商品，我們是要滿足自己的某種需要。如果它不能滿足我們的需求，或者與我們需要不相干，那這個商品至少對於我們而言，就沒有價值。我們幹嘛要去買沒有價值的東西呢？不管它有多便宜有多好！

　　這商品在我的消費能力範圍之內嗎？有些商品，我們的確需要，而且需求還很強烈，但它不一定能成為我們的購買對象，因為它可能與我們自己的購買能力不相匹配。一位瑪莎拉蒂的銷售人員會告訴你一大串豪車的優越性，駕乘有多麼舒適！出門有多麼氣派！他說的全是事實，並沒有騙你。但這車的價格在你的消費能力範圍之內嗎？如果你傾其所有，買回了這臺車，舒適嗎？氣派嗎？我們可以肯定地說，你的心理感受只會是三個字：「活受罪！」不是車不好，而是與你這個人，具體說與你的消費能力不匹配。

　　我購買這商品的深層動機到底是什麼？當某人購置了一件商品之後，你問他，為什麼要買它？最典型、最常見的回答是：它好，我需要。其實，這往往只是表層動機，或者說是冠冕堂皇的理由。深層的動機可能與表層動機是一致的，如果是這樣，那就沒錯。但可能也不一致。許

多人購物的深層動機並不是實際需要，而是因為別人（特別是自己身邊的人）有了所以我要有；因為我現在所有的與別人（特別是自己身邊的人）一樣，所以我要有更好的；因為我所崇拜的人使用它或者推薦它，所以我要購買它，如此等等，不一而足。所有這些動機都是非理性的，所有這些都是非理性的，而這正是商家操縱消費者購買行為的訴求點。

我對該商品的 CP 值是個什麼樣的認知？首先聲明一點：「我」對該商品的 CP 值的認知在許多情況下並不正確，也不客觀，但「我」還是需要作一番評判。你若問推銷人員 CP 值如何？這話等於沒問。他肯定會說好得不得了。你若問一個使用者，大多數人也會說好。所以自我評判是一個必須的過程，雖然並不一定正確。

如果你在購買一件商品時，「我」能在上述四個方面發揮作用，你被別人隨意地、惡意地操縱的機率就要小得多。

當然，我們不必對生活中的每一個環境影響都要去那麼深究，比如你走在街上有人對你微笑，你就報之以微笑也就行了。但面臨對個人而言意義相對重大的事件來說，作出行為反應之前，一定要有個「自我」跳出來審視這一切。

如果有人對我們說：世界的末日就要到了，只有他能拯救我們。這時，「自我」如能出來問道：世界的末日就要到了，依據是什麼？這些依據的道理何在？有邏輯力量嗎？即使到了，他為什麼要拯救我？他拿什麼來拯救我？我想，這一連串的發問中只要有一個得不到合理的解釋，你就不會為邪教所操縱、所控制。

這個「我」，一個還不夠，還需要兩個。心理學家認為：一個成熟的人應該有兩個「我」的存在，一個是「正在行動中的我」，另一個是「作為觀察者的我」。唯此，他的行為才不會發生大的偏離。先說一個真實的故事：

　　某中學開家長會，班導師講完後想發揚一下民主，聽聽家長的意見。結果沒有一個家長說話。班導師見狀便請一位在大學教書的家長來談談，以打破冷場。這位家長沒說幾句就進入到了自己上課的狀態，從國際到國內；從政治到經濟，第一點、第二點、第三點……班導師多次以肢體語言暗示他別講了，其他家長個個表現出極不耐煩，而他卻渾然不覺。一口氣講了兩個小時。還說由於時間關係，今天暫講到這裡。出了教室門，大呼：「壞了，我怎麼把這兒當成自己的課堂了？」

　　這位家長的問題出在那裡呢？他只有「正在行動中的我」，而缺乏一個「作為觀察者的我」。人類被操縱（這裡指的是程度較強的操縱）、出現非理性行為，從個體內部的因素來看，一個很重要的原因就是缺乏「作為觀察者的我」。有些人在出現非理性行為之後，連自己都不能理解怎麼可能會是這樣？但當時的行為確實就是這樣，原因何在呢？他只有一個行動中的我，這個「我」得不到相關行為合理性、適宜性的回饋資訊，只是一味地向前走。這時，不出問題已經是偶然了，出問題可能是必然了。有一個「作為觀察者的我」的存在，行為的理性化程度要高得多，反之，受他人、環境、氛圍操縱的機率就會大得多。

　　一位美國心理學家的一段話值得我們每一個人記取：

　　一般人總是把自己和他所遭遇的事件，包括他自己的情感視為一體，結果成了這些事件的奴隸。他存在於一種醒覺睡眠之中，在這種狀態中，他自己的需求和欲望嚴重地歪曲了他和知覺，以致他生活在一種醒覺睡夢中，他僅有的一點自由就是還能指揮他注意的一小部分，應當說，處於這種狀態中的人是可悲的，然而，他們對自己的可悲之處卻全無察覺。怎樣才能避免進入醒覺睡眠狀態呢？心理學家提出下述建議，應努力把自己與自己所遇事件分離開來，亦即跳出那個迷人的圈子，具

體操作方法是，把自己的注意分成兩部分，當一部分注意正在觀察所遇到的事件或思想時，另一部分注意就在覺察自己正在覺察的事件，這就好像一個人把自己分成演員和旁觀者，演員在投入地演出，旁觀者則以冷靜的目光審視演員，看他的一舉一動是否合理，是否正確。

3、相信權威，不迷信權威

這個世界太精采，這個世界的變化又太快。自從始之於 1940 年代的「知識爆炸」格局出現之後，作為個體，面對浩翰的知識海洋，只能望洋興嘆。那種上知天文、下通地理的百科全書式的人物已經不可能再出現了。這不是人類的退化，而是科學、文化在進步。時至今日，一個人不可能通曉多個學科，甚至在你的專業學科內，也不可能處處都弄得明白。於是，在我們置身於某一領域之時，我們不得不依賴於該領域的權威。

一般說來，相信權威是沒錯的。因為權威通常對所處的領域有著深入的研究，同是也有著較高的公信度。他們的可信與可靠可以幫助我們在陌生領域以最快捷、最有效的方式解決問題。比如說，我們到醫院去看病，常常選擇掛專家門診的號，然後對專家提出的治療方案言聽計從。在絕大多數情況下，肯定比我們自我診斷、自己找藥吃要好，要快，除非你已久病成醫。

但對權威也只能相信，而不能迷信。因為權威也有不懂的時候；權威也有出錯的時候；權威也有騙人的時候。如果權威去蓄意騙人，那後果是很嚴重的。這裡來說一個心理學實驗：

在美國某大學心理系的課堂上，該系的老師帶來一個人，介紹他是德國的一位著名化學專家，他最近發明了一種新的化學物質，今天就向大家做介紹。接下來，這位化學專家操著帶有德國腔的英語向學生們介紹這種新的化合物。他拿出一個小瓶子，說裡面裝著這種新的化合物。這種無色的液體有著很一種惡臭的氣味，並且會在空氣中迅速散布。現在請諸位聞一聞該氣體，聞到後請立即舉手。說完就打開瓶塞，並看著手錶計算時間。大約 15 秒以後，前排的多數同學舉起了手，一分鐘的時候，有 75% 的同學報告聞到了惡臭的氣味。後來，實驗者告訴大家，瓶子裡裝的是無色無味的蒸餾水，所謂化學權威只是一位德語老師。

權威，竟讓人無中生有！這是一個心理學實驗，一時被「矇騙」了到也無所謂。如果一個權威人物想惡意操縱他人呢？後果是可以想像的。因此，對權威亦不可迷信；亦不可盲從。不管他是誰，不管他的來頭有多大，對於他所說的一切，都需經過自己的頭腦來一番理性的分析。有道理，則聽之；無道理，則拒絕之。以這樣的態度處世，雖不敢說完全不會受惡意操縱，至少被操縱的可能性要小得多，即使是被操縱了，也不會陷得那麼深。

4、觀察別人隱藏的動機

當別人對我們發出某一行為（包括語言）之後，如果這一行為對於我們有比較大的意義時，我們需要考察對方隱藏的動機。即到底他為什麼要這麼說？為什麼要這麼做？背後的動機是什麼？目的又是什麼？

　　超市裡常有免費品嘗，也就是請你白吃。是他和你關係好嗎？不是！他隱藏的動機是希望你了解、認識他的商品，今後會發生購買行為。

　　老鼠會說是要讓你發財，讓你成就一番大事業，但真實的用意是騙你錢，再透過你騙別人的錢進一步充實自己的錢包。

　　即使是同樣的行為，隱藏的動機也大不一樣。一位妻子勸丈夫用戒菸產品的動機是希望丈夫身體健康，可以與之白頭偕老；而一位戒菸產品的推銷員勸你使用戒菸產品的動機則是完成推銷任務，而不是為了你的健康。不過他也不是想害你，主要是為了得到任務完成後的佣金。

　　有一個基本事實是不容置疑的，那就是每一個人在考慮問題時都是有意無意的、或多或少地從自身的利益出發。如今官場上很流行的一句話「屁股決定腦袋」，或者說是白居易那兩句很有名的詩「可憐身上衣正單，心憂炭賤願天寒」便是這一現象的生動寫照。別人發出的資訊、行為，一定有他的目的所在，並且首先是符合他的利益。

　　這裡面又分為兩種情況，一種是既符合他的利益，也符合你的利益，這種情況有很多很多。比如說，教師督促他的學生好好唸書，提高學業成績。如果學生的成績真的進步了，這當然符合學生的利益，同時也符合教師的利益，他很好地完成了工作任務，會有更多地晉升、獲獎的機會，即使這些物質的、有形的回報都沒有，他還是有所得，那就是作為一名教師的成就感得到了滿足。換個例子，被認為是天底下最無私的父母在對其子女的言行指導中，也若隱或現地展現著自己的利益。如今，許多父母或哄或逼自己的小孩去參加各式各樣的才藝班，從表層動機看是開發孩子的智力，從深層動機看則是為了滿足自身的虛榮心；那些全身心投入到孩子身上的父母，經常本身不是一個成功人士，卻把所

有的希望都放在自己生命的延續體 —— 子女身上，以圖實現自己那已經不可能實現的夢想。這些話可能尖酸刻薄，但卻是事實。另一種情況是只符合他的利益，不符合你的利益，或者是以犧牲你的利益來實現他的利益。這種模式的結果只有一個，那就是你輸他贏。以把你剝得精光為前提來實現他的利益。當然，這些話如果明白告訴你，你肯定不配合。於是，凡心存此意之人，必將其深層動機煞費苦心地來一番包裝。搖身一變，他們是最無私的人，他們是唯一為你著想的人，他們是大慈大悲的觀世音菩薩。

當你在生活中遇到這種「好人」的時候，你的警覺系統應立即啟動。最美麗的，可能就是最惡毒的；最無私的可能就是最包藏禍心的。與美麗包裝配套而來的，一定是種種精巧的催眠手段，接下來便是溫柔一刀。

如果你深入考察了對方隱藏的動機，能看到他想得到的什麼？他要給你的又是什麼？只要這種觀察的基本面是正確的，你的精神被人惡意控制的可能性就會小得多。

5、發展良好的思維品質

有一個觀點是大多數人都同意的，那就是在被騙或被他人惡意控制的人群中，大部分人的思想深度不夠。反之，思想有深度的人，受騙上當的可能性要小得多。所謂思想深度，用心理學的方式來表述，就是有著良好的思維品質。有鑑於此，發展良好的思維品質，是應對無形的操縱必不可少的「內功」。

良好的思維品質表現在以下諸方面：

● 思維的廣闊性

思維的廣闊性是就思維的廣度而言，具有思維廣闊性的人，善於全面看問題，不僅能全面地掌握問題的輪廓，在微觀上也不會遺漏問題的重要細節。與此相反的是思維的狹隘性。思維狹隘者往往是憑有限的知識與個別的經驗去思考問題，通常是只看到一點而不及其餘。

● 思維的邏輯性

思維的邏輯性集中表現在善於深刻地思考問題，抓住事物的本質與規律，預見事物的發展過程。力求從事物的連繫與矛盾上理解事物的本質，在思考問題時更加全面和深入，克服和減少思維中的片面性。與之相反的是思維的膚淺性，這種人在思維過程中容易被表面現象所迷惑而看不到問題的本質，缺乏洞察力與預見性。

● 思維的批判性

思維的批判性是指思維過程中善於嚴格地估計思維材料和精細地檢查思維過程的良好品質，它不僅表現為善於實事求是地判斷是非與正誤，也表現在能縝密地分析和檢查自己或別人的思想和行為，並作出實事求是的評價。他們既能堅持自己認為的正確觀念，同時也能隨時放棄自己曾經堅持過的錯誤的觀點。與之相反的是思維的隨意性。這種人或者主觀自負；或者隨波逐流。評價事物不能堅持客觀標準，得到結論缺乏邏輯依據，並常為個人情感所左右。

● 思維的靈活性

思維的靈活性是指能從一些事物中抽取出共同屬性、原則和方法，並在其他情境中靈活運用和遷移到同類事物上的思維品質。其特點是：思維起點和思維過程靈活；概括和遷移能力強；善於組合分析，伸縮性大；思維的結果往往是多種、合理而靈活的結論。具有靈活性思維的人，考慮問題能迅速地變化和轉移思維的方向，從問題的一個側面轉向另一個側面，從一個假設過渡到另一個假設，既不為定勢所左右，又不受功能固著的影響，容易受到啟發，能舉一反三，觸類旁通。與之相反的是思維的固持性，這種人思想僵化、固執刻板、墨守成規，在情況顯然已經發生變化之時仍恪守「天不變道亦不變」的教條。

● 思維的獨立性

思維的獨立性是一種有目的地獨立解決問題的思維品質。它的發展有賴於思維的邏輯性、批判性、靈活性和創造性等思維品質的發展。通常是不滿足於書本中關於事物現象的解釋，不盲從於權威的見解。常常提出不同的或懷疑的意見，獨立地尋求和探索各種事物和現象的原因和規律，獨立地有意識地調節、支配、檢查和論證自己的思維過程。與之相反的是思維的依賴性，這種人遇事無法獨立思考，迷信權威，缺乏主見。

這些良好的思維品質是如何獲得的呢？這是一個大題目，鑑於本書主旨，只能簡略說幾句。

第一，無可否認，這與先天遺傳的智力因素有一定關係。智商高的人，具有形成上述優秀品質的良好基礎，他們在形成這些優秀思維品質

的過程中，無論是速度上還是品質上都有一定的優勢。當然，這並不是說智商一般的人就不能形成這些優秀思維品質。

第二，強化知識量。培根說：「知識就是力量。」沒有豐富的知識（這裡所說的知識不僅是書本知識，也包括實踐型知識），優秀思維品質的形成就失卻了最起碼的基礎，一切也說無從談起。

第三，養成置疑的思維習慣。「凡是都要問一個為什麼？」也就是說，要有一種質疑的精神，而不是因為是 ××× 說的，所以是正確的。這樣就可以做到不盲從、不迷信。

第四，養成有條理、有根據的思維習慣。對於生活中所遇到的現象，要進行分析、推理，要尋找其邏輯關係。譬如，兩個現象之間是否具有邏輯連繫，如果有，究竟誰是「因」；誰是「果」。這種推理的習慣一旦養成，你至少不會被那些不那麼高明的騙局所欺蒙。比如說，這些年很流行的一個騙局，手機短訊中大獎。如果你有邏輯推理的思維習慣，你不可能上他的當。因為你對這家公司沒有任何投入、沒有任何貢獻，怎麼會有一個大獎落到你的頭上呢？俗語說「沒有場外的舉人」。你都沒有去應試，怎麼可能會上榜呢？應試是中舉的最最起碼的先決條件，這個先決條件不存在，相應的結果就不可能出現。

第五，養成檢驗、評價自己思維的習慣。這是一種思維活動的自我回饋，是提高思維效率、改進思維方式所必需的。當我們的思維結果出來以後，一項必不可少的工作就是評價與檢驗。尤其是在思維不順利的時候，需要立即評價和檢驗一下前一階段思維方向是否正確？邏輯推理是否嚴密？事實依據上否充分？由此而決定是否應當校正思維方向，或採用其他思維方法。

6、形成清晰的思路

生活中，我們常說別人，有時也說自己「糊塗」。什麼是糊塗？糊塗就是思路不清晰。因為糊塗，我們可能不能很好地解決所面臨的問題；因為糊塗，我們可能於不經意間被人坑蒙拐騙。所以，我們有時被人蒙了還真不能全怨別人，在很大程度上是由於我們自己的思路不清晰有關。

本著邪惡的目的，以虛假的幻象欺蒙他人者，常以混淆視聽、擾亂思路的手法施之於受害者。

在我的家鄉，有一個流傳百年的笑話。

某無賴到一家鋪子吃早餐。他對老闆說：「來兩個包子。」

老闆送上兩個包子。

「我不想吃包子了，換一碗麵條。」

吃完麵條後，無賴嘴一抹就要走。

老闆說：「你還沒付錢呢？」

「付什麼錢？」無賴故作驚詫狀。

「你吃了麵條怎麼能不付錢呢？」老闆說。

「麵條是我用包子換的。」無賴振振有詞。

「那包子呢？」老闆問。

「我又沒吃你的包子，付什麼錢？」

老闆一時語塞，無賴揚長而去。

某邪教組織動員人入他們的團體，一番說辭也是很「精采」的。

「你們不要參加其他組織的活動，為什麼呢？你在美國上大學，再到日本讀研究所，再到中國讀博士，讀來讀去，你永遠只是個剛畢業的。只有到我們這裡來，才能上層次。」一聽還真有點道理，永遠在讀書，沒有任何工作經驗。問題是為什麼跟著你就能上層次呢？這裡，他們偷換了一個概念——無根據、無理由地把自己放在一個崇高的位置上，這個位置是他們自封的，既沒有經過法定機構的批准，也沒有經過權威部門的論證。而他們卻將之作為立論的基礎。在這一點上只要蒙混過去，整個說辭就顯得很有說服力了。

有時，由於思路不清晰，人們也可能是自己把自己蒙住。

譬如，在戀愛中，有些人的思路是封閉式的。即非她不娶、非他不嫁。其實，我們找對象的真正目的是找一個能夠終身相親相愛、相儒以沫的伴侶，而不是某一個特定的人。當某一個特定的人並不愛你之時，你偏偏尋死覓活地非他（她）不可，這還有什麼意義呢？即使他肯娶你或她肯嫁你，你算是找到了稱心如意的愛情了嗎？還有些人的思路是環狀的，即他思維的起點就是終點，他思維的終點又是起點。不止一個大學生在找我做心理諮商時反映了這樣的情況：他們說自己發現了她的男友（或他的女友）有種種不能令人滿意之處。我說戀愛本來就是一種雙向選擇，一種從普通朋友到正式夫妻的緩衝期，若是感覺不好，可以不談。他們說，想到不談時，又覺得他（或她）還有許多好處，值得留戀，感覺分手有點可惜。我說那你就繼續進行。他們說，想到今後要和這人過一輩子，還是覺得有點委屈。這就是一種典型的環狀思路。這種思路永遠不可能使問題得到真正的解決，只能使自己不間斷地受到折磨。

那麼，什麼樣才算是思路清晰呢？心理學家史坦伯格（Robert Jeffrey Sternberg）提出問題解決的七個步驟就是思路清晰的經典模式：

◆ 第一步：問題辨別

問題辨別是問題解決過程中最難的一步。這種困難有時表現為錯誤的辨別問題的目標，有時表現為實現目標存在某種障礙，有時表現為問題解決時心不在焉。問題辨別的最好的方法是將問題寫在紙上，並標出要解決的問題。

◆ 第二步：定義問題和表徵問題

一旦問題被辨別以後，就需要定義問題和表徵問題。這是解決問題的關鍵步驟，因為不正確的定義和表徵問題將會造成解決問題上的麻煩。定義問題和表徵問題的根本就是限定問題。

◆ 第三步：形成策略

在有效地定義問題之後，下一步需要計劃解決問題的策略。解決問題的策略包括分析策略、綜合策略、發散策略、聚合策略。其中分析策略是將整個問題分解為各個部分；綜合策略是將問題的各個要素整合起來；發散策略是從不同的角度想出解決問題的方法；聚合策略是將問題解決的多種可能性集中在一點上，找出最佳的解決方法。

◆ 第四步：組織資訊

一旦確定了問題解決的策略後，就應著手組織可利用的相關資訊，以使問題解決的策略發揮作用。當然，組織相關資訊的過程不可能一次完成，需要多次組織以形成最適合於問題解決策略的表徵。

◆第五步：分配資源

在問題解決過程中，每個人經常面臨的問題是資源不足。這主要表現在時間、經費、裝備、空間等方面。有些問題解決需要大量的時間和經費；有些問題的解決需要很大的空間和裝備。因此，必須明確資源如何分配才有利於問題解決。通常的做法是用一張紙，寫出自己已有的資源，並計畫如何分配。

◆第六步：監控問題解決過程

在問題解決過程中，有效的問題解決者不僅在解決問題後進行反思，而且更重要的是監控自己解決問題的每一步，以確保最快、最有效地達到問題的目標。如果一個人不能在問題解決開始時就監控的話，可能開始解決問題時就已經錯了而沒有及時發現，最後導致更大的損失。

◆第七步：評估問題解決

就象問題解決需要監控一樣，也需要對問題進行評估。透過評估，新問題才會辨別，重新定義，選擇新的解決策略，分配認知資源。評估既可能意味著解決問題的結束，也可能代表著解決問題的開始。

另外，美國著名心理學家奧蘇伯爾（David Paul Ausubel）提出問題解決的一般原理，對人們也頗具參考價值：

⊙ 在試圖解決某個問題前，要先對它進行明確的闡述和規定；

⊙ 要超出某些顯而易見的東西；

⊙ 要避免把注意力只局限於問題的一個方面；

⊙ 要當心和避免產生功能固著和負遷移的可能性；

⊙ 要放棄無希望的線索並尋找另外的可行途徑；

⊙ 要探究一下你所得到的材料有多大的信度和代表性；

⊙ 要弄清楚任何前提所依據的假設；

⊙ 要明確區分資料和推論；

⊙ 要利用由未經證實的假說中得到的資訊；

⊙ 要謹慎地接受與你一致的意見。

　　對於絕大多數人而言，沒有必要去研究心理學，但肯定有必要對那些與我們的生活休戚相關的心理學知識略知一二。

後記

　　人言：人們常常是用自己的專業眼光去看世界。所以，一棵樹在畫家的眼裡是審美的對象；在木匠的眼中就是做家俱的材料。由於我從事催眠術的研究，故而在我的視野中，就會把生活中的許多情境看著是類催眠現象了。這種專業癖好科學嗎？合理嗎？經得住推敲嗎？我不敢妄言。

　　不過，有一點我還稍感「自鳴得意」。那就是本書所描述的現象都是司空見慣，過去發生過，現在正發生，將來還會發生，但從類催眠的角度去系統解讀這些現象，尚不多見。這種解讀是也？非也？那就得請讀者諸君去評判了。

　　呂玉同學幫我收集了不少資料，她和戴佳玲同學還參與了一些片斷的初稿寫作。特此說明。

邙啟揚

操縱，生活中的類催眠現象（第二版）：
宗教迷惑、銷售騙局、老鼠會詐財……輕易剝奪他人的判斷力，其實 SOP 再簡單不過！

編　　著：邰啟揚

發 行 人：黃振庭

出 版 者：崧燁文化事業有限公司

發 行 者：崧燁文化事業有限公司

E-mail：sonbookservice@gmail.com

粉 絲 頁：https://www.facebook.com/sonbookss/

網　　址：https://sonbook.net/

地　　址：台北市中正區重慶南路一段六十一號八樓 815 室

Rm. 815, 8F., No.61, Sec. 1, Chongqing S. Rd., Zhongzheng Dist., Taipei City 100, Taiwan

電　　話：(02)2370-3310

傳　　真：(02)2388-1990

印　　刷：京峯數位服務有限公司

律師顧問：廣華律師事務所 張珮琦律師

─版權聲明─────────────

本書版權為旅遊教育出版社所有授權崧燁文化事業有限公司獨家發行電子書及繁體書繁體字版。若有其他相關權利及授權需求請與本公司聯繫。

未經書面許可，不得複製、發行。

定　　價：480 元

發行日期：2024 年 05 月第二版

◎本書以 POD 印製

國家圖書館出版品預行編目資料

操縱，生活中的類催眠現象（第二版）：宗教迷惑、銷售騙局、老鼠會詐財……輕易剝奪他人的判斷力，其實 SOP 再簡單不過！/ 邰啟揚 編著 . -- 第二版 . -- 臺北市：崧燁文化事業有限公司 , 2024.05
面；　公分
POD 版
ISBN 978-626-394-248-6(平裝)
1.CST: 應用心理學
177　　113005209

電子書購買

臉書

爽讀 APP